PLAN DE CONTINUITÉ D'ACTIVITÉ ET SYSTÈME D'INFORMATION

Vers l'entreprise résiliente

Matthieu Bennasar

MBCI et CISM

Préface de Paul Théron

DUNOD

Toutes les marques citées dans cet ouvrage sont des marques déposées par leurs propriétaires respectifs.

Illustration de couverture :
Landscape Arch-Arches National Park, Utah, États-Unis.
© Matthieu Bennasar

© Dunod, Paris, 2010
ISBN 978-2-10-053266-7

PLAN DE CONTINUITÉ D'ACTIVITÉ ET SYSTÈME D'INFORMATION

Vers l'entreprise résiliente

Consultez nos parutions sur dunod.com

Manager la sécurité du SI
Planifier, déployer, contrôler, améliorer
Matthieu Bennasar, Alain Champenois,
Patrick Arnould, Thierry Rivat
272 pages
Dunod, 2007

Industrialiser le test fonctionnel
Des exigences métier
au référentiel de tests automatisés
Bruno Legeard, Fabrice Bouquet,
Natacha Pickaert,
288 pages
Dunod, 2009

Préface

Ce qui frappe une Direction Générale lorsque survient une crise, c'est souvent le sentiment du manque de préparation pour y faire face.

Pour Gilbert (in GEM 2002[1]), les crises sont des « *situations où, en raison de la disproportion existant entre les problèmes apparaissant et les moyens de les traiter, les organisations en charge des activités à risques se trouvent de fait "dépossédées" de ces problèmes par de nombreux et divers acteurs intervenant et voient leur compétence et leur légitimité remises en question (du fait, notamment, de l'intervention de la justice, etc.)* ». Pour le European Center of Technological Safety (in GEM 2002), la crise est définie ainsi : « *Derived from the Greek "krisis", meaning a crucial turning point in the course of anything, an unstable condition in which an abrupt or decisive change is impending. A major, unpredictable event that has potentially negative results. The event and its aftermath may significantly dammage an organization and its employees, products, services, financial condition, and reputation. A crisis, like an accident, is a disruption that physically affects a system as a whole and also threatens the priority goals of an organization and challenges the traditional behaviors and values shared in a organization* ».

Interruption du business = Dommage subi

C'est dans cette équation du risque que le *Business Continuity Management* (BCM, ou MCA pour Management de la continuité d'activité en français) intervient. Avec ses démarches et ses réponses fédératrices propres.

La notion de « continuité » doit être bien comprise. Il ne s'agit pas simplement de faire en sorte que les chaînes de production ou les serveurs et réseaux informatiques continuent de fonctionner malgré les phénomènes pouvant les affecter. Il s'agit de poursuivre les activités d'une organisation dans des conditions aussi nominales que possible malgré ce qui les perturbe. Ce disant, on comprend alors qu'une crise d'image est potentiellement aussi dommageable que l'arrêt d'un centre informatique ou que la destruction d'une ligne de fabrication, et que le MCA a pour but d'organiser

---

1. Groupement des Écoles des Mines, 2002. *Terminologie en Science du Risque. Recueil de définitions.* Documents recueillis et présentés par Chloé GRIOT et Pierre-Alain AYRAL. GEM, juin 2002.

l'entreprise pour faire face sereinement à tout ce qui peut la mettre en situation de rupture du « cours stratégique » qu'elle a choisi.

Cette deuxième édition du livre de Matthieu BENNASAR, dans ce cadre – qui a évolué depuis la première édition –, est un outil précieux.

Dans les organisations les plus avancées en la matière, le MCA est largement sorti du strict périmètre informatique.

Deuxièmement, la problématique de la continuité de la *Supply-Chain* a émergé dans les grands groupes mondialisés.

Troisièmement, la notion d'infrastructure critique (vitale dans le vocabulaire français) a désormais pris sens et vigueur.

Enfin, et pour limiter ce propos préliminaire, disons que les réglementations les plus variées (gouvernance, finance, assurance...) et le cheminement vers une normalisation mondiale de la pratique du MCA, étape ultime avant la mise en place de la certification MCA des organisations, contribuent activement à faire progresser les mentalités. Et continueront à le faire.

Cette deuxième édition, comme la première, est concrète et pleine de recommandations pratiques. Mais, à la différence de la première édition, celle-ci ouvre la voie d'une réflexion plus managériale sur le MCA. Et c'est tant mieux puisqu'il s'agit avant tout d'un aspect fondamental de la direction d'entreprise désormais.

Lorsque, avec l'appui bienveillant du sénateur Paul Girod, président du Haut comité français pour la Défense civile, et l'aide de son secrétaire permanent, Christian Sommade, j'ai fondé le Conseil national de la continuité d'activité, les réunions de travail et colloques que nous avons organisés ont clairement montré que la continuité de la vie économique et sociale de la Nation passait par plusieurs axes d'effort déterminants.

Une coopération active entre services de l'État, collectivités territoriales et entreprises. La coordination des diverses gestions de risque au sein des entreprises. Et une préparation active et collaborative des acteurs susceptibles d'être impliqués dans la conduite des plans de continuité.

Aujourd'hui, toutes les directions d'entreprise, grandes et moyennes, de production, de service ou de commerce, et les services publics ne sont pas sur un même pied d'égalité. Les études de marché auxquelles Matthieu fait allusion témoignent de l'avance du secteur financier, réglementé depuis le milieu des années 1990, tandis que les autres secteurs ne se sont mis au MCA que très tardivement, et encore peu d'entre elles. Les chiffres, réels, montrent en effet qu'en Occident, et selon les secteurs, ce ne sont qu'entre 10 et 50 % des entreprises qui ont élaboré des plans de continuité d'activité. Et ces mêmes chiffres tendent à montrer que seulement 10 à 15 % des grands groupes globalisés ont une politique active de management de la continuité de leur *Supply-Chain*.

Deux profils d'organisation se dessinent aujourd'hui, qui ont des besoins très différents, tout en étant pris dans le même maillage d'obligations.

Les grands groupes, plus matures, doivent désormais relever le défi de la continuité de la *Supply-Chain*, et de ce fait reconsidérer d'une part leurs politiques de réduction des coûts dont l'expérience montre qu'elle nuit à leur résilience, d'autre part repenser leur politique de sous-traitance pour mieux en maîtriser la continuité.

Les PME, et toutes les organisations qui ont moins investi jusqu'alors sur le MCA, doivent se hâter de progresser. Elles sont ces maillons de la *Supply-Chain* des grands groupes qui subiront une pression de plus en plus grande de leurs donneurs d'ordres en ce sens. Le contexte économique étant difficile, et une interruption significative du business peut avoir des effets dramatiques.

La vie de nos territoires dépend de plus en plus de la survie de nos entreprises. Le MCA doit donc faire partie des préoccupations du conseil d'administration et de la direction générale. Et les autorités, locales et nationales, doivent intégrer cette réflexion à la leur, et penser le territoire et les services de façon à faciliter la continuité de l'activité.

Mais revenons au livre... qui intéressera surtout ceux qui sont tentés de s'y mettre.

Inspirée du *Good Practice Guidelines*[1] du Business Continuity Institute (BCI), cette deuxième édition est toujours aussi précieuse à qui veut découvrir, de manière illustrée et concrète, ce qu'est le MCA.

Le lecteur devra prendre le temps de méditer les nombreux cas réels rapportés par Matthieu. Pour avoir été sur le terrain si longtemps, je le confirme : ces exemples reflètent exactement la réalité du risque pris par les organisations qui n'ont pas pris la peine de se préparer à affronter les situations délicates ainsi décrites.

Le deuxième intérêt de ce livre est de présenter une démarche méthodologique pratique (Matthieu l'a baptisée E = MCA, et cela lui confère le lustre particulier d'une familiarité tentante).

Là aussi, le lecteur souhaitant découvrir le MCA et se demandant comment ajouter cette corde managériale à son arc trouvera dans cette deuxième édition toutes les clés d'accès indispensables à une première approche du sujet.

Le manager d'entreprise devra s'appuyer sur des compétences, que Matthieu nomme méthodologiques, pour mettre en place un système de management de la continuité, définir des plans et des stratégies pratiques de continuité, et préparer les équipes et le management à les mettre en œuvre dans un champ d'aléas toujours extraordinaire. Ces compétences, et les techniques qu'elles mettront en branle, sont bien décrites dans l'ouvrage.

Et si l'auteur attire maintes fois l'attention du lecteur sur le fait qu'un plan de continuité doit à la fois être régulièrement revu en fonction de l'évolution du business et être adapté aux circonstances particulières de son activation, cela doit encourager le responsable MCA à faire deux choses.

Dialoguer très régulièrement avec tous les acteurs de l'entreprise, responsables des lignes métiers d'une part, gestionnaires de risques d'autre part, direction générale enfin.

---

1. Version 2008. Version anglaise sur www.thebci.org.

Cela lui permettra de maintenir l'édifice en phase avec les nécessités et les dangers de l'activité.

Entraîner les équipes et le management. Former et exercer sont les deux piliers de cet entraînement. Avoir un plan, c'est nécessaire. Le tester, c'est mieux. Cette formule pourrait résumer l'essence du management de la continuité d'activité. Sans vouloir empiéter sur ce qu'indique l'ouvrage, disons que, lorsqu'on parle de la continuité des métiers, par opposition à la continuité des systèmes techniques (informatiques en particulier), les plans de continuité sont en soi des guides généraux dont la mise en application sera invariablement rendue difficile par les circonstances réelles. Matthieu n'a pas manqué de le souligner, savoir décider est fondamental. Pouvoir s'appuyer sur des plans facilite la décision sous stress. Et l'entraînement a pour intérêt de familiariser les équipes et le management avec les aléas des situations de « crise » et de leur faire toucher du doigt les difficultés auxquelles ils devront faire face le jour où une interruption de l'activité se produira réellement.

Pour autant, malgré son orientation plus délibérément business, cette seconde édition n'oublie pas l'angle d'attaque de la première : le management de la continuité des systèmes d'information. Et c'est tant mieux car c'est effectivement une composante importante des organisations contemporaines.

Je m'associe donc aujourd'hui, tout autant que lors de la première édition, aux propos de Matthieu Bennasar, sans oublier celui de ma défunte grand-mère : « *quand c'est trop tard, c'est trop tard* ».

Cette deuxième édition est aussi, et enfin, le vivant témoignage de l'évolution de la discipline.

Les quelques années à venir verront la tendance si bien rapportée ici se confirmer.

Ce livre est une porte ouverte sur le devenir de nos organisations

Le reste, c'est-à-dire l'essentiel, la stratégie de continuité et sa mise en œuvre, appartient toujours au lecteur. Cela ne changera jamais.

Paul Théron, MBCI
Représentant en France du Business Continuity Institute
Fondateur du Conseil national de la continuité d'activité
Expert en Management et Ingénierie de la résilience du Groupe Thales

Le Business Continuity Institute (BCI) a été fondé en 1994 pour permettre à ses adhérents de bénéficier de l'expérience de toute la communauté professionnelle des spécialistes de la continuité des opérations. Son schéma de certification professionnelle, organisé par niveaux de qualification, reconnaît internationalement à ses membres le statut de professionnel de la continuité des opérations. Les adhérents du BCI sont plus de 5 000 aujourd'hui et se répartissent dans plus de 80 pays. Le BCI mène une action de fond au sein de la communauté professionnelle et normative en faveur de la promotion de standards méthodologiques et éthiques de haut niveau. Il est représenté en France et en Europe francophone. Son site internet fournit tous renseignements utiles : www.thebci.org.

Table des matières

Deuxième partie – Méthodes et outils de la continuité d'activité

Troisième partie – Perspectives

ANNEXES

Avant-propos

La continuité d'activité en question

Le 7 janvier 2009, les Marseillais se réveillent dans un paysage irréel : le sol est recouvert d'une couche d'une dizaine de centimètres de neige ! Si la situation fait le bonheur des enfants, elle paralyse purement et simplement l'essentiel de l'activité de la ville pendant plusieurs jours. À tel point, que le Premier ministre, François Fillon s'exclame : « *Quand il y a des milliers de gens bloqués pendant des heures et des heures, quand des aéroports dans un pays moderne ne fonctionnent plus parce qu'il y a de la neige, c'est qu'il y a des déficiences.* » La panique n'est pas loin et le temps de préparer ses mesures de continuité d'activité est clairement passé : on en est à les mettre en œuvre ! La crise permet d'identifier rapidement les entreprises qui sont effectivement prêtes à faire face à un sinistre majeur. La neige est un juge de paix sévère. Certaines des entreprises qui exigent des mesures de continuité d'activité de leurs fournisseurs sont ainsi incapables de mettre en œuvre leur propre plan !

Deux semaines plus tard, le 24 janvier 2009, la tempête KLAUS, d'une violence inouïe, s'abat sur le sud-ouest de la France : des vents de 175 km/h déracinent les arbres, arrachent les toitures et causent des dégâts matériels considérables. Douze personnes meurent en France et trente-et-une en Espagne. À 16 h 30, 1,7 million de foyers sont privés d'électricité. EDF est pointé du doigt : la dépendance des foyers à l'électricité en cette période hivernale est grande. Combien de temps leur faudra-t-il tenir ? La pression médiatique est intense. D'après les experts, ce genre de tempête sévit tous les 40 ans. De mémoire de Girondins, on ne se souvient pas de tels ravages. À moins que...

Il y a « à peine » 10 ans, à la même époque, une tempête d'une violence comparable provoquait le même genre de dégâts, privant un nombre comparable de foyer d'électricité. Mais la réponse n'est cette fois pas la même : l'organisation des secours d'EDF avec le soutien de l'armée permettra cette fois de diviser par deux le temps de rétablissement du réseau électrique. Ce que les mots ont du mal à enseigner, l'expérience l'apporte. On finit par apprendre...

Ce type de sinistre reste exceptionnel. Mais s'il est évident que les chances qu'un sinistre donné frappe une entreprise définie à un moment précis sont infimes, la probabilité que certaines entreprises soient victimes d'un sinistre majeur au cours de leur histoire n'est pas négligeable. Les journaux nous abreuvent presque quotidiennement de nouvelles de catastrophes naturelles, technologiques ou humaines. Le recours à une stratégie défensive basée exclusivement sur l'assurance est de nature à limiter les pertes, mais cette approche ne couvre pas toujours la baisse de productivité, rarement la perte de clients, les dégâts sur l'image et les pénalités réglementaires pour non-respect de ses obligations. En fait, il est estimé que, « *lorsqu'elles n'y sont pas préparées, 43 % des entreprises ferment au moment d'un sinistre majeur, et 29 % de celles qui survivent, périclitent dans les deux ans qui suivent*[1] ».

On ne reprochera pas à une entreprise d'être victime d'un sinistre majeur. Mais c'est un risque en soi que de faire des affaires, en toute connaissance de cause, avec une entreprise qui n'a pas prévu une gestion des situations de crise dans un monde où l'impact négatif des seules catastrophes naturelles croît selon une courbe quasi exponentielle depuis 50 ans. À juste titre, l'adjonction d'un critère relatif à la continuité des opérations dans les éléments de choix lors d'appels d'offres et de consultations devient de plus en plus systématique : la mise en place d'une solution de secours efficace devient ainsi un élément différenciant. En France, être « prestataire essentiel » d'un établissement financier place une entreprise dans l'obligation de prévoir un Plan de continuité d'activité (PCA) aligné sur les objectifs de son client. Mais au-delà de la réglementation, de plus en plus de cahiers des charges imposent de faire la preuve de son efficacité face à l'imprévu grave.

La continuité d'activité est une discipline nouvelle qui plonge ses racines dans la sécurité des systèmes d'information mais dont les branches ont aujourd'hui poussé jusqu'à la gestion de crise et jusqu'aux démarches processus. Selon la définition du CRBF[2], le plan de continuité d'activité est l'« *ensemble de[s] mesures visant à assurer, selon divers scénarios de crises, y compris face à des chocs extrêmes, le maintien, le cas échéant de façon temporaire selon un mode dégradé, des prestations de services essentielles de l'entreprise puis la reprise planifiée des activités* »[3]. C'est de la définition et de la mise en œuvre de telles mesures qu'il est question dans ce livre.

Pourquoi un livre ?

Le mieux français !

Quand j'écrivais la première édition de ce livre fin 2005, en France, le sujet de la continuité d'activité avait inspiré plusieurs livres blancs, quelques articles généralistes dans la presse spécialisée et un ouvrage du Clusif[4] qui traitait du plan de secours informatique[5] mais qui abordait peu la problématique plus large de la continuité

---

1. Disaster Recovery Institute International, Canada, 2001.
2. Comité de la réglementation bancaire et financière.
3. CRBF 2004-02.
4. Club de la sécurité des systèmes d'information français.
5. Intitulé *Plan de Continuité d'Activité : stratégie et solution de secours du SI*, septembre 2003.

d'activité. On peut compter depuis, une poignée d'ouvrages dédiés au sujet, ouvrages qui ont incontestablement fait avancer la prise de conscience sur le sujet. Une recherche comparative sous amazon.com, amazon.fr, fnac.com ou le catalogue *Opale Plus* de la Bibliothèque nationale de France donne entre fin 2005 et fin 2009 les résultats du tableau suivant pour « continuité d'activité » ou « *business continuity* ».

Résultats de recherche sur le sujet de la continuité d'activité

		amazon.com	amazon.fr	Opale Plus	fnac.com
« continuité d'activité »	Fin 2005	–	3 résultats **non pertinents**	0 résultat	3 résultats **non pertinents**
	Fin 2009	–	4 résultats pertinents	7 résultats pertinents	2 résultats pertinents
« business continuity »	Fin 2005	403 résultats dont 120 pertinents environ	–	–	–
	Fin 2009	8 120 résultats dont 230 pertinents environ	–	–	–

On voit néanmoins que le sujet, qui est largement couvert dans la littérature anglo-saxonne, reste peu traité en langue française. Ce livre visait dans sa première édition à apporter une vision un peu plus française de cette discipline relativement nouvelle qu'est la continuité d'activité. Cette deuxième édition vise à inclure les quelques avancées notables dans la discipline depuis fin 2005.

Le retour d'expérience

L'expérience professionnelle m'a placé à de nombreuses reprises dans des situations d'accompagnement d'entreprise pour la mise en place de plans de continuité d'activité ou de plans de secours informatiques. Le sujet est abordé ici avec le désir de partager cette expérience, de transmettre une vision condensée et adaptée de la littérature anglo-saxonne et d'offrir quelques points de vue personnels.

Les objectifs du livre

Les deux objectifs du livre sont de :

- promouvoir une vision stratégique de la continuité d'activité ;
- proposer un arsenal d'outils, de conseils et une méthodologie éprouvée et illustrée pour la mise en œuvre d'une démarche de continuité d'activité.

Pour une vision stratégique de la continuité d'activité

En novembre 2004, Eliza Mannigham-Buller, directrice générale du MI5[1], déclarait lors de la conférence du CBI[2] :

« _On me demande souvent quel conseil je donnerais, qui serait le plus utile au monde de l'entreprise, si je ne devais en donner qu'un. Ma réponse est : un plan de continuité d'activité, simple mais efficace, à jour et régulièrement testé._[3] »

Un des partis pris de ce livre est de placer la continuité d'activité au centre d'une problématique d'entreprise dans la sauvegarde et le développement de ses actifs. Il vise à sortir la question de la continuité d'activité de son confinement à une affaire de solution technique pour prôner l'implication de la direction dans la définition des objectifs et besoins stratégiques de continuité, ainsi que l'engagement de toute l'organisation de l'entreprise dans la démarche de mise en œuvre et de déploiement sur tout le périmètre de l'entreprise. Cette conception de la continuité d'activité tend vers un système de management de la continuité d'activité de la même façon par exemple, que la problématique de la qualité a évolué vers le management par la qualité.

Une boîte à outils pour une approche pratique

Au-delà de sa prise de position sur la place de la continuité d'activité dans l'entreprise, ce livre se veut pragmatique. Il aborde concrètement les aspects pratiques de la mise en œuvre d'une stratégie de continuité d'entreprise : démarche, acteurs, rôles, méthodologie, outils, astuces et conseils, points d'attention et erreurs fréquentes, exemples de livrables, etc. Il propose une terminologie qui unifie les principaux concepts de la continuité. Il dresse un panorama des principales solutions techniques (puisque ce sujet reste central dans la démarche) et illustre la méthodologie par quelques études de cas.

À qui s'adresse ce livre ?

Avant tout, il est destiné aux fonctions stratégiques et fonctionnelles de l'entreprise qui joueront un rôle décisif dans la démarche, en tant que **maîtrise d'ouvrage de** la continuité d'activité. De leur implication dépendra la pertinence et l'adéquation de la solution d'ensemble, et surtout, son maintien en conditions opérationnelles. Ainsi la direction générale, les directions fonctionnelles, la direction des ressources humaines, la direction juridique et la direction financière seront concernées. Dans une moindre mesure, toute fonction de l'entreprise qui a pour mission de garantir la sécurité et la continuité des opérations est concernée. Au-delà de l'intérêt que ne devra pas manquer de porter la direction générale à un projet structurant pour son entreprise, c'est bien en tant que donneur d'ordre qu'elle trouvera des conseils dans ce livre pour l'aider à définir la politique et la stratégie de continuité d'activité de l'entreprise.

---

1. Le célèbre service de renseignements anglais, immortalisé dans la série des _James Bond_.
2. CBI (_Confederation of British Industry_) l'équivalent britannique du MEDEF.
3. Traduction libre.

Cet ouvrage traite néanmoins d'un sujet à forte composante technique pour l'entreprise et aura donc un intérêt évident pour les **maîtres d'œuvre de la continuité d'activité** que sont les *risk managers*, les responsables de la sécurité du système d'information (RSSI), les directions métier[1] et les directions des systèmes d'information (DSI). Ils sont les acteurs principaux d'une organisation pragmatique et d'une solution technique et organisationnelle adaptée au contexte de l'entreprise dont ils veulent garantir la continuité d'activité. C'est en général par eux que la question de la continuité d'activité est soulevée, et c'est aussi par eux qu'elle trouve des réponses.

Enfin, c'est aussi aux acteurs externes à l'entreprise mais engagés dans un rôle d'**accompagnement et** de **conseil** que les principes décrits dans ce livre s'adressent.

Structure du livre

Trois parties composent l'exposé :

- La *première partie* est avant tout destinée aux **décideurs** qui y trouveront une synthèse des points clés, les grands principes pour la réussite d'un management de la continuité d'activité et l'exposé des rôles et responsabilités en la matière :

  - Le *chapitre 1* pose la problématique de la continuité d'activité et définit l'organisation humaine qui la sous-tend. Il expose ce qu'est et n'est pas la continuité d'activité, le cadre normatif et réglementaire dans lequel la démarche peut s'inscrire, et propose un langage commun sur les concepts qui y sont attachés.

  - Le *chapitre 2* donne quelques conseils pour la mise en œuvre du management de la continuité d'activité dans l'entreprise.

- La *deuxième partie* présente la **méthodologie** proposée par l'auteur en vue d'assurer la continuité d'activité ($E = MCA^2$), les considérations techniques sur les solutions de secours et les études de cas :

  - Le *chapitre 3* constitue le cœur méthodologique de l'ouvrage où les six phases de mise en œuvre d'un processus $E = MCA$ sont détaillées (outils, livrables et astuces associés). Il est destiné en premier lieu au responsable **du plan de continuité d'activité**, chargé de mettre en musique les choix du management.

  - Les *chapitres 4 et 5* sont les plus techniques puisqu'ils présentent la typologie des principales solutions de secours (SI et autre) et abordent la question centrale de l'estimation des coûts. C'est un catalogue des stratégies possibles de secours dans lequel des évaluations comparatives sont proposées. Les **directions informatiques** y trouveront des éléments de réflexion pour définir une solution technique à la cible fonctionnelle visée. Les **directions métier**

---

1. Dans leur rôle de mise en œuvre de solutions de continuité métier cette fois.
2. Étapes vers le management de la continuité d'activité.

pourront s'inspirer des préconisations faites pour définir leurs solutions techniques de secours.

- Le *chapitre* 6 propose quatre études de cas, présentées selon un ordre de complexité croissante et issues de cas concrets.

- La **troisième partie** permet de placer le management de la continuité d'activité dans ses perspectives d'évolution :

  - Le *chapitre* 7 ouvre la réflexion sur les tendances et évolutions de la discipline avec un mot sur la notion de résilience d'entreprise.
  - Le *chapitre* 8 présente une conclusion.

- Enfin, les annexes présentent des modèles de documents et les démarches connexes qui peuvent faciliter la mise en œuvre de la continuité d'activité.

Quelques clés de lecture

- **Clé 1 :** la vision du sujet est volontairement généraliste. Beaucoup de « sous-sujets » ne sont pas couverts dans le détail parce que ce n'est pas la vocation première de ce livre. On pourrait aisément envisager des ouvrages entiers sur des thèmes seulement effleurés comme le contrôle du plan de continuité d'activité (PCA), la réalisation du bilan d'impact sur l'activité (BIA) ou la gestion de crise.

- **Clé 2 :** si le parti pris est de promouvoir une vision de la continuité d'activité qui transcende ses aspects systèmes d'information (SI), ce livre s'attarde néanmoins sur le traitement de la question de la continuité du SI. Les deux positions ne s'excluent pas mutuellement car il reste vrai que :

  - le SI constitue souvent aujourd'hui le maillon critique de la chaîne de la continuité d'activité (il est l'épine dorsale de l'entreprise) ;
  - la standardisation des éléments du SI permet d'aborder son secours de façon plus détaillée et plus méthodique que les sujets spécifiques aux métiers de l'entreprise ;
  - pour une grande partie des entreprises (le secteur tertiaire en particulier), le SI **est** l'outil de production.

- **Clé 3 :** ce livre fait abondamment référence à l'entreprise. Pour les commodités de la rédaction, ce terme « entreprise » recouvre également toute organisation pour qui peut se poser la question de la continuité d'activité (société, établissement, organisme, banque, association, etc.).

Remerciements

Je tiens à exprimer ma gratitude à toutes les personnes qui ont permis, directement ou indirectement la rédaction de ce livre.

En tout premier lieu, à ma femme Natacha et mes enfants, Joseph, Leia et Éloïse, pour leur soutien et leur patience pendant une intense période de rédaction et de mise au point qui venait s'ajouter à une forte activité professionnelle. À eux va toute ma reconnaissance.

Ensuite à mes collègues, anciens collègues, confrères et clients qui ont, par leur richesse, donné l'essentiel de ce qu'on trouvera dans ce livre. En particulier : Alain CHAMPENOIS, Frédéric CAILLAUD, Léonard KEAT, Loïc TOURNEZ, Claire BERNISSON, Thomas BARRACO, Jean-Christophe PAGÈS, Wolfgang KAUSCHKE, Bernard FORAY, Thomas HOUDY, Frédéric LOUINEAU, Hervé CRONENBERGER et Pierre-Dominique LANSARD.

À Paul THÉRON, président du chapitre français du Business Continuity Institute, qui a accepté de préfacer ce livre et au Business Continuity Institute (en particulier Lorraine DARKE) qui a accepté, *a posteriori*, de l'endosser. Enfin, à tous ceux qui m'ont éclairé par leur relecture attentive et leurs conseils avisés. En particulier : Alain CHAMPENOIS ; Jean-Benoît GUINOT ; Patrick ARNOULD ; Christian ANESE ; Martine PAÏSSA ; Jean-Luc BLANC et Carole TROCHU des éditions Dunod.

PREMIÈRE PARTIE

Manager
la continuité d'activité

La problématique
et les acteurs
de la continuité d'activité

1.1 QUELQUES FAITS ET CHIFFRES

Pour comprendre le contexte dans lequel la problématique de continuité d'activité apparaît, nous proposons un rapide tour d'horizon des éléments internes et externes à l'entreprise qui dévoilent les enjeux de la continuité d'activité, au travers de résultats d'enquêtes et d'exemples concrets de sinistres.

1.1.1 Le risque majeur face aux sinistres de notre temps

Malgré quelques mythes et exagérations que l'on peut glaner sur l'Internet, Gosling et Hiles[1] ont recensé pour *Continuity Central* pas moins de 29 enquêtes, sources ou sondages qui convergent pour affirmer la forte corrélation entre sinistre majeur et faillite. S'il est vrai que les chiffres diffèrent et que les scénarios varient, le fond reste le même.

Une proportion très importante d'entreprises ne survit pas à un sinistre majeur, que celui-ci soit informatique, naturel, industriel ou criminel. Selon les sources, la proportion varie de 30 % à 80 %[2].

---

1. Respectivement *Managing director* de Merrycon Ltd. et *Managing director* de Kingswell International.
2. *Business continuity Statistics : Where myth meets facts*, 2009.

1.1.2 Le coût et la criticité des interruptions de SI

En 2001, *Eagle Rock Alliance*, cabinet de conseil spécialisé dans la continuité d'activité a réalisé une enquête sur le coût de l'indisponibilité et la criticité d'une interruption du SI auprès de 163 entreprises nord-américaines. Si l'étude commence à dater sérieusement, ses résultats sont intéressants à plus d'un titre : non seulement, ils montrent qu'une heure d'indisponibilité du SI peut représenter un coût proche de celui de la mise en place d'un plan de continuité d'activité pour un quart des entreprises sondées, mais aussi que toutes les entreprises sondées estiment que 72 heures d'interruption de leur SI mettent en danger leur avenir. Ce délai est ramené à 8 heures pour un quart de ces mêmes entreprises.

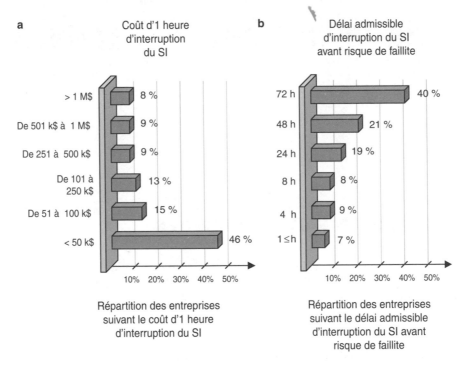

Figure 1.1 — a) Coût d'une heure d'interruption,
b) Délai maximum tolérable d'interruption du SI avant risque de faillite
(source : Eagle Rock Alliance, 2001).

1.1.3 La situation des entreprises françaises, comparées au reste du monde

Plus proche de nous, en France, le Clusif mène régulièrement des enquêtes sur les sujets relatifs à la sécurité de l'information. Dans son étude de 2008 sur les *Menaces informatiques et pratiques de sécurité en France*, le Clusif mesure les quelques progrès réalisés par les entreprises privées françaises de plus de 200 salariés en matière de continuité d'activité : entre 2006 et 2008, on passe de 58 % à 61 % d'entre elles qui disent avoir, au moins partiellement, un processus formalisé et maintenu de gestion de la continuité d'activité. Il reste quand même près de 40 % qui n'en ont pas... Dans le secteur public (mairies et collectivités essentiellement), ce chiffre grimpe à 62 %...

Même si l'écart se resserre avec ce que j'avais pu constater en 2005, on reste loin des 72 % d'organisations, au niveau mondial, qui ont « *identifié leurs processus critiques, documenté leurs procédures pour gérer les sinistres majeurs et les crises* », tel que le révèle l'enquête 2008[1] du cabinet Ernst & Young.

1.1.4 Un benchmarking français sur la maturité des entreprises en termes de PCA

Le cabinet français LEXSI a réalisé sur sa base clients un *benchmarking* permettant de positionner une cinquantaine d'organisations françaises publiques et privées) sur une carte de maturité en termes de PCA. Le résultat vaut surtout en ce qu'il permet de jauger de sa situation « personnelle » !

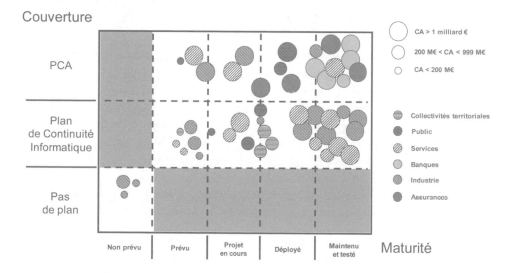

Figure 1.2 — *Benchmarking* de maturité PCA (source : LEXSI, 2009)

1.1.5 Quelques exemples frappants

Les trois exemples réels suivants sont récents et issus du tissu économique français. Ils illustrent, pour trois types de sinistres distincts, quelques conséquences possibles d'un sinistre sur l'activité d'une entreprise. Ce type d'illustrations est difficile à obtenir : les entreprises sont très réticentes à communiquer sur les incidents majeurs dont elles sont victimes. Pour des raisons de confidentialité, l'anonymat des sociétés impliquées dans les incidents qui suivent a été préservé.

---

1. *Global Information Security Survey*, 2008, Ernst & Young.

Exemple 1 : destruction d'un disque de serveur lors d'une opération de maintenance

- **Les faits** – Lors d'une opération routinière de maintenance, un disque de l'un des serveurs d'une grosse PME est détruit. Les données contenues sur le disque ne sont sauvegardées nulle part et sont, par conséquent, perdues sans restauration possible.
- **Les conséquences** – Le travail laborieux de reconstitution des données détruites aura un coût direct de 100 000 euros. Le coût du fonctionnement en mode dégradé n'a pas été chiffré mais induit une perte de productivité estimée entre 50 et 75 % pendant la durée de reconstitution des données pour les services impactés.

Notre analyse : c'est un cas aussi élémentaire que réel qui pourrait se produire dans bien des sociétés que j'ai visitées. C'est un cas qui ne relève de la continuité d'activité que dans sa composante élémentaire : la prévention au moyen de stratégies de sauvegardes. La solution de mise en place d'un système de sauvegarde, d'archivage et d'une politique associée est imposée par le bon sens. Mais, pour paraphraser un grand auteur, la pratique a ses raisons que le bon sens ne convainc pas toujours...

Exemple 2 : incendie d'un centre informatique de traitement de chèques (source Clusif)

- **Les faits** – Un incendie d'origine accidentelle se déclenche dans un centre informatique de traitement de chèques. Ce centre dispose d'un contrat de télé-*backup* avec une société de services, mais la partie télécoms du plan de *backup* n'a pas été suffisamment testée. La chaîne ne peut fonctionner à nouveau que 20 jours après le sinistre, en mode très dégradé.
- **Les conséquences** – Les dommages matériels (essentiellement dus aux fumées et au gaz de décomposition du gaz extincteur et pas, comme on pouvait s'y attendre, à la chaleur et aux flammes) sont évalués à 170 000 euros. Les pertes indirectes sont quant à elles estimées à 2,3 millions d'euros.

Notre analyse : c'est un cas plus typique de problématique de continuité d'activité. On notera que les dégâts de l'incendie sont plus liés à la pollution du matériel par fumée qu'à sa destruction par le feu. Le management du centre informatique est « leurré » par un contrat de *backup* insuffisamment testé qui donne une fausse impression de sécurité.

Exemple 3 : rupture d'alimentation électrique

- **Les faits** – Pour une raison non éclaircie à ce jour (possible malveillance), l'alimentation électrique du centre informatique d'un important GIE français (plusieurs milliers de points de vente sur tout le territoire français) est interrompue. Le site, qui possède pourtant une organisation de crise et une solution de secours de l'alimentation, met plus de 4 heures avant de rétablir la situation alors que ses objectifs de reprise sont bien inférieurs.
- **Les conséquences** – La vente des produits est interrompue pendant 4 heures, à un moment critique (pic d'affluence des ventes). La perte financière directe se chiffre à environ 15 millions d'euros. La perte en termes d'image n'est pas

chiffrée mais est conséquente pour une société qui base son service sur la disponibilité (objectif de une heure maximum d'interruption).

Notre analyse : cet exemple est plus complexe, surtout si la thèse de la malveillance est confirmée. Il relève cependant bien du champ d'action de la continuité d'activité (et particulièrement de la gestion de crise). Là encore, le secours informatique et les moyens techniques pour répondre à l'incident grave sont bien définis (groupes électrogènes en particulier). La gestion de crise n'est en revanche pas suffisamment réactive pour assurer la tenue de l'objectif d'indisponibilité maximum de une heure. Les deux points faibles sont :

- la définition pas assez claire des canaux de communication, des instances de décision de crise et des outils d'aide à la décision ;
- l'absence de test régulier du mode de réaction à une crise.

1.1.6 Bilan

Même si les chiffres et exemples exposés tendent au catastrophisme (c'est le cœur du sujet !), ils révèlent les enjeux de la continuité d'activité. Les entreprises françaises ne se montrent pas encore aussi convaincues vis-à-vis de la continuité d'activité que leurs homologues étrangères, anglo-saxonnes en particulier. Des progrès considérables ont toutefois été enregistrés, en particulier depuis l'essor de la fonction de Responsable de la sécurité du système d'information (RSSI) ou de Responsable du plan de continuité d'activité (RPCA).

1.2 SE PRÉPARER AU PIRE : UNE VISION PESSIMISTE DU MONDE ?

Le dialogue sécuritaire ambiant n'est pas du goût de tous mais il répond à des tendances lourdes sur lesquelles les observateurs avertis ne manquent pas de s'accorder. Au risque de ne brosser qu'un tableau partiel, géographiquement partial et sur une fenêtre chronologique restreinte (10 ans), je vous invite à une rétrospective qui ne peut laisser insensible en ce qui concerne l'échelle et la fréquence des sinistres majeurs de notre temps :

- la tempête dévastatrice de décembre 1999 ;
- l'inquiétude du bug de l'an 2000 (sinistre « manqué » !) ;
- le crash du Concorde en juillet 2000 ;
- les attentats du World Trade Center le 11 septembre 2001 ;
- l'explosion à l'usine AZF de Toulouse le 21 septembre 2001 ;
- les inondations du Gard en septembre 2002 et l'augmentation sensible des inondations de classe 3 et 4 depuis 15 ans en France ;
- la canicule de l'été 2003 ;

- les coupures massives d'électricité de septembre 2003 (Nord-Est américain et Italie) ;
- les attentats de Madrid du 11 mars 2004 ;
- le tsunami du Sud-Est asiatique du 26 décembre 2004 (230 000 morts) ;
- les attentats de Londres le 7 juillet 2005 ;
- les attentats de Charm-El-Cheikh du 23 juillet 2005 ;
- la série noire des accidents d'avion de l'été 2005 (6 crashs) ;
- les ouragans Katrina, Rita et Wilma dans le golfe du Mexique en août, septembre et octobre 2005 ;
- le tremblement de terre du Pakistan en octobre 2005 ;
- les émeutes en région parisienne et en province en novembre 2005 ;
- le virus de la grippe aviaire H5N1 qui tue un canard dans l'Ain en février 2006 ;
- les inondations du Nord de la France en octobre 2006 ;
- la coupure massive d'électricité dans le Nord-Est de la France en février 2007 (10 millions d'Européens sans courant) ;
- les grèves dans les transports publics en octobre 2007 : mobilisation dépassant celle des grèves mémorables de 1995 ;
- le tremblement de terre du Sichuan en qui fait 80 000 victimes et 350 000 blessés en mai 2008 ;
- la crise financière et économique mondiale amorcée en septembre 2008 plonge le monde dans un chaos économique sans précédent depuis la crise de 1929 ;
- la tempête Klaus dans le Sud-Ouest de la France, le 24 janvier 2009 ;
- la neige à Marseille et en Provence en janvier 2009 qui provoque trois jours de perturbation ;
- le tremblement de terre de l'Aquila en Italie fait 308 victimes ;
- la menace de la pandémie de grippe mexicaine H1N1 se confirme en France en juin 2009.

Non seulement la fréquence et l'intensité des sinistres majeurs croissent rapidement mais leurs impacts économiques semblent augmenter encore plus rapidement. L'illustration de ces tendances est saisissante quand on se penche sur l'évolution des pertes économiques dues aux seules catastrophes naturelles au cours de la période 1950-2009 (figure 1.3).

Bien sûr, ces statistiques reflètent surtout la complexité croissante de nos organisations. L'effet domino lié à l'interpénétration et l'interdépendance des principaux réseaux a bien été ressenti en France lors des tempêtes de décembre 1999. La fragilisation qui en résulte a été décrite par X. Guilhou et P. Lagadec : « *Nos sociétés complexes ne sont plus qu'enchevêtrements de nœuds, concentrant des pouvoirs de diffraction colossaux. Il en résulte des problèmes de sécurité particulièrement aigus, faits d'effets de seuils, d'effets de complexité, d'effets de résonance jusqu'alors inconnus* »[1].

_____

1. P. Lagadec et X. Guilhou, *La fin du risque zéro*, Eyrolles, 2002.

Les sinistres et les catastrophes naturelles ont bel et bien des tendances inflationnistes depuis la fin du XXᵉ siècle, à la fois en fréquence et en gravité. Dans le même temps, les demandes des clients et, plus généralement, du public, tendent vers une exigence du risque zéro : c'est ce que l'on peut appeler le grand écart du risque !

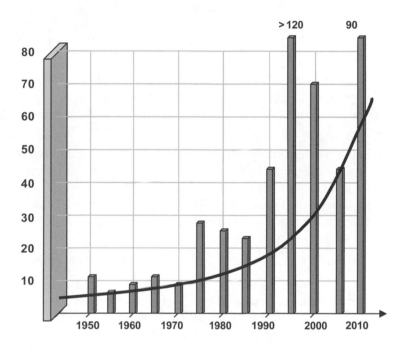

Figure 1.3 — Évolution des pertes économiques mondiales dues
aux catastrophes naturelles au cours de la période 1950-2009 (d'après Munich Re)

Pour répondre à cette double problématique antagoniste (davantage de sinistres, davantage de sécurité), les modes classiques de sécurisation (principalement portés par les pouvoirs publics dans leur rôle régalien de protection civile) s'adaptent mais peinent à prendre la mesure des nouveaux enjeux. Mais du côté de l'économie, les entreprises ne peuvent pas se reposer sur la protection civile pour assurer la sauvegarde de leur patrimoine, ni se retrancher derrière la fatalité d'un phénomène local pour justifier des pertes dans une économie mondialisée.

Par nécessité, l'entreprise doit aujourd'hui passer d'une gestion réactive et défensive du risque (principalement par le biais de l'assurance et la ré-assurance) à une gestion qui se veut pro-active et offensive : c'est dans ce dernier cadre que la notion de gestion de la continuité d'activité d'entreprise prend tout son sens. Se préparer au pire dans ce contexte procède dès lors plus d'une vision réaliste et pragmatique du monde que d'une angoisse apocalyptique.

1.3 CONTOURS ET DOMAINES DE LA CONTINUITÉ D'ACTIVITÉ

Le Management de la continuité d'activité (MCA) est une discipline relativement nouvelle qui vise à définir un cadre dans lequel l'entreprise peut minimiser l'impact adverse d'un sinistre majeur sur son activité. Elle a tout d'abord existé comme partie intégrante d'approches principales (sécurité des SI, management des risques en particulier).

Le référentiel ISO 27002 par exemple, référence en sécurité des systèmes d'information, présente la continuité d'activité comme un maillon, certes important mais un maillon seulement, de la gestion de la sécurité de l'information.

Plus récemment, le management de la continuité d'activité a émergé comme une discipline à part entière, surtout à partir de la deuxième moitié des années 1990. L'apparition de cabinets spécialisés sur le sujet, de groupes professionnels dédiés (comme le Business Continuity Institute [BCI] ou le Disaster Recovery Institute International[1] [DRII] pour citer les plus connus) ou de certifications de personnes dans le domaine a signé l'acte de naissance du management de la continuité d'activité parmi les sciences de gestion.

Le terreau de la croissance de cette discipline me semble constitué des éléments suivants :

- Un climat mondial plombé par l'augmentation avérée des sinistres naturels et technologiques (en fréquence et en gravité).
- La complexité croissante des organisations.
- Une dépendance toujours plus forte des entreprises vis-à-vis de leur système d'information.
- Une durcification progressive de la réglementation concernant la continuité d'activité.
- L'augmentation sensible des exigences clients, augmentation qui va de pair avec la diminution (tout aussi sensible) de la tolérance des clients aux écarts de service.
- La montée en puissance de disciplines connexes comme le management des risques ou la sécurité des systèmes d'information.

Les tendances de l'économie et l'évolution de la sinistralité mondiale contraignent les entreprises à sortir d'un schéma de réponse réactive aux situations de crises. La nécessité d'une approche pro-active a projeté le management de la continuité d'activité sur le devant de la scène.

Les grands cabinets de conseil se sont emparés de la discipline et se sont empressés de la faire figurer au catalogue de leurs prestations. Bien sûr, l'effet de mode est sans doute derrière un certain nombre de plans de continuité actuellement en opération

---

1. Apparu, il est vrai, à la fin des années 1980.

(ou en non-opération d'ailleurs). On définit son PCA comme on a pu faire du *Business Process Reengineering*, mettre en place un ERP, ou décider d'une politique de gestion de la relation client (CRM). Mais la démarche MCA s'écarte des chemins de pensée et des modes des *business schools* : la mise en œuvre d'un plan de continuité d'activité est au départ une réponse à des problématiques techniques bien plus que l'application de théories de management ; c'est encore souvent plus un réflexe de survie (prévoir le pire) qu'une recherche de performance ; c'est plus un élément vital qu'un chantier pour entreprise prospère en mal de gadget.

Si l'effet de mode existe, il s'estompera bientôt. Il y a peu de chances qu'aucune des raisons données plus haut pour l'apparition de la discipline MCA ne s'affaiblisse, bien au contraire. Si l'on en croit l'actualité, les perspectives sont malheureusement réjouissantes pour la continuité d'activité.

1.3.1 Une approche holistique du management[1]

Le management de la continuité d'activité a acquis en très peu d'années ses lettres de noblesse dans le monde anglo-saxon. Au départ considérée comme une discipline technique, opérationnelle et réactive, elle est aujourd'hui pleinement intégrée au gouvernement d'entreprise[2] en tant que discipline de gestion pro-active.

Avec un peu de retard, le monde francophone s'approprie cette approche.

> Pour reprendre la définition qu'en donne le Business Continuity Institute (BCI) : « *Le management de la continuité d'activité est un **processus holistique de management** qui identifie les impacts potentiels qui menacent une organisation et fournit un cadre pour assurer la résilience[3] de l'entreprise et construire une réponse efficace qui protège les intérêts, la réputation et les activités de création de valeur de l'organisation.* »[4]

Construire un management de la continuité d'activité, c'est construire un système de management intégré dans le système de management traditionnel qui pourra devenir opérationnel et efficace quand la soudaineté et l'échelle d'événements inattendus rendront le système de management traditionnel incapable de réaliser sa mission originelle.

---

1. Dans l'usage actuel, le terme holistique s'applique à toute démarche globalisante ou syncrétique où divers éléments, habituellement isolés, sont regroupés et coordonnés pour l'obtention plus efficace d'un résultat visé.
2. Parfois appelé aussi gouvernance d'entreprise.
3. Résilience : caractéristique d'un matériau qui résiste au choc. Concept appliqué au domaine de la psychologie (notamment par Boris Cyrulnik), et plus récemment au management, et défini alors comme la capacité des individus, des groupes et des organisations à résister à des environnements adverses, puis à rebondir.
4. BCI, traduction libre.

L'approche MCA devient donc une approche structurante, un mode d'organisation qui touche à toutes les activités de l'entreprise, une approche holistique du management. Ainsi, dans son acception la plus large, le MCA couvre en particulier les risques et domaines suivants (mais ne s'y limite pas) :

- Santé et sécurité du personnel
- Sécurité des produits et santé des clients
- Responsabilité environnementale
- Impact sur l'image, la réputation, les marques
- Perte de compétences et/ou de savoir-faire
- Rupture de la *Supply-Chain*
- Menaces terroristes et de conflits militarisés
- Destruction de site
- Catastrophes naturelles
- Pertes de réseaux de télécommunications
- Pertes d'infrastructure du SI

Si certaines entreprises limitent encore leur plan de reprise d'activité à la reprise d'activité informatique, la plupart reconnaissent aujourd'hui (souvent après une expérience douloureuse) la nécessité d'une prise en compte beaucoup plus globale de la notion de « secours ».

1.3.2 Gouvernement d'entreprise, management des risques et continuité d'activité

La problématique de continuité d'activité ne se pose pas aujourd'hui dans l'absolu. Elle se raccorde à des problématiques de gestion et de management dont les plus évidentes sont le gouvernement d'entreprise, le management des risques et la gestion de crise.

Dans ses Principes de gouvernement d'entreprise[1], l'OCDE propose que « *pour assumer leurs responsabilités, les administrateurs doivent avoir accès à des informations exactes, pertinentes et disponibles en temps opportun* » : autant d'objectifs que la mise en œuvre d'un plan de continuité d'activité contribuera à atteindre.

Par ailleurs, la démarche de management des risques d'entreprise (telle que celle préconisée par le COSO[2]) vise essentiellement à identifier et qualifier les risques pour mettre en place des plans de management des risques. À ce titre, les risques liés à la rupture de la continuité d'activité de l'entreprise font pleinement partie du paysage du risque et le plan de continuité d'activité n'est qu'un cas particulier de plan de management des risques.

---

1. Principes de gouvernement d'entreprise de l'OCDE, 2004, (§VI/ F, p. 27).
2. COSO *Enterprise Risk Management Framework* (ERM).

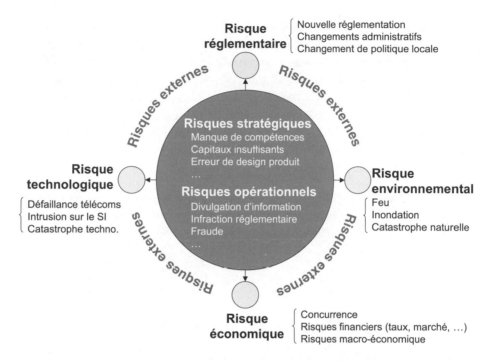

Figure 1.4 — Paysage des risques de l'entreprise

1.3.3 Le plan de continuité d'activité : une définition

Le Plan de continuité d'activité (PCA) est la manifestation tangible du management de la continuité d'activité. Il constitue l'organisation, les moyens et la formalisation des modes de réaction de l'organisation aux situations extrêmes auxquelles celle-ci peut être confrontée.

Le Comité de la réglementation bancaire et financière (CRBF) donne la définition suivante du **plan de continuité d'activité** : « *ensemble de mesures visant à assurer, selon divers scénarios de crises, y compris face à des chocs extrêmes, le maintien, le cas échéant de façon temporaire selon un mode dégradé, des prestations de services essentielles de l'entreprise puis la reprise planifiée des activités.* »[1]

Ainsi :

- S'il est fondé sur une solution technique de secours du système d'information (SI) et/ou des moyens de production, le PCA ne s'y limite pas : c'est un ensemble de mesures comprenant une organisation, des modes de réaction, des actions de communication, etc.
- Le PCA doit permettre de couvrir des situations de *chocs extrêmes* : il s'inscrit bien dans la réaction aux sinistres présentés en introduction dont la violence, on l'a vu, peut être extrême et non dans le traitement des incidents courants.

---

1. CRBF 2004-02, italique ajouté.

- Le PCA doit être conçu pour faire face à divers _scénarios de crises_ : cela suppose que des scénarios ont été étudiés et qu'une décision a été prise quant aux scénarios contre lesquels le dispositif du PCA devra se révéler efficace.
- Le mode de réaction au sinistre peut tout à fait s'avérer être un _mode dégradé_ de services mais pour dégradé qu'il soit, il devra couvrir les _activités essentielles de l'entreprise_ : celles-ci auront donc été définies au préalable.
- La mise en place du PCA sera _temporaire_ puisqu'une _reprise planifiée_ des activités en mode nominal aura été prévue : les conditions de retour à la normale et les critères de retour auront donc été définis.

En résumé, le dispositif que l'on définit comme le plan de continuité d'activité permettra de limiter les impacts adverses d'un sinistre majeur sur l'activité d'une entreprise pour lui permettre un retour efficace à une situation nominale, comme l'illustre le synoptique de la figure 1.5.

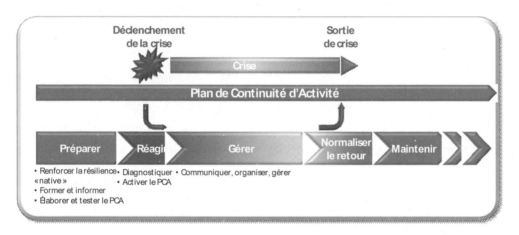

Figure 1.5 — Cinématique de la crise

1.3.4 De l'incident au sinistre majeur

La frontière entre incident et sinistre majeur n'est sans doute pas une barrière aussi infranchissable qu'on pourrait l'imaginer : l'infection virale est certes un incident de sécurité mais quand la contamination se répand à l'ensemble des ressources critiques, on est proche du scénario de crise.

Pourtant, si le plan de continuité pourra prendre toute son importance en cas d'infection virale généralisée, ce n'est pas sa vocation que de constituer une réponse à un incident, fût-ce un grave incident de sécurité. Le PCA n'est là que lorsque tout le reste a échoué.

Un PCA n'est qu'une ultime réponse, quand toutes les barrières, protections et mesures de prévention ont failli et que le sinistre a touché le cœur de l'entreprise. Le PCA est la solution de la dernière chance.

Ainsi, il ne faudra pas chercher dans cet ouvrage de conseils pour la gestion courante des incidents d'exploitation ou de fonctionnement. Le propos est ailleurs : on parle bien ici d'ultime recours.

1.3.5 Ce qui n'est pas du ressort de la continuité d'activité

Si l'on sait maintenant mieux ce qu'est le plan de continuité d'activité, on peut décrire ce qu'il n'est pas pour préciser encore le contour de la notion :

- le PCA n'est pas une solution technique (informatique ou industrielle) à une problématique d'entreprise ;
- le PCA n'est pas un outil permettant de maintenir le niveau courant de qualité de service ;
- le PCA n'est pas la solution universelle permettant de faire face à toutes les situations de sinistres imaginables ;
- le PCA n'est pas une solution pérenne pour la gestion des activités courantes de l'entreprise ;
- le PCA n'est pas une solution de traitement des incidents de l'entreprise, fussent-ils des incidents graves (panne de l'outil industrielle, incident de sécurité informatique de type attaque virale), en tout cas jusqu'à ce que l'ampleur des incidents les requalifie en sinistre ; tant que ce n'est pas le cas, ils relèvent des processus courants de gestion des problèmes et incidents ;
- le PCA n'est pas censé permettre la gestion des risques à long terme de l'entreprise.

1.4 LA RÉGLEMENTATION ET QUELQUES NORMES

Un nombre toujours croissant de réglementations et normes abordent aujourd'hui le sujet de la continuité d'activité. Nous évoquons ici les principales exigences qui ont un impact sur le marché français. Ce recensement ne se veut cependant pas exhaustif.

1.4.1 La réglementation

La capacité à assurer la continuité d'activité est un critère que les investisseurs et régulateurs prennent de plus en plus en compte. La plupart des textes réglementaires relatifs aux activités commerciales et financières imposent des exigences de maîtrise des risques et de contrôle interne qui touchent, plus ou moins directement, la continuité d'activité. C'est le cas pour les décisions du comité de Bâle II, de la loi de sécurité financière, du règlement CRBF 2004-02 et du Sarbanes-Oxley Act.

Bâle II (secteur bancaire international)

Le comité de Bâle sur le contrôle bancaire, fondé en 1975 et regroupant les gouverneurs des banques centrales des pays du G-10 a revu en janvier 2001 (Bâle « II ») ses recommandations pour introduire un nouveau ratio de solvabilité : le ratio Mc Donough (qui remplace l'ancien ratio Cooke).

Les ratios de solvabilité mesurent la santé des institutions financières sur le constat que leur stabilité dépend de fonds propres adaptés aux risques auxquels elles doivent faire face.

La nouveauté de Bâle II (et du ratio Mc Donough) est d'ajouter aux risques classiques de crédit et de marché la prise en compte d'un risque opérationnel. Selon la définition de Bâle II, le risque opérationnel est un « *risque de pertes résultant de procédures internes inadéquates ou défaillantes, du personnel, des systèmes ou d'événements extérieurs.* » Il inclut pleinement (bien qu'il ne s'y limite pas) les risques du SI liés à la problématique de continuité d'activité.

En 2003, le Comité a publié des bonnes pratiques de gestion du risque opérationnel[1], dont le principe 7 énonce (extraits) : « *les banques devraient mettre en place des plans de secours et de continuité d'exploitation[2] pour garantir un fonctionnement sans interruption et limiter les pertes en cas de perturbation grave de l'activité.* »

La Loi de sécurité financière (LSF) (France)

Il s'agit de la loi n° 2003-706 du 1er août 2003 de sécurité financière qui encadre le règlement suivant (CRBF). Elle ne fait pas explicitement mention de mesures de continuité d'activité mais pose les bases sur lesquelles se tient le CRBF 2004-02 (notamment dans ses articles 46, 47 et 49). Elle précise des exigences fortes en termes de procédures de contrôle interne.

IGI SAIV du 26/09/2008, N° 6600/SGDN/PSE/PPS (France)

L'Instruction générale interministérielle (IGI) relative à la Sécurité des activités d'importance vitale (SAIV) émane du secrétariat général de la Défense nationale sous l'égide du Premier Ministre (direction protection et sécurité de l'État). Elle constitue un mode d'emploi pour mettre en œuvre les dispositifs de sécurité des activités d'importance vitale. Elle s'articule en particulier avec les plans ORSEC, PIRATE et VIGIPIRATE pour définir un cadre de maîtrise des risques et de continuité d'activité pour les biens et services considérés d'importance vitales pour la France. Selon l'article R.1332-2 du Code de la Défense, « *ces biens ou services doivent être indispensables :*

- *à la satisfaction des besoins essentiels pour la vie des populations ;*
- *ou à l'exercice de l'autorité de l'État ;*

---

1. « *Saines pratiques pour la gestion et la surveillance du risque opérationnel* », comité de Bâle pour le contrôle bancaire, n° 96, février 2003.

2. La version anglaise parle de « *business continuity plans* » qu'il me semblerait plus correct de traduire par « plan de continuité d'activité » que par « plan de continuité d'exploitation ».

- *ou au fonctionnement de l'économie ;*
- *ou au maintien du potentiel de défense ;*
- *ou à la sécurité de la nation. »*

On peut ainsi considérer que les secteurs de la Défense, de la Police, des infra-structures vitales (électricité, gaz, opérateurs télécoms, autoroutes, distribution d'eau, etc.), de la grande distribution, etc. rentrent dans ces catégories et sont soumis à cette instruction qui les contraint à définir un « plan de sécurité ». Le paragraphe 1.3.5 de ladite instruction fait spécifiquement référence au « *lien avec les plans de continuité d'activité et les plans d'urgence* », indiquant qu'ils s'intègrent dans la même logique de gestion de crise. « *Lorsqu'un opérateur d'importance vitale dispose d'un plan de continuité d'activité, celui-ci peut être considéré comme un plan de sécurité élargi à des menaces autres que celles à caractère terroriste.* »

Les entreprises et organisations entrant dans la catégorie des opérateurs d'impor-tance vitale sont répertoriées par l'État et tenus de se conformer aux prescriptions de cette instruction.

DGT 2007/18 du 18/12/2007 (France)

La circulaire de la Direction générale du Travail de décembre 2007 est « relative à la continuité de l'activité des entreprises et aux conditions de travail et d'emploi des salariés du secteur privé en cas de pandémie grippale. » Elle fixe des recommandations pour l'élaboration d'un plan de continuité (en particulier au paragraphe 2.2 et en annexe I) et définit un cadre de travail pour les salariés en cas de pandémie. Ainsi, les principaux sujets de préoccupations de salariés et employeurs sont abordés :

- prévention ;
- droit de retrait ;
- télétravail ;
- temps de travail ;
- polyvalence, etc.

Plan national de prévention et de lutte « Pandémie grippale » n° 150/SGDN/PSE/PPS du 20 février 2009 (France)

Ce plan émis sous l'égide du secrétariat général de la Défense nationale fixe un cadre pour définir une stratégie de préparation à la pandémie (prévention, confinement, réponse sanitaire, etc.) et pour organiser la conduite opérationnelle de la crise. Ce document est spécifique au cas de la pandémie grippale.

CRBF 2004-02 (France)

Le comité de la réglementation bancaire et financière (CRBF) a pour mission de fixer « dans le cadre des orientations définies par le gouvernement et sous réserve des attributions du comité de la réglementation comptable, les prescriptions d'ordre général applicables aux établissements de crédit et aux entreprises d'investissement. »[1]

Le règlement CRBF 2004-02 du 15 janvier 2004 vient modifier le règlement CRBF 97-02 du 21 février 1997 relatif au contrôle interne des établissements de crédit et des entreprises d'investissement. Il vient remplacer la notion de « procédures de secours informatiques » du CRBF 97-02 par celle d'un PCA documenté, cohérent et testé.

C'est d'ailleurs du règlement CRBF 2004-02 qu'est tirée la définition du plan de continuité d'activité retenu dans ce livre.

Le seul article (article 14-1) qu'ajoute le CRBF 2004-02 au CRBF 97-02 se lit ainsi : « _Outre les dispositions prévues à l'article 14 du présent règlement, les entreprises assujetties doivent :_

- _disposer de plans de continuité d'activité ;_
- _s'assurer que leur organisation et la disponibilité de leurs ressources humaines, immobilières, techniques et financières font l'objet d'une appréciation régulière au regard des risques liés à la continuité de l'activité ;_
- _s'assurer de la cohérence et de l'efficacité des plans de continuité d'activité dans le cadre d'un plan global qui intègre les objectifs définis par l'organe exécutif et, le cas échéant, par l'organe délibérant. »_

Applicable depuis le 1er juillet 2004, le CRBF 2004-02 pose les bases pour que :

- le PCA puisse être audité par la commission bancaire ;
- les rapports de contrôle interne mentionnent systématiquement le sujet.

Le « Sarbanes-Oxley Act » (SOX) (États-Unis) et la loi C-198 (Canada)

Nous quittons la sphère française et européenne pour nous pencher sur la loi américaine ayant trait au contrôle interne sur le _reporting_ financier : la loi Sarbanes-Oxley.

Cette loi impose aux entreprises cotées sur un marché américain de nouvelles exigences en termes de contrôle interne. Ces exigences ont un fort impact sur les contrôles et procédures appliqués aux systèmes d'information produisant l'information financière.

Bien que la loi ne fasse pas spécifiquement référence à des mesures de management de la continuité d'activité, elle est en revanche explicite en ce qui concerne la disponibilité et l'exhaustivité des processus et données nécessaires à l'établissement des rapports financiers de l'entreprise.

Dans les faits, certaines entreprises ont profité de l'élan donné par les chantiers Sarbanes-Oxley pour mettre en œuvre un management de la continuité d'activité, quand d'autres ont simplement ignoré le sujet. C'est la responsabilité ultime du management de décider, avec ses commissaires aux comptes, de ce qui permet que les

---

1. Source : www.banque-france.fr

processus[1] de *reporting* financier se déroulent conformément aux exigences de la loi. Dans certains cas, la mise en place d'un PCA sera sans doute du bon sens. Dans tous les cas, l'étape initiale d'un projet PCA :

- déterminera si le *reporting* financier (dans ses contraintes réglementaires) rentre dans les activités critiques de l'entreprise et, si oui, à quel niveau (dans le cadre du bilan d'impact sur l'activité) ;
- mettra en œuvre une analyse fine des risques pour déterminer les risques et vulnérabilités de l'entreprise : cette analyse de risques fait partie des exigences de la loi Sarbanes-Oxley (section 404 en particulier).

La mise en marche d'un projet PCA, s'il n'est pas exigé par la loi Sarbanes-Oxley[2], peut être un levier fort pour atteindre la conformité à un grand nombre des exigences de la loi. Le management de la continuité d'activité doit être vu comme un outil et une opportunité dans ce cadre-là.

| **Note** : la loi canadienne C-198 est quasiment identique à SOX.

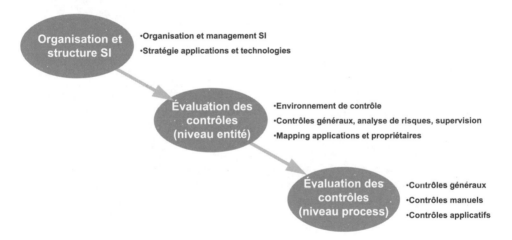

Figure 1.6 — Approche Sarbanes-Oxley pour le contrôle interne informatique (d'après Protiviti)

1.4.2 Les normes et standards

BS 25999

La norme *British Standard 25999* est le référentiel normatif sur le management de la continuité d'activité qui a le vent en poupe. Il y a tout à gager que les années qui

---

1. Cette notion de processus ne se limite pas aux actions comptables mais comprend également l'organisation, les procédures et les systèmes qui soutiennent la production des rapports financiers.
2. Le PCAOB (*Public Company Accountant Oversight Board*, organe de supervision américain des comptables du secteur public) a clairement indiqué en mars 2004 que la mise en place d'un PCA n'était pas requis par la loi Sarbanes-Oxley.

viennent vont le voir s'imposer comme LE référentiel sur le sujet, moyennant quelques adaptations pour une traduction en norme ISO. Si on établit un parallèle entre son histoire et celle du BS 7799 (devenu depuis ISO 27001 et 27002), parallèle aisément justifiable, on l'imagine facilement devenir dans quelques années, la norme ISO de la continuité d'activité (sans doute l'ISO 22301).

Il s'agit essentiellement d'une traduction en langage normatif des bonnes pratiques du *Business Continuity Institute*, qui a contribué massivement à son élaboration. La norme propose une méthodologie pour gérer la continuité d'activité, depuis la définition d'une politique de management de la continuité, jusqu'à la réalisation de tests et le maintien en conditions opérationnelles. Ce référentiel pose les bases de la mise en place d'un système de management de la continuité d'activité comme l'ISO 9001 pose le cadre pour un système de management de la qualité.

Les cinq piliers de la norme sont les cinq phases d'un programme de management de la continuité d'activité :

- comprendre l'organisation ;
- définir des stratégies de continuité ;
- développer les dispositifs de continuité ;
- tester, maintenir et revoir ;
- manager la continuité d'activité.

Il est à noter que le référentiel BS 25999 est le seul référentiel par rapport auquel il est aujourd'hui possible d'être certifié. Ce référentiel est l'héritier du PAS 56 du BSI.

BP Z74-700

Le référentiel de bonnes pratiques BP Z74-700 est un référentiel français, publié par l'AFNOR suite au développement d'un code de bonnes pratiques par un groupe de travail sur la problématique du plan de continuité d'activité (PCA).

Les principales têtes de chapitre du référentiel sont :

- **Organisation du PCA** : qui explicite l'articulation des différents plans et les modalités de déclenchement.
- **Schéma des procédures de mise en œuvre** : qui introduit le contenu des différentes procédures et plans nécessaires.
- **Démarche d'un PCA** : qui décrit l'approche projet.
- **Formation et tests**.
- **Retour à la situation nominale** : qui donne un aperçu de cette étape incontournable et pourtant souvent négligée.
- **Le facteur humain en situation de crise** : qui indique les principaux points d'attention dans la gestion des ressources humaines en cas de PCA.
- **Les aspects juridiques** : qui éclairent les spécificités juridiques autour du PCA.
- **Gestion de la documentation**.
- **Coûts et financement du PCA** : qui propose un découpage des éléments financiers du projet.

Le principal mérite de ce code de bonnes pratiques réside dans son chapitre sur le facteur humain : il éclaire ce sujet largement passé sous silence par les autres initiatives normatives, alors que les principaux retours d'expérience des situations de crise mettent en évidence des lacunes graves sur ce sujet.

Malgré la qualité évidente de ce document, je perçois qu'il aura du mal à s'imposer face au référentiel britannique qui se répand comme une traînée de poudre...

BS 25777

La norme *British Standard 25777* est une norme pour le management de la continuité des technologies de l'information et de la communication. Elle reprend la structure et les principaux points de la précédente en les déclinant sur le sujet technique du secours du système d'information.

ISO TC 223 et ses publications (ISO 22301, ISO 22399, ...)

Le *Technical Committee 223* de l'ISO (« Sécurité Sociétale ») n'est pas une norme mais un comité technique qui a pour vocation d'élaborer des normes dans le domaine de la gestion de crise et de la gestion de la continuité d'activité. Bien que peu de normes soient encore publiées, on notera :

- **L'ISO 22399** : lignes directrices pour être préparé à un incident et gestion de continuité opérationnelle.
- **Le très attendu ISO 22301** : ce référentiel devrait devenir, à terme, le référentiel international tant attendu sur le management de la continuité d'activité. Son idée principale est d'établir un cadre pour passer du modèle actuel de BCMS (*Business Continuity Management System*) à celui de PCMS (*Preparedness and Continuity Management System*). Cette évolution correspond bien aux idées présentées dans le chapitre 7 de ce livre, concernant la résilience. La publication est prévue pour 2011.

ISO 24762 et ISO 27031

En 2008, l'ISO a publié une nouvelle norme qui définit des directives pour les prestations de services de secours informatique et télécom : l'ISO 24762.

Ce référentiel couvre les aspects suivants :

- Mise en œuvre, exploitation, supervision et maintenance des infrastructures et services pour le secours informatique.
- Exigences pour la fourniture de services et d'infrastructures de secours informatique pour les prestations externalisées.
- Critères de sélection de sites de secours.
- Exigences pour l'amélioration continue des services et prestations de secours informatique.

L'ISO 27031, qui s'inscrit dans la série des ISO 27000 n'est pas encore publiée mais elle définit les concepts et rôles des technologies de l'information en tant que support à la mise en place de dispositifs de continuité. Elle décrit un cadre (méthode, outils et processus) pour accroître le niveau de résilience du système d'information et le niveau de préparation de l'organisation pour faire face à un sinistre majeur.

ISO 27002 (version 2005)

L'objectif n'est pas ici de présenter cette norme. On se reportera pour ce faire au paragraphe ISO27002 et ISO 27001 dans l'annexe C2. Il suffira ici d'indiquer que le référentiel ISO 27002 fait aujourd'hui foi en ce qui concerne le management de la sécurité de l'information. Nous présenterons néanmoins succinctement le chapitre 14 de la norme qui traite du management de la continuité d'activité et exige que soient mis en œuvre :

- Un processus de management de la continuité d'activité fondé sur :
  - l'analyse des risques et des vulnérabilités ;
  - la prise en compte des enjeux de l'entreprise en matière de sécurité et des impacts des sinistres potentiels sur l'activité ;
  - la définition d'une stratégie de continuité d'activité cohérente avec les objectifs ;
  - le transfert éventuel de certains risques sur des polices d'assurance appropriées ;
  - la formalisation de plans de continuité en ligne avec la stratégie d'entreprise ;
  - la mise à jour et le test des dispositifs prévus ;
  - la répartition des responsabilités pour le management de la continuité d'activité ;
  - un bilan systématique d'impact sur l'activité au cours duquel : les sinistres potentiels sont évalués et les impacts déterminés, une stratégie de continuité d'activité est décidée pour répondre aux enjeux.
- Des mesures pour développer et mettre en place des plans de continuité : définition des responsabilités et des procédures en cas d'urgence, sensibilisation du personnel, définition des modalités de mise à jour et de test des plans.
- Un cadre unifié pour la planification de la continuité d'activité qui vise à assurer la cohérence globale du dispositif et son caractère opérationnel.
- Des modalités de maintenance, de test et d'évaluation des plans de continuité d'activité

Ce canevas normatif se rapproche fort de la trame méthodologique présentée dans le chapitre 3.

Les guides méthodologiques du BCI[1] (Good Practice Guidelines)

Sous l'impulsion du Dr David J. Smith, spécialiste du management de la continuité d'activité (MCA), le *Business Continuity Institute* (BCI) a produit en 2002 un ensemble

_____

1. *Business Continuity Institute.*

de guides méthodologiques qui décrit une approche pour le développement d'une stratégie de continuité d'activité, les *Good Practice Guidelines*.

Quoique différant légèrement de l'approche présentée au chapitre 3, ces guides constituent un outil méthodologique remarquable pour la mise en œuvre d'un plan de continuité d'activité. L'étendue et la finesse de l'information contenues dans ces guides en font une ressource très appréciée des spécialistes et bien adaptée à la mise en œuvre d'un management de la continuité d'activité dans une grosse structure.

A contrario, le volume de la documentation et l'exhaustivité des préconisations énoncées rendent ces guides lourds à manipuler, difficiles d'accès et pas très adaptés (ni facilement adaptables) à un contexte d'entreprise de type PME.

| Ces guides sont gratuits mais ne sont pas disponibles en langue française.

Fin 2005 puis en 2008, une deuxième et une troisième version de ces guides ont été publiées pour tenir compte des évolutions vers la BS 25999. En 2010, une nouvelle version est prévue pour servir de guide de mise en œuvre de la démarche décrite dans le référentiel normatif BS 25999

Le guide des bonnes pratiques DRJ/DRII (Generally Accepted Practices for Business Continuity Practitioners)

Le *Disaster Recovery Journal* (DRJ) et le Disaster Recovery Institute International (DRII), deux organismes américains ont produit en août 2005 une version provisoire de leur guide de bonnes pratiques à l'attention des professionnels de la continuité d'activité.

Ce guide présente des check-lists détaillées sur dix domaines[1] de la mise en œuvre d'une démarche PCA :

- Lancement et management de projet
- Analyse et contrôle des risques
- Bilan d'impact sur l'activité
- Définition des stratégies de continuité
- Gestion de crise et des opérations
- Développement des plans de continuité d'activité
- Sensibilisation et formation
- Maintenance et tests des plans
- Communication de crise et relations publiques
- Coordination avec les autorités civiles

Quoique non encore finalisées, ces check-lists représentent une aide fort utile et complémentaire aux guides méthodologiques du BCI. Elles présentent une vision très

---

1. Ces dix domaines se trouvent être les domaines pour lesquels le DRII et le BCI ont conjointement développé leur schéma de qualification et de certification des professionnels de la continuité d'activité.

pragmatique et constituent un pense-bête appréciable. Elles seront utiles en particulier dans les revues de fin de phase et pour les audits de PCA, plus d'ailleurs que pour la planification et la définition de la méthode où les guides méthodologiques BCI apporteront un éclairage plus pertinent.

Là encore cependant, il s'agit d'un document volumineux (117 pages de check-lists...) et exhaustif, dont la lecture découragera sans doute les petites et moyennes structures. Le document n'est disponible qu'en langue anglaise.

1.4.3 Autres réglementations et normes

Il existe bien d'autres réglementations et normes qui abordent le sujet de la continuité d'activité ou un des sujets qui lui sont affiliés (stratégie d'archivage par exemple).

Autres réglementations

Concernant les réglementations, on peut citer en France :

- certaines recommandations AMF (voir www.amf-france.org, recherche sur le thème) ;
- le code du commerce (Art. 123-20, al. 2) ;
- le plan comptable général (PCG 1999, Art. 120-1) ;
- la réglementation qui concerne les comptabilités informatisées ;
- la réglementation qui concerne l'industrie pharmaceutique (bonnes pratiques de fabrication, bonnes pratiques de distribution, contrainte de libération de la production, contrainte de validation des processus, régime d'autorisation de mise sur le marché des médicaments, etc.) : si elle ne fait pas explicitement référence au management de la continuité d'activité, elle sous-entend des mesures liées au fonctionnement en mode dégradé de l'activité et la prise en compte des situations d'urgence.

Au Royaume-Uni, le _Civil Contingencies Act_ du 18 novembre 2004 exige pour les principaux services publics (dans les domaines de l'administration publique, des services d'urgence, des services de santé, des services de transport, d'électricité, de télécommunications publiques) que des mesures d'évaluation des risques et de continuité d'activité soient mis en place. En particulier, ces services sont tenus de « _maintenir des plans dans le but d'assurer, autant que faire se peut, la continuité de leurs activités en cas d'urgence_ »[1].

---

1. _UK Civil Contingencies Act_ 2004, traduction libre.

Aux États-Unis, outre le Sarbanes-Oxley Act, on trouve :

- les normes IASC[1] (n° 1 paragraphe 7) ;
- le règlement NASD[2] 3510/3520 ;
- le règlement NYSE[3] 446.

Autres normes

Concernant les documents de type normatif, on citera :

- la norme *SS540 : 2008* (Singapour) qui propose un cadre pour le management de la continuité d'activité ;
- la norme *SS507 : 2004* (Singapour) qui est l'équivalent de l'ISO 24762 et donne un cadre d'exigences pour les prestataires de solutions de secours informatique ;
- le standard international ITIL, *Service Delivery*, section 7 : *IT Service Continuity Management* ;
- la norme australienne HB 221 - 2004 : *Business Continuity Management* ;
- la norme américaine NFPA 1600 - 2004 : *Standard on Disaster/Emergency Management and Business Continuity Programs* ;
- quelques autres normes font référence au management de la continuité d'activité :
  - l'ISO/TS 16949 (ISO 9001 du secteur automobile) fait ainsi référence dans son paragraphe 6.3.2 *Plans d'urgence*, à une exigence que la mise en œuvre d'un plan de continuité d'activité permet de satisfaire : « *L'organisme doit élaborer des plans d'urgence afin de satisfaire les exigences du client en situation d'urgence, par exemple suite à des problèmes d'approvisionnement, une pénurie de main-d'œuvre, une défaillance d'équipement clé ou des remplacements de pièces en clientèle* » ;
  - la TL9000, quant à elle, est la déclinaison aux entreprises du secteur des télécoms de la norme ISO 9001. Son paragraphe 7.1.C.3 stipule que : « L'organisme doit élaborer et maintenir *des méthodes de reprise d'activité en cas de sinistre, pour garantir sa capacité à rétablir et fournir le produit tout au long de son cycle de vie.* »[4]

---

1. *International Accounting Standards Committee.*
2. *National Association of Securities Dealers, Inc.*
3. *New York Stock Exchange.*
4. Traduction libre.

1.4.4 Synthèse

			Générale	Spécifique MCA	France	Autre
Réglementations	Principales	Bâle II	X			Internationale
		LSF	X		X	
		IGI 26/09/2008, n°6600/ SGDN/PSE/PPS		X	X	
		DGT 2007/18		X	X	
		Plan Pandémie grippale n°150/SGDN/PSE/PPS		X	X	
		CRBF	X		X	
		Sarbanes-Oxley	X			USA
	Autres	AMF	X		X	
		Code commerce	X		X	
		Plan comptable général	X		X	
		IASC	X		X	
		Comptabilités informatisées	X		X	
		Civil Contingencies Act		X		UK
		NASD 3510/3520	X			USA
		NYSE 446	X			USA
Normes	Principales	BS 25999		X		Britannique
		BP Z74-700		X	X	
		BS 25777		X (spécifique SI)		Britannique
		ISO 22301		X		Internationale
		ISO 22399		X		Internationale
		ISO 24762		X (spécifique SI)		Internationale
		ISO 27031		X (spécifique SI)		Internationale
		ISO 27002	X (sécurité SI)			Internationale
		GPG BCI		X		Internationale
		Guides DRJ/DRII		X		Internationale
		SS 540		X		Singapour
		SS 507		X (spécifique SI)		Singapour
	Autres	ITIL	X (SI)			Internationale
		HB 221 - 2004		X		Australie
		NFPA 1600 - 2004		X		USA

1.5 PCA, PRA, PCO, PCM, PSI, PGC, ETC. : QU'EN EST-IL ?

La littérature publicitaire des sociétés de conseil regorge d'acronymes et de dénominations qui se confondent, en totalité ou en partie, avec ce que j'appelle dans ce livre un plan de continuité d'activité. Ce que recouvrent ces acronymes n'est pas toujours facile à appréhender. Dans ce chapitre, des définitions sont proposées pour chacun des concepts recensés.

1.5.1 Une terminologie en quête de normalisation

Une recherche sur Internet sur le thème de la continuité d'activité conduira assez rapidement aux concepts suivants :

- **PCA** : plan de continuité d'activité (*Business Continuity Plan*)
- **PGC** : plan de gestion de crise (*Crisis Management Plan*)
- **PRA** : plan de reprise d'activité (*Disaster Recovery Plan*)
- **PSI** : plan de secours informatique (*IT Contingency Plan*)
- **PCM** : plan de continuité métiers

Au-delà de ces notions qui sont toutes distinctes et pour lesquelles il est possible d'obtenir des définitions précises, on trouve dans la littérature les notions suivantes qui me semblent confondues avec certaines des précédentes :

- **PCAI** : plan de continuité d'activité informatique (*IT Service Continuity Plan*, concept ITIL) qui est sensiblement équivalent au PSI (Plan de secours informatique) précédemment abordé.
- **PCO** : plan de continuité d'opérations (*Continuity of Operations Plan*) qui coïncide généralement avec la notion de PCM (Plan de continuité métiers).
- **PCE** : plan de continuité d'exploitation qui est une autre appellation du PCA.
- **PCF** : plan de continuité fonctionnelle qui coïncide généralement avec la notion de PCO (Plan de continuité d'opérations).
- **PRAp** : plan de reprise d'application

On le voit, il est aisé de perdre son chemin dans le dédale de plans que nous proposent les professionnels et la littérature. Les notions se recouvrent-elles ? Quelle est la différence entre un PCAI et un PRA ? Que dois-je mettre en place dans mon entreprise ? Autant de questions auxquelles des réponses sont proposées dans les paragraphes qui suivent.

1.5.2 Proposition de définitions

Plutôt que de donner une définition littéraire des différents types de plans existants, je propose un schéma qui place chaque concept dans sa propre perspective, c'est-à-dire son « monde » (informatique, fonctionnel ou transverse) et à son échelle (toute l'entreprise ou un élément technique). La figure 1.7 propose une définition graphique des concepts étudiés et le lien entre les différents documents matérialisant le système de management du PCA.

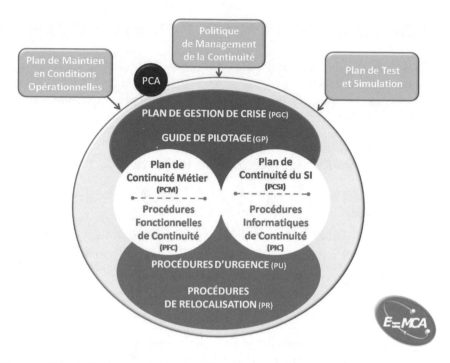

Figure 1.7 — Définition graphique des différents plans et système documentaire lié au PCA

Remarques

1) Il est néanmoins clair qu'à l'heure actuelle encore, dans la culture collective d'entreprise en France, un PRA est équivalent à un plan de secours informatique (c'est-à-dire un *Plan de Continuité du Système d'Information* (PCSI) dans notre proposition de définition).

2) La vision proposée s'affranchit de la notion de *reprise* souvent encore usitée, qui suppose solution de continuité (au sens « rupture ») et redémarrage. Continuité n'implique pas forcément *non-discontinuité* mais, si l'on en croit la définition du CRBF, maintien des prestations de services essentielles, le cas échéant selon un mode dégradé.

3) Notre proposition inclut la gestion de crise dans le dispositif PCA alors que d'autres auteurs[1] l'ont récemment exclue, le plaçant au-dessus des problématiques PCA. Leur raison pour l'exclure part du postulat qu'un PCA est défini pour réagir à des sinistres pré-identifiés ne générant donc pas de fait de situation de crise (dont l'inconnu est la caractéristique prépondérante). Notre raison de la conserver se fonde sur notre retour d'expérience que rares sont les situations déclenchant un PCA qui restent fidèlement dans les sinistres prédéfinis : une barre tenue de main ferme (par une cellule de crise) dans ces conditions de tempêtes reste le gage le plus sûr d'une navigation d'entreprise maîtrisée.

---

1. En particulier le Club de la Continuité d'Activité dans son livre blanc très fouillé sur le vocabulaire de la continuité d'activité.

1.5.3 Tableau comparatif

Le tableau 1.1 présente une vision synthétique des notions développées.

1.6 LES ACTEURS

1.6.1 La direction générale

La responsabilité première et ultime du management de la continuité d'activité devrait s'établir au niveau du comité de direction. Après tout, il s'agit de la survie de l'entreprise !

Les chiffres de 2005 pour le Royaume-Uni indiquent même que 60 % des tâches d'études, de développement et de maintenance du PCA sont réalisées au niveau du comité de direction[1]. Ce chiffre est rassurant dans la mesure où il témoigne que le management de la continuité d'activité n'est plus vu comme une simple extension du domaine systèmes d'information. D'ailleurs, toujours au Royaume-Uni en 2005, seulement 28 % des PCA sont directement supervisés par un membre de la direction SI.

En France, la situation est *a contrario* moins réjouissante. Le retard accusé en MCA est particulièrement visible dans le niveau de l'entreprise où le MCA est mis en œuvre : dans la plupart des cas, c'est le responsable de la sécurité de l'information (trop souvent rattaché au directeur des SI) qui en a la charge entière. La maturité française en matière de management de la continuité d'activité est moindre.

Or, le rôle de la direction générale est déterminant dans la mesure où elle doit impulser, promouvoir, rendre visible et contrôler le MCA.

1.6.2 Le risk manager

La fonction de *risk manager*, quand elle existe, est une fonction qui revêt des responsabilités disparates selon les entreprises. Fortement implantée dans le secteur de la finance et des assurances, elle l'est nettement moins dans le monde industriel et encore moins dans le secteur public.

Tantôt orienté vers les risques financiers (change, taux, marché...), tantôt dédié aux risques environnementaux et à la sécurité du personnel, le *risk manager* n'a pas encore, à quelques exceptions près, la supervision globale des risques d'entreprise.

Lorsque c'est le cas, il est généralement rattaché directement à la direction générale et idéalement placé pour assumer une responsabilité prépondérante dans la mise en œuvre d'un PCA. Si sa responsabilité est plus parcellaire, la mise en place d'un PCA peut donner lieu à un élargissement de ses compétences et un repositionnement sur l'échiquier de l'entreprise (plus proche du roi !). Si l'élargissement de ses responsabilités à la globalité des risques de l'entreprise n'est pas envisagé, il n'est peut-être pas le mieux placé pour assumer le projet.

---

1. *Business Continuity Research 2005*, Table 4, BCI.

Tableau 1.1 – Tableau comparatif

Acron.	Intitulé	Périmètre	Objectif	Responsable	Principaux acteurs
PCSI	Plan de continuité du SI	Le SI	Assurer la continuité des fonctions SI supportant les activités critiques de l'entreprise en cas de sinistre	Le directeur du SI	La cellule de crise Les équipes informatiques Les équipes d'intervention et les utilisateurs
PCM	Plan de continuité métiers	Les activités métier critiques	Assurer le fonctionnement dégradé mais acceptable des activités critiques pendant une crise	Les directions métier	La cellule de crise Les directions métier
PGC	Plan de gestion de crise	La partie de l'entreprise concernée par la crise	Assurer la gestion maîtrisée d'une crise (en particulier la coordination entre toutes les parties intéressées, les mesures de communication interne et externe et la protection du personnel)	Souvent un membre de la cellule de crise	Cellule de crise Direction de la communication DRH Services généraux Autorités civiles
PCA	Plan de continuité d'activité	L'entreprise	Assurer la résilience de l'entreprise en : – minimisant l'impact d'un sinistre majeur sur l'activité de l'entreprise ; – assurant le fonctionnement des activités critiques pendant la crise ; – permettant un retour maîtrisé à la situation nominale.	La Direction de l'entreprise. Du point de vue processus PCA, le responsable PCA	Cellule de crise Direction générale Direction SI + équipes Directions métier Équipes d'intervention définies Direction communication DRH Autorités civiles, etc.

1.6.3 Les directions métier

Les responsabilités des directions métier dans la mise en œuvre et le maintien en conditions opérationnelles d'un PCA sont vitales, la première étant l'esprit de collaboration !

Au-delà, elles interviennent à trois moments cruciaux de la démarche :

- En tout début de projet : au moment de la phase initiale de bilan d'impact sur l'activité (BIA), elles expriment les niveaux minimums acceptables d'activité ; entre autres, leurs besoins en termes d'indisponibilité tolérable du SI et en termes de moyens et de modes de fonctionnement en mode dégradé.
- Lorsque le projet est en cours de mise en œuvre (phase de conduite du changement), elles participent aux actions de sensibilisation, de formation, de diffusion d'information dans le périmètre de leurs juridictions.
- Lorsque le PCA fonctionne en régime établi (voir le paragraphe 2.1.4, *Régime établi*), elles participent aux exercices de tests, aux actions de maintenance (essentiellement pour la mise à jour des informations qui les concernent) et se soumettent aux investigations de contrôle.

1.6.4 Le Responsable du PCA (RPCA)

Par responsable du PCA, on entend, non pas le chef de projet PCA mais la personne à qui échoit la responsabilité de l'administration du PCA en régime établi (voir le paragraphe 2.1.4, *Régime établi*). Si, en raison de la connaissance qu'acquiert le chef de projet PCA, c'est souvent une seule et même personne, cela n'est pas une obligation dans la mesure où les rôles diffèrent notablement.

Si les qualités et compétences souhaitables du chef de projet sont celles d'un mobilisateur et d'un chef d'équipe, celles du responsable PCA sont plutôt celle d'un bon gestionnaire :

- rigueur dans la tenue à jour et la maintenance du plan ;
- cohérence et persévérance dans le contrôle du plan et la mise en œuvre des actions correctives associées ;
- sang-froid et sens de la coordination pour l'éventualité du déclenchement du plan ;
- sens de la communication pour la mise en œuvre des campagnes de formation et test du plan.

Il ne me semble pas impératif que le responsable du PCA ait des compétences techniques SI poussées, **pour autant qu'il puisse s'appuyer fortement sur une équipe dédiée**, à la fois pour les tests récurrents et dans l'éventualité de l'invocation du plan.

1.6.5 Le Responsable de la sécurité du système d'information (RSSI)

Il n'existe pas aujourd'hui de définition de poste précise pour le responsable de la sécurité du système d'information. Pour certains, il s'agit d'un super-ingénieur systèmes et réseaux quand pour d'autres il s'agit d'un membre du comité de direction chargé de la mise en œuvre d'une politique de sécurité de l'information.

Il faut toutefois remarquer qu'on observe une évolution marquée (et heureuse !) vers la deuxième définition. Ce glissement suit naturellement celui de la sécurité informatique qui est devenu sécurité des systèmes d'information avant de devenir sécurité de l'information.

Le *Livre blanc* de la sécurité 2004[1] met ainsi en lumière l'élévation sensible du niveau hiérarchique de rattachement du RSSI, tendance qui se confirme depuis. 44 % d'entre eux sont ainsi rattachés au niveau d'un membre du comité de direction de l'entreprise en 2004 contre 35 % à peine en 2003. Cette tendance suit l'élévation générale de la fonction informatique dans l'entreprise mais témoigne également de l'élargissement des compétences du RSSI.

Ainsi, 66 % des RSSI d'aujourd'hui sont impliqués dans les plans de continuité d'activité. Ces 66 % correspondent-ils à une même proportion de RSSI ayant les compétences les plus diversifiées ? Il est certain que le RSSI peut jouer un rôle prépondérant dans la mise en place du PCA, à condition que sa fonction corresponde, comme pour le *risk manager*, à la notion moderne, large et élevée dans la hiérarchie du RSSI.

D'ailleurs, ses compétences de base généralement techniques lui donnent une posture avantageuse pour compléter un éventuel tandem de projet avec le *risk manager* qui lui, a souvent plus une compétence gestion.

1.6.6 Responsabilités et niveau hiérarchique

Les responsabilités pour la mise en place d'une démarche de MCA avant la crise[2] et pour l'exécution du PCA pendant la crise sont données dans le tableau 1.2.

---

1. *Les Assises de la sécurité*, Livre blanc, Octobre 2004 (P.-L. Refalo et al.).
2. Source : d'après ITIL, *IT Service Continuity Management*.

Tableau 1.2 — Responsabilités et niveau hiérarchique

		Responsabilités	
		AVANT la crise	**PENDANT la crise**
Niveau hiérarchique	**Comité de direction (représentée par la cellule de crise)**	Initie la démarche MCA. Attribue les ressources. Définit la politique MCA. Dirige et autorise	Assure la gestion de crise. Prend les décisions stratégiques pour l'entreprise. Gère les relations à l'extérieur.
	Direction	Manage la continuité d'activité Valide les livrables MCA. Définit la stratégie de continuité d'activité. Assure la communication et supervise la sensibilisation. Revoit annuellement les principales mesures MCA.	Coordonne globalement le PCA. Dirige et arbitre. Autorise l'utilisation des ressources.
	Encadrement	Réalise les analyses et études. Définit les livrables. Met en œuvre la stratégie de continuité (contractualisation, sous-traitance...). Supervise les tests, les contrôles et participe à la maintenance du dispositif.	Déclenche les mécanismes de continuité d'activité. Dirige les équipes d'intervention. Gère les problèmes liés aux sites. Assure le *reporting* et la coordination entre équipes.
	Supervision et exécution	Rédige les livrables. Rédige et met en œuvre les procédures. Met en œuvre les solutions techniques et organisationnelles de continuité d'activité. Réalise les tests.	Exécute. Participe aux équipes d'intervention.

2

Décider la mise en place de la continuité d'activité

2.1 UN PROJET D'ENTREPRISE

La mise en place d'un PCA est un projet d'entreprise. C'est même un projet majeur et structurant pour l'entreprise. C'est une démarche qui n'a de chances d'aboutir que si elle est dotée d'une structure et de modalités de mise en œuvre de type projet. Il faut un sponsor au niveau hiérarchique approprié, un chef de projet, un comité de pilotage, des instances de *reporting*, un suivi régulier, des délégations d'autorité, un planning suivi et réajusté en permanence, une méthodologie de gestion de projet, des tableaux de bord, un plan d'assurance qualité projet... Le projet n'aboutira que s'il est perçu et traité comme un enjeu majeur.

2.1.1 Mandat et sponsor

C'est une règle de base du management de projet qu'un projet sans sponsor est un projet mort dans l'œuf. Aussi compétente que soit l'équipe projet, elle ne saura, à elle seule, avoir le poids nécessaire pour porter le projet à la réussite.

À quel niveau de l'entreprise doit se situer ce sponsor ? Au plus haut niveau. Il semble que dès qu'un projet pointe son nez ce soit la réponse académiquement correcte. Voulez-vous mettre en place un système de management de la qualité, une gestion des risques, un management de la sécurité de l'information ? Où doit se situer votre sponsor ? La réponse invariable est : votre sponsor doit être la direction. Y a-t-il une échappatoire pour la direction ? Dans le cas de la mise en place d'un PCA et pour les raisons évoquées plus haut, la réponse est un non retentissant !

Plus encore que dans les autres démarches citées, il me semble que la nomination de tout autre sponsor serait une grave erreur. Nous avons vu que construire un management de la continuité d'activité, c'est construire un système de management intégré dans le système de management traditionnel. Définir son PCA, c'est définir les activités essentielles de l'entreprise et la façon dont elles doivent être gérées en cas de sinistres. Si ce n'est pas une tâche de direction, il n'en existe pas !

2.1.2 Pilotage de la démarche

Le projet PCA doit être mené avec le soin qui convient à un projet d'entreprise. Le pilote de la démarche doit être compétent sur de nombreux sujets :

- il doit avoir une vision très claire des enjeux majeurs et de la stratégie de l'entreprise ;
- il doit avoir des talents de diplomate pour réaliser la classification des activités critiques de l'entreprise et des compétences en communication pour rendre le projet visible et mobilisateur ;
- il doit avoir une bonne connaissance des acteurs de l'entreprise ;
- il doit à la fois être capable d'appréhender les problématiques techniques du projet (SI en particulier) et disposer du recul nécessaire pour ne pas se noyer dans les considérations techniques ;
- il doit être « résistant à l'effort » pour pouvoir porter le projet jusque dans sa phase critique de déploiement (conduite du changement en particulier) ;
- il doit être organisé et surtout méthodique.

L'organisation de projet sera classique et efficace. Elle sera clairement définie en début de projet et revue, au besoin, en cours de réalisation pour s'adapter aux évolutions.

La méthodologie de projet sera choisie parmi les méthodes éprouvées[1] et, si elle existe, gagnera à être la méthode usuelle de l'entreprise.

Un plan d'assurance qualité projet sera défini en amont du projet pour clarifier l'organisation, les instances de décision, les processus de *reporting*, les livrables, le planning, etc.

2.1.3 Conduite du changement

La conduite du changement ne doit pas être sous-évaluée en début de projet. C'est l'étape au cours de laquelle va se jouer l'imprégnation du dispositif dans l'entreprise. Les efforts déployés jusqu'à cette étape représentent sans doute 80 % du projet global. Si les 20 % restants ne sont pas consacrés à la conduite du changement, tout le projet restera lettre morte.

---

1. PMI, Eurométhode, CMMI, PRINCE2, etc.

Les outils traditionnels de la conduite du changement (formation, sensibilisation, communication, etc.) doivent tous être mobilisés pour la réussite du projet. L'engagement du management devra être particulièrement visible à ce stade du projet dans la mesure où il conditionne fortement la réussite subséquente et l'imprégnation.

2.1.4 Régime établi

Une fois la phase projet achevée, le PCA rentre en régime établi. Ses évolutions s'apparentent à de la maintenance plus qu'à du développement. Son succès et la garantie de son caractère opérationnel passent néanmoins par une gestion efficace.

La nomination du chef de projet PCA en tant que responsable PCA est une décision classique mais qui n'est pas toujours la meilleure dans la mesure où les qualités et compétences requises pour l'une et l'autre fonction divergent notablement. Le premier est avant tout un chef de projet. Le second est surtout un bon gestionnaire. Un responsable PCA sera néanmoins nommé dans tous les cas. Le poste de responsable PCA peut être un temps plein (dans les grosses structures[1]) ou à temps partiel (temps partagé avec une fonction proche de type *risk manager*, responsable d'audit interne, responsable sécurité ou qualité).

2.1.5 Se faire aider ou pas ?

La question se pose si le recours à une aide extérieure est nécessaire. Comme on le verra plus loin, l'expertise en continuité d'activité n'est pas une expertise technique mais une expertise méthodologique. L'essentiel de la méthodologie est une suite de bonnes pratiques et d'outils simples à utiliser. Le recours à un consultant évitera sans doute certains écueils parce que l'« *expérience est une chose qui ne s'obtient pas pour rien* »[2] : *avoir déjà fait* est un gros avantage, parfois même si la première réalisation est piètre !

Toutefois, toutes les phases décrites dans la méthodologie du chapitre suivant ne semblent pas nécessiter une compétence méthodologique égale ni présenter un caractère aussi aléatoire dans leur réalisation les unes que les autres. Les phases initiales (et en particulier la phase d'analyse du contexte) sont celles pour lesquelles cette expertise permet d'éviter les écueils de début de projet, ces déviations de quelques degrés au départ qui se traduisent en centaines de kilomètres à l'arrivée.

Si le recours à une aide externe est envisagé, il me semble que c'est sur la première phase (paragraphe 3.2 *Mieux connaître son activité*) que cette aide aura la plus grande valeur ajoutée.

Cette réflexion est d'autant plus fondée que les interventions en phase 1 se font presque toutes auprès d'interlocuteurs de niveau managérial et d'une population de

---

1. Au Royaume-Uni, 27 % des entreprises ont un personnel dédié au MCA (Voir *Business Continuity Research*, 2005, « *Who "owns" Business Continuity Management within an Organisation ?* », BCI).
2. Oscar Wilde, traduction libre.

l'entreprise qui supportent mal l'à-peu-près dans les démarches. C'est une question de crédibilité de la démarche que de recueillir l'essentiel des informations nécessaires au cours d'une seule passe auprès du management. J'ai à l'esprit l'exemple d'une équipe PCA qui a eu recours à un prestataire parce qu'elle s'était décrédibilisée auprès du management en menant avec maladresse le recueil des besoins de la phase 1. Le prestataire a eu quelques difficultés à recrédibiliser la démarche aux yeux d'un management refroidi par une approche et des méthodes floues.

On recourt également à une aide extérieure quand les enjeux politiques sont forts. Le projet de PCA peut avoir quelques retombées inattendues comme le recentrage des activités de l'entreprise sur celles qui ressortent critiques du bilan d'impact sur l'activité ou la redéfinition du mode de travail pour certains processus. Ces retombées peuvent être vécues comme des pluies acides pour certaines entreprises et le recours à l'aide d'un consultant peut s'avérer utile si celui-ci accepte son rôle de fusible.

2.1.6 Quelques écueils courants

Si les concepts liés à la continuité d'activité ne sont pas à proprement parler nouveaux, la discipline, elle, est récente. On peut la dater des quinze dernières années, ce qui, à l'échelle des sciences de gestion, est plutôt nouveau. En France, il n'existe pas encore de formations de type universitaire qui se concentrent sur ce sujet alors que plusieurs schémas de certifications de personnes existent dans les pays anglo-saxons[1].

En conséquence de cette relative nouveauté, les exemples d'échecs de mise en place d'un plan de continuité d'activité ne sont pas l'exception. Ces échecs sont souvent localisés dans les phases amont du projet (pour la définition de la cible fonctionnelle à atteindre) ou, au contraire, dans les phases aval, particulièrement pour la mise en œuvre des dispositions qui garantissent le maintien en conditions opérationnelles du PCA.

Les paragraphes qui suivent proposent un catalogue des dix principaux écueils dans la démarche.

1) « Vendre » la couverture des risques à 100 %

La première erreur recensée constitue un piège classique des démarches de continuité d'activité.

Il s'agit du piège de la toute-puissance !

La prise en compte exhaustive des risques dans les phases d'analyse du contexte est non seulement souhaitable mais indispensable. Elle est seule garante d'un PCA

---

1. Principalement les certifications du BCI (aux grades d'Associate, de Specialist, de Member ou de Fellow) et du DRII (à des grades analogues, ABCP, CFCP, CBCP, MBCP). Par ailleurs, les certifications en sécurité SI (principalement CISSP, CISA, CISM) proposent des composantes continuité d'activité.

efficace, d'un dispositif développé pour répondre à des scénarios de sinistres jugés probables. En revanche, il n'est ni possible, ni souhaitable que les objectifs du PCA visent à couvrir tous les types de sinistres possibles.

Le degré de complexité qu'un tel système atteindrait le rendrait si lourd qu'il serait inopérant en cas de sinistre et de situations de crise réclamant une grande réactivité.

La tentation est grande pour une direction des SI (DSI) d'approcher une direction générale avec un remède à tous ses (grands) maux. Mais vendre la couverture des risques à 100 % est une erreur qui peut se payer cher le jour du déclenchement effectif du PCA.

Par ailleurs, cette attitude éloigne les décideurs de la mise en œuvre du PCA dans la mesure où ils n'ont plus à choisir de scénarios de sinistres.

Lorsque le PCA est « vendu » en interne, il convient d'informer les décideurs des limites du dispositif en termes de couverture de sinistres.

2) Penser la continuité d'activité en termes de solution technique

> Si la solution technique de secours constitue l'épine dorsale de la continuité d'activité de l'entreprise, elle reste, à elle seule, inopérante dès que le sinistre envisagé dépasse le cadre de l'incident.

Ce constat est d'autant plus exacerbé que les besoins de continuité exprimés[1] sont faibles, ce qui est le cas d'une grande majorité d'entreprises.

En effet, plus les contraintes de continuité réclament une solution technique de haute disponibilité (besoins de continuité élevés), plus la solution technique sera prépondérante et intégrée dans le système d'information en production.

A *contrario*, plus le fonctionnement en mode dégradé sera accepté, plus les dispositions d'organisation devront être rodées car c'est sur elles que reposera principalement le bon fonctionnement du plan de continuité d'activité.

Ce paradoxe explique en partie que le secteur bancaire, qui par définition a des contraintes de continuité d'activité très forte, est un des secteurs les plus avancés pour la mise en place de plans de continuité d'activité. Il est fortement aidé en cela par une réglementation tout aussi contraignante !

3) Ne pas définir les scénarios de sinistres

Définir des scénarios revient à prendre des options de sinistres contre lesquels l'entreprise cherchera à se protéger lors de la mise en place d'un PCA. En d'autres termes, c'est répondre aux questions :

- D'où vient l'ennemi ?
- Quelle tête est-ce que j'imagine qu'il aura ?

_____

1. Délai maximal d'interruption acceptable et perte de données acceptée.

> Ne pas définir de scénarios de sinistres, c'est tenter d'organiser la lutte contre un ennemi invisible, inconnu et qui peut sortir de nulle part.

Cette définition doit être faite très tôt dans le projet parce qu'elle déterminera beaucoup de paramètres du PCA comme la solution technique de secours ou les premières mesures conservatoires en cas de survenance du sinistre. On ne définit pas de la même façon ces mesures suivant si l'on se protège d'un incendie ou si l'on fait face à une tempête nationale. Un PCA rédigé pour faire face à tout type de sinistres restera par trop générique et peu apte à atteindre son objectif.

Le choix des scénarios fera l'objet d'une étude soigneuse (mais pas forcément longue) appuyée par une analyse des risques de chaque sinistre envisagé (probabilité d'occurrence, impact potentiel). L'implication de la direction générale est primordiale dans cette phase de définition des scénarios : c'est elle qui doit décider, en fin de compte, quels scénarios de sinistres doivent être retenus.

4) Réaliser le Bilan d'impact sur l'activité (BIA) sans homogénéiser les résultats

Le Bilan d'impact sur l'activité (BIA) est possible lorsque les scénarios de sinistres majeurs ont été choisis et approuvés par la direction générale.

Le BIA est une des phases les plus délicates et les plus importantes pour la définition des besoins de continuité d'activité. Elle permet notamment la détermination des activités et ressources critiques de l'entreprise.

C'est une phase qui demande tact et diplomatie pour sa réalisation dans la mesure où la question fondamentale qui est posée à chaque manager de l'entreprise se résume à : quel serait l'impact de tel sinistre sur votre activité ?

Même si ce n'est pas la question posée, la question qui est souvent entendue par chaque manager est : quelle importance est-ce que j'ai dans cette entreprise ? Suivant les sensibilités de chacun, les réponses vont traduire le poids que chacun veut s'accorder...

> Le piège principal pour l'équipe qui réalise le BIA est de se laisser dicter les activités critiques de l'entreprise par ceux qui ne voient que par le petit bout de leur lorgnette. Une déconvenue classique est la découverte après des semaines d'efforts et d'entretiens en BIA que toutes les activités sont critiques !

En conséquence, la réalisation du BIA nécessite :

- La définition et la validation d'une grille de critères objectifs et homogènes pour évaluer les impacts directs et indirects des sinistres retenus sur les activités de l'entreprise.
- La réalisation d'une validation finale et collégiale des résultats du BIA où les classements vont s'harmoniser et s'homogénéiser dans la discussion de groupe.

5) Définir la stratégie technique avant de définir la cible fonctionnelle

Pour nombre de PCA, la direction informatique entame le projet de son propre chef avec pour objectif de secourir le système d'information parce que c'est sa mission de « garantir la disponibilité des moyens informatiques ». Faute de réflexion concertée avec la maîtrise d'ouvrage, la discussion s'oriente vite vers la question : que peut-on faire de mieux avec les moyens du bord ? On décide alors souvent d'utiliser telle salle dédiée dans le bâtiment de l'autre bout du site et d'y délocaliser un environnement de test pour en faire une solution de secours.

Il y a indéniablement du bon dans cette approche pragmatique. Elle conviendra à un certain nombre de cas pour lesquels les exigences de la maîtrise d'ouvrage seront (un peu au hasard) assez bien prises en compte dans le dispositif cible. Cette approche permettra à moindre coût d'optimiser les ressources existantes.

Mais comme pour tout projet informatique, l'absence de donneur d'ordre de type maîtrise d'ouvrage et d'expression claire des besoins fonctionnels rendra le système cible probablement inopérant au premier coup de grisou…

> La définition du contour fonctionnel de la cible de secours reste l'impératif premier de la démarche PCA.

6) Vendre la tranquillité d'esprit d'un dispositif qui s'autorégule, d'un système de secours

Pour justifier de la mise en place d'un PCA, la tentation est grande de vendre un système intelligent, qui s'autorégule.

> Le constat est impitoyable : aucun PCA ne fonctionne de lui-même !

Certes, la définition même d'un PCA procède du désir d'automatiser – plutôt de systématiser – un dispositif qui permettra d'optimiser les modes de réaction face à un sinistre majeur. Mais la machine PCA est fondamentalement humaine : les processus de décisions qu'elle inclut sont ceux d'un groupe de décideurs (la cellule de crise), les modes d'intervention sont ceux d'équipes dédiées, même la bonne marche de la solution technique de secours repose d'abord et avant tout sur l'organisation qui la sous-tend.

Si la notion de système de secours peut être avancée pour décrire un PCA, il faudra bien préciser qu'il s'agit d'un système dont les composants critiques sont à 80 % des hommes !

7) Confondre qualité de service et continuité d'activité

Cet écueil est une simple évolution de la confusion (déjà traitée section 1.3.4, *De l'incident au sinistre majeur*) entre la gestion d'incidents et la gestion de crise lors d'un sinistre majeur.

Il convient bien de distinguer les deux problématiques de réponse à un incident courant et de réaction à une crise majeure. L'échelle, les délais, les modes de réaction, le service rendu différent fondamentalement entre les deux problématiques.

La mise en place d'un PCA n'aura aucune influence sur la qualité du service fourni par une entreprise, hormis en cas de crise majeure.

8) Tenter de transférer l'intelligence sur le dispositif

On l'a vu, le caractère marquant d'un PCA est qu'il doit permettre une très grande réactivité. Lorsque le temps devient un facteur déterminant, plus les décisions sont facilitées, plus le système peut réagir rapidement. Il est dès lors tentant de vouloir construire un processus qui « décide tout seul ». Le piège d'un tel système est paradoxalement sa lourdeur.

Un système sur lequel l'intelligence décisionnelle est transférée doit prévoir tous les facteurs, tous les paramètres nécessaires à la prise de décision. En raison de sa lourdeur, un système de ce type devient inopérant en cas de crise.

L'intelligence du dispositif doit demeurer dans la tête des membres de la cellule de crise. En construisant son PCA, une entreprise doit constamment rechercher le bon équilibre entre un système qui est léger mais n'a pas suffisamment préparé le terrain en cas de crise, et un système exhaustif impossible à mettre en œuvre en raison des 2 000 pages qui le constituent ! L'équilibre entre flexibilité et niveau de détails doit constamment être recherché.

9) Penser le PCA comme un projet one shot

Avec cet écueil, on se situe du côté aval du projet. Comme tout projet, la mise en place d'un PCA comporte une phase d'investissement, de mise en place et de montée progressive en puissance : il s'agit du régime transitoire du PCA. Il comporte également un régime établi qui, bien que ne nécessitant pas le même apport d'énergie et de finances, impose une rigueur et du souffle pour se maintenir.

Cet apport d'énergie et de moyens dans le régime établi est trop souvent négligé. Passée l'euphorie (on espère...) du mode projet, le maintien en conditions opérationnelles du dispositif est nécessaire pour espérer un retour sur l'investissement du projet.

Aucune dépense, aussi colossale soit-elle, consentie dans le régime transitoire ne saura porter le PCA au-delà de sa première année d'existence.

Les moyens minimums à maintenir ou à mettre en œuvre pour passer cette cruciale première échéance me semblent être :

- un responsable PCA,
- une opération de maintenance complète par année (mise à jour d'informations essentiellement),
- la réalisation de mini-opérations de maintenance, partielles et ponctuelles, sur des évolutions courantes,
- un exercice annuel de test de bout en bout,

- une campagne d'actions de sensibilisation et de communication annuelle,
- des exercices sur table avec le personnel-clé du dispositif.

Une entreprise qui n'envisage pas de mener ces chantiers sur une base régulière peut s'interroger sérieusement sur la pertinence de mettre en branle un chantier PCA. L'inclusion d'un budget lié à la réalisation de ces chantiers dans un budget global et récurrent est indispensable à la pérennité d'une démarche PCA.

10) Ne pas intégrer les évolutions

La durée de validité des informations contenues dans un PCA est relativement courte.

On peut estimer néanmoins que dans une entreprise classique, les principales informations nécessaires à la cohérence globale d'un PCA ne varient pas à une fréquence inférieure à un an.

En revanche, beaucoup d'informations de détails, fort utiles à la mise en œuvre du PCA évoluent beaucoup plus rapidement (fonctions, coordonnées professionnelles et personnelles, contacts de fournisseurs, etc.).

Les modes d'évolutions actuelles des entreprises (fusion, acquisition, cession, relocalisation, réorganisation, etc.) tendent également à raccourcir les cycles d'obsolescence de l'information.

Dans ce contexte, il est clair qu'un PCA qui n'est pas revu et mis à jour devient complètement obsolète en un an.

Il est donc recommandé de :

- Réaliser une opération de maintenance complète à une fréquence a minima annuelle.
- Systématiser la mise à jour des informations à chaque changement majeur (déménagement, réorganisation, cession, etc.).
- Opérer des mises à jour partielles plusieurs fois par an.

En résumé

Les 10 péchés capitaux

1. Vendre la couverture des risques à 100 %

2. Penser la continuité d'activité en terme de solution technique

3. Ne pas définir les scénarios de sinistres

4. Réaliser le Bilan d'Impact sur l'Activité (BIA) sans homogénéiser les résultats

5. Définir la stratégie technique avant de définir la cible fonctionnelle

6. Vendre la tranquillité d'esprit d'un dispositif qui s'auto-régule, d'un *système* de secours

7. Confondre Qualité de Service et Continuité d'activité

8. Tenter de transférer l'intelligence sur le dispositif

9. Penser le PCA comme un projet one-shot

10. Ne pas intégrer les évolutions

Figure 2.1 — Les dix péchés capitaux

2.2 DÉCIDER DE METTRE EN PLACE UN PCA

La décision de mettre en place un PCA n'est pas facile à prendre. L'estimation des coûts d'investissement et des coûts récurrents peut être laborieuse, surtout dans la mesure où, comme tout projet d'entreprise, la mise en place d'un PCA induit des charges de travail parfois finement mêlées aux tâches opérationnelles (mise à jour des informations, actions de communication régulière, etc.).

La plupart des entreprises que j'ai accompagnées vers la mise en place d'un PCA ont pris la décision peu de temps après avoir subi un sinistre et contemplé de près le précipice d'une catastrophe économique. Cela reste malheureusement le principal ressort vers le MCA.

2.2.1 Les bonnes raisons de mettre en place un MCA

Il me semble que les motivations pour mettre en place un Management de la continuité d'activité (MCA) peuvent différer notablement d'une entreprise à l'autre. Je suis cependant d'accord avec Jean Monnet qui disait : « *Les hommes ne voient la nécessité que dans la crise.* »

De mon expérience, je tire la conclusion qu'il existe une corrélation bien réelle entre les événements géopolitiques, le contenu des bulletins d'information et la place qu'occupe la mise en place d'un PCA dans la liste des projets prioritaires. Les vagues d'attentats terroristes de ces dernières années ont été un aiguillon puissant vers le MCA. Le vent semble toutefois tourner en faveur d'une logique plus pro-active : il est intéressant de noter à ce sujet qu'une étude montre qu'en 2005, « *la réduction des coûts ne dépasse que d'une courte tête l'élaboration d'un plan de continuité d'activité parmi les projets stratégiques prioritaires* »[1] des DSI. Parmi les sujets relatifs à la gouvernance de la sécurité, c'est « *l'amélioration de la continuité des activités* » qui arrivent en tête en 2007[2].

D'un autre côté, il faut être réaliste : seulement 10 % des PCA en place en Grande-Bretagne (sur un échantillon de 180 entreprises dotées de PCA) ont été déclenchés en 2005[3], parfois seulement partiellement.

J'ai classé ces motivations en six catégories qui forment une gradation dans la maturité des raisons invoquées :

- **Obligation « expérientielle »** : j'entends par là la volonté de mettre en place un PCA parce qu'on a failli cesser son activité faute d'en avoir eu un ! C'est aujourd'hui une motivation majeure.
- **Obligation réglementaire** : c'est le cas où la loi et les règlements contraignent l'entreprise à disposer de mesures de continuité d'activité (Sarbanes-Oxley, LSF, Bâle II, etc.).
- **Obligation fournisseur ou groupe** : l'incitation provient cette fois d'une politique du groupe d'appartenance ou d'un client avec lequel les relations commerciales ne peuvent être entamées ou maintenues que sous conditions de mise en place d'un PCA (exemple : Tesco, Orange UK, AGF...).
- **Ambition sécuritaire (mesure défensive)** : il s'agit ici d'une volonté pro-active de protéger son activité des chocs extrêmes.
- **Logique de « *best-in-class* »** : le moteur de la démarche est cette fois la volonté d'offrir sur le marché la meilleure compétitivité et de figurer parmi les pionniers d'une bonne pratique pour accroître ses avantages compétitifs.
- **Désir de création de valeur** : dans ce dernier cas, la mise en place d'un PCA n'est plus seulement vue comme un poste de coût dans le compte de résultats mais comme une activité de création de valeur pour l'entreprise : cela suppose également que la mise en œuvre soit pensée et réalisée comme telle.

---

1. 01Informatique, 30 juin 2005, « Les systèmes d'information en pleine transformation ».
2. Devoteam Consulting, 2008, « Enquête internationale sur la sécurité des Systèmes d'information 2008 »
3. *Business Continuity Research*, 2005, « *Business Continuity Management as a Management Discipline* », BCI, pas de mise à jour plus récente.

Chacune des raisons énoncées précédemment est une bonne raison, mais :

- le retour sur investissement ne sera pas perçu de la même façon selon la philosophie adoptée ;
- l'adhésion du personnel pourra varier selon que le mobile est subi ou choisi ;
- l'implication des cadres pourra différer selon que la motivation est externe (mise en conformité réglementaire par exemple) ou interne (compétitivité, création de valeur) ;
- les freins au changement seront plus ou moins forts selon que le sinistre est potentiellement menaçant ou déjà subi.

Il semble d'ailleurs, comme pour les démarches qualité, que les motivations deviennent progressivement plus offensives, passant du désir de minimiser l'impact négatif d'un événement peu probable à la volonté de maximiser la productivité. Les facteurs offensifs prennent de plus en plus de poids dans le choix, comme en témoigne la figure 2.2[1].

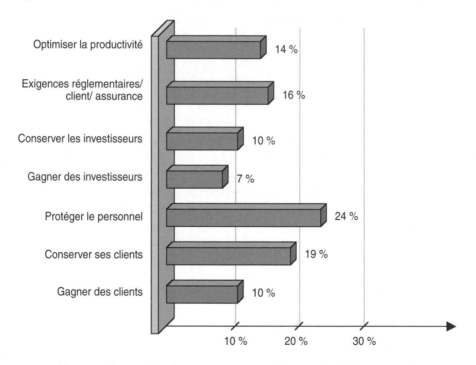

Figure 2.2 — Motivations pour mettre en place un PCA (Royaume-Uni)

1. Source : *Business Continuity Research*, 2005, « Incentives and drivers for Business Continuity Management », BCI, pas de mise à jour plus récente.

2.2.2 Quelques préalables

Bien qu'il soit possible de mettre en place un PCA quel que soit le contexte de l'entreprise, j'ai trouvé que les éléments suivants facilitaient la démarche dans la mesure où ils reflètent une plus grande maturité de l'organisation vis-à-vis de la problématique de management de la continuité d'activité :

- **La culture de la sécurité** : qu'elles soient sécurité des systèmes d'information ou sécurité des biens et personnes, les approches sécurité traduisent un souci de protection et d'approches pro-actives bien alignés avec les enjeux d'un PCA.
- **Le management des risques** : on trouvera dans les démarches d'analyse et de management des risques[1] un état d'esprit et des outils qui forment le socle des étapes initiales de la mise en place d'un PCA.
- **L'habitude de la formalisation** : une bonne gestion documentaire (conforme par exemple à l'esprit des exigences de l'ISO 9001 en la matière) couplée à un degré de formalisation adapté à la nature de l'organisation favorise grandement l'élaboration, la diffusion et la mise à jour du système documentaire du PCA (on évitera cependant soigneusement la formalisation à outrance).

2.2.3 Les quatre principaux composants d'un PCA

Les fondations d'un plan de continuité d'activité reposent sur quatre pierres angulaires :

- une organisation de gestion de crise ;
- un système documentaire éprouvé et à jour ;
- une stratégie de prévention et de préparation efficace et testée ;
- des solutions techniques de secours[2] pragmatiques, qui couvrent les besoins de continuité et qui sont testées.

Selon que ces quatre piliers sont bien ancrés ou inexistants, le projet gagnera ou perdra en longueur, en complexité, en chances d'aboutir.

Apprécier le degré de maturité de l'entreprise sur chacun de ces quatre sujets permet à un décideur d'évaluer grossièrement le chemin à parcourir vers le MCA.

Chacun des quatre piliers sera détaillé dans le chapitre 3.

---

1. ISO 27005, arbres de défaillance, AMDEC, Ebios, MEHARI, Management des risques projet, etc.
2. Informatique bien sûr mais aussi et surtout métier.

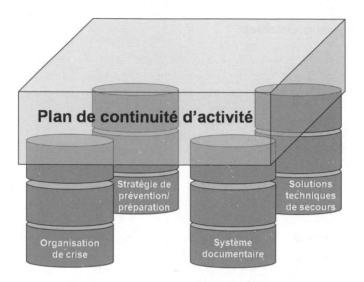

Figure 2.3 — Les quatre piliers

2.2.4 Le ROI par construction[1]

Comme la plupart des démarches de gestion des risques, la mise en place d'un PCA propose des analogies avec la signature d'un contrat d'assurances[2]. Le coût associé à la mise en place puis à la maintenance d'un PCA pourrait ainsi être assimilé à une prime d'assurances. Avec cette vision, la question à se poser n'est pas tant : « *Avons-nous besoin de manager la continuité de notre activité ?* » mais plutôt, « *Jusqu'à quel point avons-nous besoin de définir des mesures de continuité d'activité ?* »

Cette approche qui privilégie l'adéquation des mesures aux enjeux de l'entreprise doit garantir un ROI[3] par construction, c'est-à-dire dont les bénéfices attendus s'ajustent au plus proche des risques et enjeux. C'est tout le sens de la première phase de la méthodologie présentée au chapitre 3 que de bien définir les contours de ces risques et enjeux[4].

En d'autres termes, il s'agit théoriquement de trouver, pour chaque activité de l'entreprise, le point d'équilibre entre l'impact d'un sinistre sur l'activité et le coût associé à la solution de continuité envisagée puis de mettre en œuvre le dispositif de continuité d'activité qui représente le meilleur compromis pour les activités définies comme critiques.

---

1. Je recommande à ce sujet l'étude du Clusif *Retour sur investissement en sécurité des systèmes d'information : quelques clés pour argumenter*, octobre 2004.
2. En revanche, à l'inverse d'un contrat d'assurances, la mise en place d'un PCA n'est pas le transfert d'un risque vers l'extérieur mais plutôt l'acceptation de la responsabilité des risques encourus par l'organisme et la préparation pour y faire face.
3. ROI : *Return On Investment*.
4. En particulier, c'est la raison d'être des étapes de Bilan d'impact sur l'activité (BIA) et d'analyse des risques et vulnérabilités.

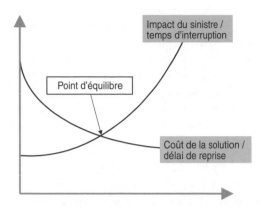

Figure 2.4 — Calcul théorique du point d'équilibre

Suivant la nature des activités à protéger, le point d'équilibre pourra notablement varier comme illustré dans la figure 2.5.

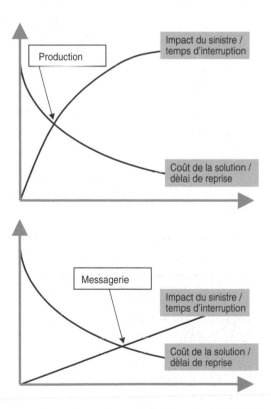

Figure 2.5 — Points d'équilibre suivant la nature de l'activité secourue

Ce ROI par construction est intellectuellement réconfortant mais difficile à calculer en pratique parce que les critères de son évaluation sont loin d'être tous quantifiables. Cependant, dans les éléments qui suivent, j'ai essayé de donner suffisamment d'arguments pour permettre une démonstration concluante de l'utilité économique de la mise en place d'une démarche de MCA. Les décideurs qui réussissent cet exercice démontrent que le management de la continuité d'activité est une activité de création de valeur pour l'entreprise.

Si inscrire la mise en place d'un PCA dans la recherche de rentabilité et de retour sur investissement intègre la logique première de l'entreprise (maximiser son profit), cela cadre également bien avec la mouvance actuelle des directions de systèmes d'information qui veulent finaliser la mutation des SI de leur position traditionnelle de centre de coût en centre de profit[1].

> Cette tendance se décline aussi sur l'axe sécurité de l'information :
> *« Je me suis fixé comme priorité de faire comprendre et de concrétiser qu'un budget sécurité ne correspond plus à un centre de coût mais à un centre de profit. »* Patrick Langrand, RSSI Natexis Groupe Banques Populaires[2].

Le ROI d'un projet PCA est le rapport entre le coût total du projet (investissement et fonctionnement) et les gains attendus (gains « négatifs » provenant de l'évitement de risques et gains « positifs » résultant d'avantages intrinsèques acquis par l'atteinte des objectifs du projet) sur une période donnée.

Le calcul du coût total du projet devra prendre en compte :

- **Les investissements initiaux et ponctuels :**
    - matériel (autour de la solution technique de secours en particulier) ;
    - prestations pour la mise en œuvre du PCA ;
    - charges de personnel induites (participation aux analyses, au pilotage du projet, à la mise en œuvre, etc.).

- **Les coûts récurrents induits par le projet en régime établi :**
    - exploitation de la solution technique ;
    - tests du dispositif ;
    - maintenance et contrôle du PCA ;
    - charges d'administration (responsable PCA, formation, communication, actualisation, etc.).

La question de la quantification des gains attendus par la mise en place d'un PCA est sans doute plus complexe parce qu'elle fait intervenir des gains intangibles (protection de l'image de marque par exemple). Tous les enjeux métier, tangibles et

---

1. Voir à ce sujet l'étude de CFO Research Services et PricewaterhouseCoopers : « *IT moves from Cost Center to Business Contributor* », septembre 2004.
2. Source : *Les Assises de la sécurité*, Livre blanc, octobre 2004 (P.-L. Refalo *et al.*).

intangibles, devraient néanmoins être abordés (même succinctement) lors d'un calcul de ROI. Certains enjeux seront clairement plus facilement quantifiables que d'autres mais tous devraient pouvoir être objectivés.

Il me semble que chacune des pertes potentielles suivantes devrait être prise en compte même si la pondération que les entreprises leur donneront pourra varier :

- **Pertes quantifiables** :
  - **coûts et impacts tangibles des sinistres** : pertes de revenus, pertes de productivité, coûts du surcroît de travail en fonctionnement dégradé, coût de reconstitution des données, coûts d'assurance, coûts juridiques (pénalités), pertes de parts de marché, etc.
  - **gain de performance** : il s'agit des gains positifs possiblement induits par la mise en place d'un PCA (exemple : réorganisation du processus suite à analyse préliminaire).
- **Pertes non quantifiables (mais objectivables)** : coûts et impacts intangibles des sinistres (perte de confiance des clients, perte de confiance des actionnaires, perte de réputation, impacts juridiques – restrictions d'activité, mention sur RCS[1] –, pertes de savoir-faire, etc.)

Le calcul de ces pertes devra s'estimer en ayant recours au bon sens, à l'expertise des directions financières et des *risk managers* et aux bases de données d'expert (assurances, autorités civiles, etc.) selon le couple [impact sur l'activité, probabilité d'occurrence].

> En synthèse, la formule (toute théorique !) du ROI est :
> ROI = [(Gains attendus) – (Coût total du projet PCA)]/(Coût total du projet PCA) sur une période donnée (supérieure à la durée du projet)

2.2.5 Le « ROI » inquantifiable...

Au-delà des enjeux financiers, qu'ils soient directs ou indirects, la mise en place d'un système de management de la continuité d'activité présente de nombreux avantages.

La minimisation de l'impact des sinistres

C'est le premier bénéfice recherché et la raison même de la mise en place d'un dispositif de type PCA. S'il est bien conçu, mis en œuvre et orchestré, il permettra d'atteindre son objectif, en permettant à l'entreprise de faire face à un sinistre en minimisant la « douleur » perçue.

---

1. Registre de commerce des sociétés.

La conformité

Pour les entreprises qui y sont soumises (secteurs bancaire et financier en particulier, entreprises cotées au NYSE[1] pour la loi Sarbanes-Oxley, entreprise du secteur bancaire pour Bâle II), la mise en place d'un PCA permettra la mise en conformité aux exigences légales ou à celles des organismes de tutelle.

Un levier pour la négociation avec son assureur

Si je mettais en place un PCA dans mon entreprise, un des premiers réflexes que j'aurais serait de rendre visite à mon assureur avec les principaux documents issus de la démarche (procédures, résultats du Bilan d'impact sur l'activité, solution technique retenue, résultats des tests, etc.). Après la présentation, je l'inviterais à prendre rendez-vous avec mon responsable PCA pour une visite guidée et une séance de questions-réponses. Puis je lui demanderais : « *Et maintenant, si nous reparlions de ce contrat d'assurance catastrophes naturelles ?* »

En fait, ne pas renégocier ce contrat serait manquer une belle opportunité de financer une partie de la mise en place du PCA par une mesure de réduction des charges ou de la franchise en cas de sinistre. D'autant que, comparée au reste de l'Europe, la France est le pays où les compagnies d'assurance prennent le plus en compte les mesures de sécurisation du SI et en particulier les plans de reprise d'activité (PRA) et plans de secours informatiques (PSI) (75 % en France contre 48 % pour le reste de l'Europe[2]).

Un élément différenciant

Nous l'avons vu, les grands donneurs d'ordre exigent de plus en plus de leurs fournisseurs qu'ils aient fait la preuve de l'efficacité de leur PCA avant de traiter avec eux.

Il est clair qu'aujourd'hui, les entreprises à même de démontrer leur capacité à faire face dans de (relativement) bonnes conditions à un sinistre majeur possèdent une longueur d'avance sur leurs concurrents.

Si j'étais à la tête d'une entreprise qui manage la continuité d'activité, je m'empresserais d'ajouter un paragraphe à ce sujet dans toutes les offres de services ou de fournitures que je pourrais émettre.

Un facteur d'amélioration de l'image

Nous avons tous en tête des images qui font sourire : le réseau ferroviaire suisse entièrement paralysé en juin 2005 par une défaillance technique, les pannes de France Telecom, etc. Ces sourires sont pour eux les larmes d'une crédibilité écornée.

---

1. *New York Stock Exchange.*
2. Source : enquête de *Global Switch*, décembre 2005.

La mise en place d'un management de la continuité d'activité (éprouvé !) devrait faire l'objet d'une communication externe forte, à destination des principales parties intéressées par l'entreprise et son activité (actionnaires, clients, partenaires, etc.).

Une vision recentrée sur « ce qui compte »

Un avantage incontestable d'une démarche de management de la continuité d'activité est la mise en exergue de « ce qui compte vraiment » pour l'entreprise, ce qui est son cœur d'activité.

Cette vision est apportée en particulier par le bilan d'impact sur l'activité (BIA), réalisé en début de projet. Ce BIA met en évidence les activités vitales et critiques de l'entreprise. Réaliser et communiquer ce BIA est l'occasion rêvée pour recadrer la vision stratégique de l'entreprise, à tous les niveaux. Mais attention, cela peut être psychologiquement dangereux pour « ceux qui ne comptent pas vraiment » !

Une opportunité de changer

Beaucoup de démarches de progrès et d'amélioration peuvent être initiées lors de la mise en place d'un PCA (démarche qualité, réorganisation, optimisation des processus, formalisation des pratiques, etc.).

Certes, ce n'est pas le moment de se disperser et de diluer le projet dans une myriade d'autres, mais c'est sans doute l'opportunité d'en réaliser un ou deux et de laisser le reste comme des gisements de progrès à réaliser ultérieurement.

Un cadre pour structurer et formaliser les pratiques essentielles

Le caractère structurant d'une démarche de type PCA réside dans ce constat : un PCA n'est ni plus ni moins que l'organisation de l'entreprise dans des conditions « aux limites ».

La nécessaire formalisation de cette organisation de crise a des retombées intéressantes pour le fonctionnement nominal de l'entreprise : procédures formalisées, responsabilités définies, modes de réaction étudiés, etc.

Pour une entreprise peu organisée, ces sous-produits d'une démarche PCA sont indéniablement structurants. Pour une entreprise très structurée, c'est l'occasion de revoir et d'optimiser son organisation.

L'imprégnation par une culture de gestion des risques

Si ce n'est pas déjà le cas, la mise en place d'un PCA est une opportunité sans pareille pour instiller une culture de gestion des risques dans l'entreprise. Les outils de management des risques sont en effet parmi les plus utilisés pour l'étude d'un PCA.

En résumé

Les 9 bénéfices inquantifiables

1.   La minimisation de l'impact des sinistres

2.   La conformité

3.   Un levier pour la négociation avec son assureur

4.   Un élément différenciant

5.   Un facteur d'amélioration de l'image

6.   Une vision recentrée sur « ce qui compte »

7.   Une opportunité de changer

8.   Un cadre pour structurer et formaliser les pratiques essentielles

9.   L'imprégnation par une culture de gestion des risques

Figure 2.6 — Les neuf bénéfices inquantifiables d'une démarche PCA

2.2.6 Quelques conseils aux décideurs

Vous avez pris la décision de mettre en place un management de la continuité d'activité.

Les conseils donnés ici se veulent une mise en exergue des points qui, dans la méthodologie exposée au chapitre suivant, relèvent particulièrement de la volonté et du contrôle du management.

Mieux vaut prévenir que guérir

S'il est évident que la mise en place pragmatique d'un PCA bénéficiera à toutes les entreprises, il est clair que la plupart de celles-ci devront au préalable passer par une étape de sécurisation de leur environnement (diagnostic de prévention et plan d'actions) pour que le retour sur investissement du PCA soit réel. On ne peut demander à un PCA de couvrir les carences évidentes et chroniques d'un système d'information ou d'une organisation lacunaires.

C'est ainsi du bon sens que de commencer par protéger une salle serveurs du risque d'incendie avant de lui trouver une salle de secours.

Les alpinistes apprennent à marcher sereinement sur un glacier avant d'apprendre à enrayer une chute.

Engagez-vous !

Ce slogan à consonance militaire insiste simplement sur l'importance du paragraphe 2.1.1 *Mandat et sponsor*. Le PCA est, par essence, un projet qui réclame l'implication forte de la direction et une approche « *top down* ».

> Un projet de management de la continuité d'activité va du haut vers le bas.

Adaptez la démarche aux enjeux

Ce paragraphe pourrait s'intituler « *Pragmatisme* », comme l'illustre l'anecdote qui suit[1] :

« J'ai en mémoire un projet de continuité d'activité lié à l'application de gestion des interventions des centaines d'employés de la filiale française d'un grand groupe international dans le domaine des services. Le démarrage catastrophique de cette application avait coûté son poste au directeur des SI qui l'avait supervisé. Le climat n'était pas à la confiance pour son successeur.

Dans ce contexte de tensions, les orientations de la stratégie de continuité qui avaient été prises allaient vers la mise en place d'une solution de moyenne disponibilité (temps d'interruption toléré inférieur à 24 heures). Une expertise technique avait alors été demandée à la société à laquelle j'appartenais. J'avais été mandaté sur la mission pour valider les choix faits et aider à la mise en place de la solution de secours.

Un peu préoccupé des conclusions du sommaire bilan d'impact sur l'activité déjà réalisé, j'ai réuni un séminaire « BIA complémentaire » qui a bouleversé ma compréhension du contexte. Autour de la table étaient réunis le nouveau directeur des SI, un technicien informatique et les principaux utilisateurs de l'application, choisis parmi toutes les couches hiérarchiques de l'entreprise. Les utilisateurs ont unanimement convenu que, selon les critères objectifs que nous avions retenus, l'interruption de l'application ne devenait critique qu'après environ 20 jours de coupure ! Il fallait cependant pour cela, mettre en place quelques procédures de prévention simples, dont la plus complexe consistait à imprimer chaque semaine un état de type planning. »

> Le seuil de criticité psychologique est parfois atteint bien avant le seuil de criticité sur l'activité !

La révision à la baisse des ambitions du projet a permis des économies substantielles tout en répondant aux besoins des utilisateurs et en rassurant le nouveau directeur des SI.

---

1. Cette anecdote est présentée plus en détail en tant que cas n°1 dans le chapitre 6, *Études de cas*.

Prévoyez un délai de projet suffisant

On l'a vu, un projet de management de la continuité d'activité (qu'il soit plan de continuité ou de reprise d'activité), est un projet structurant. C'est un projet voué à l'échec que celui qui est lancé pour utiliser à la hâte un reliquat de budget, au cours du dernier trimestre budgétaire.

> On ne parle que très rarement en mois pour la mise en place d'un plan de continuité d'activité, quelle que soit la taille de l'entreprise.

Même pour un PRA dont les ambitions sont moins larges, l'échelle de temps n'est pas souvent inférieure à une année.

Une des raisons essentielles à ce laps de temps incompressible réside dans la nécessité d'une phase de conduite du changement approfondie[1], seule garante de l'efficacité ultérieure du dispositif conçu.

Nommez un responsable du PCA

Peu importe, dans un premier temps, si c'est une fonction à plein temps ou à temps partiel, un responsable de PCA doit être nommé. Sa responsabilité et son autorité doivent être clairement et formellement établies.

> Le responsable du PCA est la cheville ouvrière du succès du dispositif.

Soignez le Bilan d'impact sur l'activité (BIA)

S'il est une phase qui doit être soignée, c'est bien celle-là. Pour prendre une métaphore ferroviaire : *un BIA dont les conclusions orientent le projet avec quelques degrés d'écart donne lieu à une fin de projet dans une gare d'arrivée sans doute distante de plusieurs centaines de kilomètres de l'objectif.*

Cette remarque est exacerbée par la durée du projet, qu'on vient de décrire plutôt en année qu'en mois.

Le BIA est la phase pour laquelle la méthode employée doit être réglée comme une horloge. C'est la phase pour laquelle le recours à une aide extérieure me semble présenter le plus grand intérêt et le meilleur retour sur investissement. Quand j'ai pu intervenir sur un projet de PCA après la réalisation en interne du BIA, il a été très rare qu'un travail important de complément d'informations et de recadrage n'ait pas été nécessaire.

---

1. Voir à ce sujet le paragraphe 3.6, *Phase 5 – Assurer la conduite du changement, le déploiement du PCA et son maintien en conditions opérationnelles.*

Dépassez l'objectif de secours informatique

C'est une des ambitions de ce livre que de présenter la problématique de la continuité d'activité bien au-delà de ses composantes techniques.

> Un « PCA » qui ne couvre que les besoins de secours informatique n'est pas un PCA : c'est un plan de secours informatique !

« Soignez » les ressources humaines dans la gestion de la crise

Les quelques retours d'expérience documentés concernant les crises majeures sont unanimes : la gestion du personnel est primordiale, sous-estimée et peut mettre à mal, si elle est peu anticipée, l'ensemble des actions de MCA. Ce constat a été la principale conclusion des attentats de Londres en juillet 2005 (voir à ce sujet le paragraphe 6.4, *Cas n° 4 : Retour d'expérience pour une crise majeure*) et de la crise de la Nouvelle Orléans lors du passage de l'ouragan Katrina en septembre 2005. Les éléments suivants devront être pris en compte :

- santé et sécurité du personnel ;
- santé et sécurité de la famille du personnel ;
- état du logement du personnel et de sa famille.

Il est illusoire de penser qu'un employé pourra être relocalisé sur un site de secours distant de son domicile si la sécurité et la santé de sa famille ne sont pas assurées !

La mise en place d'un numéro d'appel d'urgence est une mesure préventive qui peut grandement faciliter les échanges, le transfert d'information et la coordination des secours.

> Suite au tremblement de terre de 1999 en Turquie, l'usine Alcatel locale était pleinement opérationnelle car elle n'avait pas subi de dommages graves mais les dommages causés aux habitations de la plupart des employés (de conditions modestes pour la plupart) les ont empêchés de travailler normalement. L'activité de l'usine en a été fortement perturbée pendant un temps conséquent[1].

Décidez de la stratégie de secours après une analyse de plusieurs solutions

La définition de LA solution technique de secours n'est pas chose aisée, dans la mesure où, souvent, plusieurs orientations techniques distinctes peuvent répondre aux besoins exprimés lors de la phase de définition des besoins fonctionnels.

Par commodité (pour limiter le travail lié à des consultations d'entreprises par exemple), il arrive alors que l'éventail de choix se limite à une seule solution.

---

1. D'après un entretien de l'auteur avec le Dr. Wolfgang Kauschke, *Business Continuity Program Manager* pour Alcatel, novembre 2005.

Éliminer d'emblée certaines solutions techniques est difficile à faire sur des arguments autres qu'arbitraires.

C'est pour pallier cette difficulté que je recommande systématiquement une étude préalable de plusieurs solutions techniques concurrentes dans le but de ne pas éliminer d'office une option technique intéressante. Il est évident que lors de cette étude préalable (avec préconsultation de fournisseurs), le degré d'information de la caractérisation des différentes solutions n'est pas très fin.

Testez, testez, testez...

Un PCA non testé n'est que marginalement plus utile que pas de PCA du tout.

Et encore, cette remarque ne tient pas vraiment compte du danger que représente le sentiment erroné de sécurité que génère la présence d'un PCA non testé...

Engagez des actions de communication

La campagne de communication autour du projet, dans ses composantes internes aussi bien qu'externes, doit être rigoureusement planifiée et suivie. Orchestrée par le responsable du PCA en coordination avec le service Communication de l'entreprise, elle doit permettre l'imprégnation de la démarche.

Communiquer, c'est mettre en commun la vision et l'organisation que propose le PCA.

Plusieurs études montrent que plus une entreprise est grande, plus la part du budget consacrée à la phase de communication (et plus largement, à la conduite du changement) devrait croître.

Ne surestimez pas le dispositif

Un PCA est essentiellement conçu pour permettre un gain de temps appréciable lorsqu'une entreprise doit faire face dans des conditions d'urgence à une situation de crise. Il est cependant illusoire d'espérer ranger toutes ces inquiétudes face à la crise dans une boîte hermétique portant l'étiquette « PCA, à n'ouvrir qu'en cas d'urgence ».

Le PCA reste un outil reposant principalement sur une organisation humaine.

Usez des avantages du PCA

Il serait dommage de se priver des bénéfices attendus de la mise en place d'un PCA décrits précédemment. Ne pas profiter de son projet PCA pour renégocier ses primes d'assurance représente un coût financier. Ne pas mettre en avant l'avantage compétitif du PCA dans ses démarches commerciales peut représenter un coût d'opportunité.

En règle générale : ne pas utiliser les avantages dérivés du PCA représente un coût d'opportunité élevé.

Veillez à la mise à jour du dispositif

Ce conseil s'apparente à celui lié aux tests (voir le paragraphe précédent *Testez, testez, testez…*).

L'inutilité d'un PCA non à jour en cas de crise est totale.

En résumé

> **Les 14 commandements**
>
> 1. Mieux vaut prévenir que guérir
>
> 2. Engagez-vous !
>
> 3. Adaptez la démarche aux enjeux
>
> 4. Prévoyez un délai de projet suffisant
>
> 5. Nommez un responsable du PCA
>
> 6. Soignez le Bilan d'Impact sur l'Activité (BIA)
>
> 7. Dépassez l'objectif de secours informatique
>
> 8. « Soignez » les ressources humaines dans la gestion de la crise
>
> 9. Décidez de la stratégie de secours après une analyse de plusieurs solutions
>
> 10. Testez, testez, testez…
>
> 11. Engagez des actions de communication
>
> 12. Ne surestimez pas le dispositif
>
> 13. Usez des avantages du PCA
>
> 14. Veillez à la mise à jour du dispositif

Figure 2.7 — Les quatorze commandements du décideur

DEUXIÈME PARTIE

Méthodes et outils de la continuité d'activité

3

Mettre en place
la continuité d'activité :
méthodologie commentée

3.1 DÉMARCHE GÉNÉRALE

3.1.1 De l'« expertise » en continuité d'activité...

Il n'existe d'expertise en continuité d'activité que méthodologique ! L'« expertise » la plus importante reste la combinaison du bon sens et du pragmatisme. Toute la matière première qui permet de bâtir un plan de continuité d'activité existe dans l'entreprise bien avant la mise en place de mesures de continuité. La connaissance des éléments techniques sur lesquels s'appuie le secours du système d'information est certes déterminante mais il n'est pas nécessaire d'être un expert en systèmes d'information pour manager la continuité d'activité.

L'« expertise » en continuité d'activité est donc essentiellement le savoir-faire méthodologique qui permet de mettre en musique et d'agencer la démarche pour :

- collecter l'information pertinente auprès de ceux qui la détiennent ;
- l'arranger pour lui donner une structure propre à définir les besoins de continuité et les règles de gestion des sinistres ;
- apporter l'aide nécessaire au choix par les décideurs des orientations des stratégies de continuité ;
- mener à bien la conduite du changement pour s'assurer que le dispositif imprègne l'entreprise.

On le voit : on n'est pas sur un domaine d'« expertise » (au sens technique) mais bien sur un domaine de méthodologie. C'est fort de ce constat qu'a été rédigé ce chapitre.

3.1.2 Les principaux composants d'un dispositif de continuité d'activité

Au chapitre 2 (paragraphe 2.2.3), *Les quatre principaux composants d'un PCA*), les quatre principaux composants ont été introduits. Ils sont présentés plus finement dans ce paragraphe.

Une organisation de gestion de crise

Le dispositif global conçu ne jouera son rôle que sous la baguette d'un chef d'orchestre respecté et entraîné. Ce chef d'orchestre, c'est l'organisation de crise.

Le management de la crise et le pilotage de la mise en œuvre du PCA sont avant tout une affaire d'hommes, de décisions et de coordination. La mise en place d'une solution technique de continuité ne doit jamais faire oublier que c'est l'organisation de gestion de crise qui assure le bon déroulement du plan de continuité d'activité.

> Quand le voilier de l'entreprise traverse la tempête, c'est toujours le capitaine qui tient la barre et assure le salut de l'équipage et du navire.

Un système documentaire éprouvé et à jour

Un plan de continuité d'activité est avant tout un système documentaire. Bien qu'il ne soit pas nécessairement sous forme papier[1], ce système est le référent principal en cas de crise majeure. Trois conditions rendent ce système opérant :

- le fait que le dispositif soit testé et connu de ceux qui sont chargés de le mettre en œuvre ;
- le fait que les informations qu'il contient soient à jour ;
- le fait qu'il soit disponible après survenance du sinistre.

Une stratégie de prévention et de préparation efficace et testée

La stratégie de prévention et de préparation doit définir les mesures de l'entreprise pour renforcer l'état de préparation à faire face à un sinistre ou une crise. Tout ce qui contribue à renforcer les « défenses naturelles » de l'entreprise en fait partie. Cela inclut en particulier les mesures de détection de sinistre, de protections intrinsèques contre les menaces, de positionnement de barrières à l'entrée, d'augmentation de la robustesse face aux agressions, de colmatage des vulnérabilités, de réduction de l'exposition aux événements redoutés, etc.

───────────────

1. Il existe de nombreux outils qui permettent la dématérialisation du système documentaire.

Des solutions techniques de continuité qui couvrent les besoins de continuité et qui sont testées

On se référera essentiellement à ce sujet aux chapitres 4 et 5. Il suffira de préciser à ce stade que :

- les solutions devront être pensées, conçues et mises en place pour répondre aux besoins explicites et implicites de métiers et des clients. Elles comprendront bien sûr le secours du SI mais aussi et surtout les infrastructures, moyens et ressources permettant aux processus métier de se dérouler en impactant au minimum les clients ;
- les solutions devront être testées régulièrement, conformément au programme défini à ce sujet, préférablement selon une logique de tests basés sur une approche par les risques.

3.1.3 La démarche E = MCA en six phases

La démarche E = MCA (Étapes vers le management de la continuité d'activité) s'articule en six phases telles que présentées dans la figure 3.1.

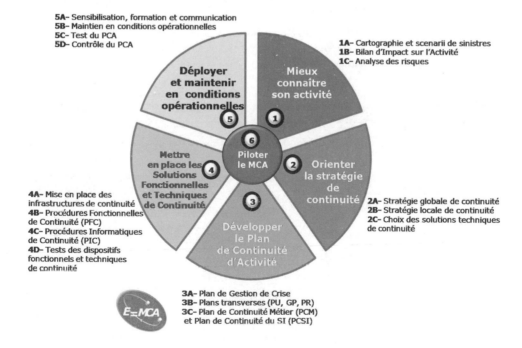

Figure 3.1 — La boucle E = MCA

La méthodologie E = MCA présentée dans la suite de ce chapitre est compatible et conforme avec les principaux référentiels en vigueur : *Good Pratices Guidelines* (BCI, 2008), BS 25999 et BP Z74-700.

3.1.4 Notes sur le formalisme utilisé pour décrire la méthodologie

Les six phases de la méthodologie E = MCA se déclinent à leur tour en étapes. Pour chacune de ces étapes, les principaux éléments constitutifs sont présentés :

- Objectif
- Démarche
- Outils et méthodes
- Données d'entrée et composants
- Données de sortie
- Livrables
- Astuces et conseils

Par ailleurs, des synoptiques récapitulatifs de chaque phase (pour les données d'entrée, données de sortie et livrables) sont donnés au paragraphe 3.8, *Synoptiques récapitulatifs de la méthodologie E = MCA*.

Les exemples et modèles de livrables et/ou données de sortie ne sont pas donnés dans ce chapitre mais figurent dans les études de cas (chapitre 6) et dans l'annexe B, *Quelques illustrations documentaires de la méthodologie*.

Les phases de la méthodologie sont numérotées en chiffres arabes (de 1 à 6) et les étapes (sous-phases) sont référencées par des lettres majuscules (de A à D). Ainsi, la quatrième étape de la phase 5 est l'étape 5.D.

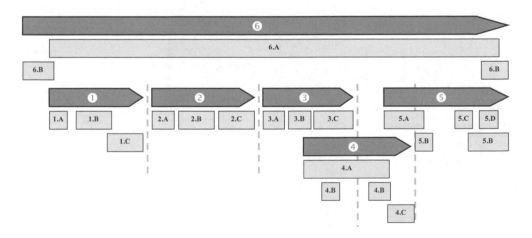

Figure 3.2 — Exemple de phasage d'un projet E = MCA

3.2 PHASE 1 – MIEUX CONNAÎTRE SON ACTIVITÉ : L'ÉTAPE DÉCISIVE

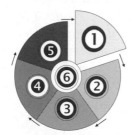

Cette première phase correspond à une phase de spécifications fonctionnelles qui délimitera le contour des solutions de continuité d'activité possibles (organisationnelles et techniques). À ce titre, c'est au cours de cette phase que les erreurs d'aiguillage se traduiront dans les phases ultérieures par les écarts les plus importants.

3.2.1 Étape 1.A : cartographie et scénarios de sinistres

Dans la méthodologie E = MCA, une cartographie des sinistres précède le Bilan d'impact sur l'activité (BIA). Elle détermine les scénarios de sinistres qui seront retenus et par rapport auxquels le BIA sera orienté.

Objectif

L'objectif de la cartographie des sinistres est de retenir les scénarios de sinistres contre lesquels l'entreprise cherchera à se prémunir au travers de son PCA.

Démarche

- Identifier les menaces qui pèsent sur l'activité de l'entreprise et qui pourraient causer une discontinuité de l'activité.
- Évaluer pour chaque menace la probabilité d'occurrence et l'impact potentiel de la menace.
- Prioriser les scénarios de sinistres et retenir ceux qui constitueront les hypothèses de construction du PCA.

Outils et méthodes

- **Typologie de risques et sinistres** : on trouvera dans la littérature plusieurs typologies exhaustives de risques grâce auxquelles la cartographie des sinistres pourra se construire. On citera pour illustration l'une des plus complètes qui se trouve dans la méthodologie d'analyse des risques EBIOS[1].
- **Grille d'évaluation des impacts des sinistres** : cette grille est spécifique à chaque entreprise mais peut être construite à partir des modèles classiques. Il est impératif de l'adapter aux enjeux de l'entreprise (en particulier pour les seuils financiers qui l'établissent).
- **Échelle d'évaluation des sinistres** : les risques sont évalués selon le couple [probabilité, impact] qui les caractérise. Si la probabilité est souvent issue

---

1. Voir annexe C, le paragraphe C.2 *La sécurité des SI/EBIOS*.

de statistiques externes ou internes à l'entreprise (données météorologiques, données constructeur...), le calcul de l'impact est, quant à lui, entièrement dérivé de la grille d'évaluation des risques prédéfinie. On procède en général en évaluant chaque élément du couple [probabilité, impact] sur une échelle ayant un nombre pair d'échelon (pour éviter l'accumulation de cotations sur l'échelon médian). L'échelle de 1 à 4 est souvent retenue. Elle ne suppose cependant pas qu'un risque d'impact potentiel 2 a un impact potentiel deux fois plus grand qu'un risque de niveau 1. Le passage de chaque échelon est plutôt le passage d'un ordre de grandeur (ou d'un zéro). Il s'agit en fait plutôt d'une échelle logarithmique (1, 10, 100...). S'il est difficile de distinguer deux risques dont les impacts potentiels peuvent être doubles l'un de l'autre, il est en revanche relativement aisé de chiffrer un ordre de grandeur (« à un zéro près »).

- **La sévérité (ou criticité) d'un risque** est évaluée comme étant le produit de sa probabilité d'occurrence par son impact potentiel. Plus ce produit sera élevé, plus le risque nécessitera des mesures de réduction.
- **La cotation** de chaque risque se fera, dans un premier temps, dans l'absolu, c'est-à-dire sans tenir compte des mesures de réduction des risques déjà en place pour le maîtriser. Dans un deuxième temps, on réévaluera les cotations en prenant en considération ces mesures pour aboutir à une cotation réelle.

Par ailleurs, les techniques suivantes pourront être utilisées dans la collecte d'information et la validation des résultats :

- interviews orientées et/ou semi-directifs ;
- séminaire ;
- validation des conclusions de la cartographie et présentation des résultats.

Données d'entrée et composants

- Typologie de sinistres (de type EBIOS).
- Bases de données locales (météorologie, sismologie, bulletins d'alerte des autorités publiques, plan de prévention des risques, etc.).
- Contraintes ou prescriptions du groupe.
- Grille de classification des sinistres.

Données de sorties et livrables

- Cartographie des sinistres.
- Scénarios de sinistres retenus.

Astuces et conseils

La validation des scénarios de sinistres au plus haut niveau est fondamentale dans la mesure où elle conditionne toute la démarche. Le cas échéant, si le PCA venait à ne pas permettre la continuité d'activité en cas de sinistre, il conviendra bien de déterminer si l'échec est lié à une mauvaise mise en œuvre de la politique MCA ou à des hypothèses écartées lors de cette étape de cartographie des sinistres.

La cartographie des sinistres devra être mise à jour à chaque changement important de l'entreprise (nouveau site, modifications de l'infrastructure existante...).

La réalisation de la cartographie des sinistres est une étape dans laquelle il faudra être prudent pour ne pas engager trop de dépenses : il s'agit vraiment de dégager quelques macro-scénarios en vue de préciser le BIA et non de caractériser finement tous les types de sinistres.

Il faut se rappeler qu'une étape d'analyse des risques et des vulnérabilités suit l'étape de BIA.

La bonne démarche est donc :

- Une cartographie sommaire des sinistres pour orienter le BIA.
- Un BIA « orienté » par les scénarios retenus et « orientant » l'analyse plus fine des risques de l'étape qui le suit.
- Une analyse plus détaillée des risques « orientée » par le BIA qui braque le projecteur sur les processus et activités qui « comptent ».

3.2.2 Étape 1.B : Bilan d'Impact sur l'Activité (BIA)

« La principale difficulté d'un Plan de reprise d'activité (PRA) n'est pas tant d'implémenter une solution technique que de mener une analyse d'impact méthodique, de délimiter précisément le périmètre applicatif concerné, et de définir la nature des besoins. »[1]

Si cette remarque est dirigée vers les PCSI (selon notre terminologie), elle est d'autant plus applicable au PCA où le périmètre est plus vaste encore. Le BIA est le fondement véritable de toute démarche de management de la continuité d'activité. Il détermine les enjeux de la continuité d'activité pour l'entreprise. C'est l'étape qui est sans aucun doute la plus délicate, la plus « engageante » et la plus riche de tout le processus.

Il est intéressant de noter que, selon un sondage de globalcontinuity.com, 40 % des entreprises sondées (essentiellement hors de France) revoient leur BIA au moins tous les ans.

Objectif

En fonction des scénarios de sinistres retenus, l'objectif du BIA est de :

- Identifier les activités critiques de l'entreprise, les classer.
- Valider les objectifs de continuité (reprise ou continuité) pour chaque activité.
- Identifier les ressources clés liées aux activités critiques afin de déterminer les modes dégradés de fonctionnement.
- Identifier les points de défaillance[2] uniques et les dépendances.
- Évaluer les impacts d'interruption de l'activité.

---

1. « Reprise d'activité : n'oubliez pas le *backup* » Thierry Jacquot, *01 Informatique*, 30 juin 2005.
2. Élément d'un système qui, s'il est défaillant, met en échec toute la chaîne. Concept issu de la sûreté de fonctionnement.

Démarche

- Identification des processus et/ou activités de l'entreprise à analyser.
- Identification des interlocuteurs à même d'analyser globalement l'impact d'un sinistre sur un processus : pilote de processus par exemple.
- Identification des ressources clés en fonction du temps d'interruption d'activité (en général, plus l'interruption prévue est longue, plus il faudra de personnel pour l'activité en mode dégradé).
- Identification des temps critiques du MCA : *Recovery Point Objective* (RPO), *Recovery Time Objective* (RTO)[1].
- Interviews orientées + questionnaires.
- Séminaire.
- Validation des conclusions du BIA et présentation des résultats.

Outils et méthodes

- Grille de critères BIA.
- Questionnaire BIA.
- Matrice BIA.

Données d'entrée et composants

- Cartographie des processus et activités (avec analyse de la chaîne de valeur de Porter[2] par exemple) ; à défaut, un organigramme.
- Scénarios de sinistres retenus (issus de la cartographie des sinistres).

Données de sorties

- RTO.
- RPO.
- Ressources clés (RH, infrastructure et locaux, SI, données et informations, fournisseurs).
- Impacts des sinistres sur l'activité.
- Points de défaillance uniques et dépendances.
- Contraintes (réglementaires ou commerciales).

Livrables

- Matrice BIA.

---

1. Ou, respectivement degré de fraîcheur de données (quantité, exprimée en temps, de données qu'on accepte de perdre) et délai de reprise (temps maximal admissible de reprise).
2. D'après Michael D. Porter, professeur de stratégie à la Harvard Business School.

Astuces et conseils

Le besoin de crédibilité auprès des managers interrogés voudrait que l'on opère en une seule passe. Par ailleurs, pour assurer la cohérence des résultats entre eux, il est souvent nécessaire d'homogénéiser les résultats du BIA, en séminaire par exemple, où tous les résultats sont exposés et comparés entre eux par les différents acteurs.

Si des mesures de prévention et de maîtrise des risques sont en place, l'évaluation les prendra en compte.

La validation de la grille de critères par un directeur financier crédibilise la méthode. Quand un effet de saisonnalité influence l'analyse de l'impact, il est préférable de considérer les conditions les plus défavorables pour réaliser le BIA.

Réaliser un BIA sans un mandat clair et connu de tous serait suicidaire pour la démarche. Ce mandat doit venir du sponsor du projet PCA.

L'implication des clients de l'entreprise peut donner des résultats intéressants quant à ce qui est réellement perçu comme critique par le principal intéressé. On peut alors définir avec lui deux seuils intuitifs : le seuil où le mécontentement devient significatif et le seuil intolérable où l'issue certaine est l'arrêt des relations commerciales. Cette approche peut être réalisée sur un contrat significatif pour l'entreprise et les résultats obtenus extrapolés ensuite[1].

Note : la figure 3.3 précise les notions de RTO et RPO.

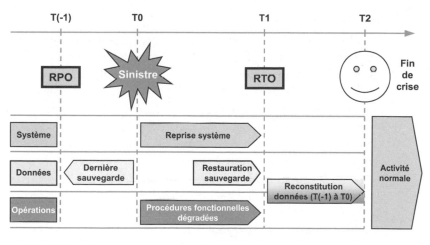

$$RTO = |\ T1\text{-}T0\ |$$
$$RPO = |\ T(\text{-}1)\text{-}T0\ |$$

Figure 3.3 — Chronologie de crise (RTO, RPO)

---

1. D'après un entretien de l'auteur avec le Dr. Wolfgang Kauschke, *Business Continuity Program Manager* pour Alcatel, novembre 2005.

3.2.3 Étape 1.C : Analyse des Risques (AR)

Dans la méthodologie E = MCA, l'analyse de risques suit le bilan d'impact sur l'activité puisque ce dernier permet d'orienter l'AR sur les activités et les ressources les plus critiques de l'entreprise. Les outils et démarches sont analogues à ceux qui ont déjà été utilisés pour la cartographie des sinistres.

La différence entre la cartographie des sinistres et l'AR est essentiellement une différence d'échelle et de détail. Si l'objectif de la cartographie des sinistres est de dégager les scénarios des sinistres devant être pris en compte dans le PCA, l'objectif de l'étape d'AR est bien de définir des plans de réduction des risques pour les processus, activités et ressources identifiés comme critiques lors du BIA.

Objectif

L'objectif de l'AR est de définir des plans de réduction des risques pour les processus, activités et ressources identifiés comme critiques lors du BIA.

Démarche

- Identifier les risques qui pèsent sur l'activité, les processus et les ressources critiques de l'entreprise tels qu'ils sont ressortis du BIA.
- Évaluer pour chaque risque la probabilité d'occurrence et l'impact potentiel.
- Définir la stratégie de gestion des risques pour chaque risque caractérisé.
- Définir les plans de réduction des risques.

Outils et méthodes (idem étape 1.A)

- **Typologie de risques et sinistres** : on trouvera dans la littérature plusieurs typologies exhaustives de risques grâce auxquelles l'AR pourra se construire. On citera pour illustration l'une des plus complètes qui se trouve dans la méthodologie d'analyse des risques EBIOS[1].
- **Grille d'évaluation des impacts des sinistres** : cette grille est spécifique à chaque entreprise mais peut être construite à partir des modèles classiques. Il est impératif de l'adapter aux enjeux de l'activité et/ou du processus considérés (en particulier pour les seuils financiers qui l'établissent).
- **Échelle d'évaluation des risques** : les risques sont évalués selon le couple [probabilité, impact] qui les caractérise. Si la probabilité est souvent issue de statistiques externes ou internes à l'entreprise (données météorologiques, données constructeur...), le calcul de l'impact est lui entièrement dépendant de la grille d'évaluation des risques prédéfinie. On procède en général en évaluant chaque élément du couple [probabilité, impact] sur une échelle ayant un nombre pair d'échelon (pour éviter l'accumulation de cotations sur l'échelon médian). L'échelle de 1 à 4 est souvent retenue. Elle ne suppose cependant pas qu'un risque d'impact potentiel 2 a un impact potentiel deux fois plus grand qu'un

---

1. Voir annexe C, le paragraphe C.2, *La sécurité des SI/EBIOS*.

risque de niveau 1. Le passage de chaque échelon est plutôt le passage d'un ordre de grandeur (ou d'un zéro). Il s'agit en fait plutôt d'une échelle logarithmique (1, 10, 100...). S'il est difficile de distinguer deux risques dont les impacts potentiels peuvent être doubles l'un de l'autre, il est en revanche relativement aisé de chiffrer un ordre de grandeur (« à un zéro près »).

- **La sévérité (ou criticité) d'un risque** est évaluée comme étant le produit de sa probabilité d'occurrence par son impact potentiel. Plus ce produit sera élevé, plus le risque nécessitera des mesures de réduction.

- **La cotation** de chaque risque se fera, dans un premier temps, dans l'absolu, c'est-à-dire sans tenir compte des mesures de réduction des risques déjà en place pour le maîtriser. Dans un deuxième temps, on réévaluera les cotations en prenant en considération ces mesures pour aboutir à une cotation réelle. On pourra dans un troisième temps, tenir compte des mesures préventives préconisées dans l'étape 1 et en cours de déploiement pour obtenir une cotation au plus proche de la réalité.

L'utilisation des techniques et méthodes exposées permet l'établissement des cartographies des risques par processus, activités et/ou ressource critique, tels qu'identifiés dans le BIA.

Les stratégies de gestion des risques correspondantes seront alors choisies parmi les possibilités suivantes (acronyme mnémotechnique « S-T-A-R ») :

- **S**upprimer le risque : en adoptant une stratégie de contournement ou d'évitement (en supprimant par exemple la cause du risque).

- **T**ransférer le risque : recours aux assurances en particulier.

- **A**ccepter le risque : en général quand sa probabilité d'occurrence **et** son impact potentiel sont faibles.

- **R**éduire le risque : au moyen de la mise en place de plans de réduction des risques.

Par ailleurs, les techniques et méthodes classiques d'analyse des risques pourront être utilisées : ISO 27005, AMDEC, HAZOP, HACCP, arbres des causes, arbres des défaillances, etc.

Données d'entrée et composants

- Cartographie des sinistres.
- Scénarios de sinistres.
- Matrice BIA.

Données de sorties

Cartographie des risques par processus, activités et/ou ressource critique, tels qu'identifiés dans le BIA.

Livrables

Plans de réduction des risques par processus, activités et/ou ressource critique.

Astuces et conseils

L'AR doit être mise à jour à chaque changement important de l'entreprise (nouveau site, modifications de l'infrastructure existante, changement du périmètre d'utilisation du SI...).

La mise en œuvre d'une analyse des risques doit se faire au bon niveau de détails, celui où les moyens mis en œuvre pour la réaliser sont en adéquation avec les risques encourus.

3.2.4 Première étape facultative de la phase 1 : analyse de couverture des contrats d'assurances

Objectif

Cette étape est facultative mais permet en général de sécuriser la gestion des risques. Elle pourrait faire partie de l'AR mais n'y est que rarement incluse, aussi, dans la méthodologie E = MCA, elle a été singularisée comme étape à part entière.

Il s'agit d'évaluer le niveau de couverture des risques de l'entreprise par ses polices d'assurance afin de déceler d'éventuelles zones d'ombre (risques non couverts et qui devraient l'être).

Démarche, outils et méthodes
- Analyse documentaire.
- Analyse d'écart.
- Entretiens complémentaires.

Données d'entrée et composants
- Contrats d'assurances.
- Cartographie des sinistres.
- Statistiques de la sinistralité.

Données de sorties
- Sinistres et risques non couverts par les contrats d'assurances.
- Risques couverts mais franchise supérieure aux impacts.

Livrables
- Matrice de couverture des polices d'assurances.

3.2.5 Deuxième étape facultative de la phase 1 : diagnostic de prévention

Cette étape répond au conseil donné aux décideurs : mieux vaut prévenir que guérir (voir paragraphe 2.2.6, *Quelques conseils aux décideurs/Mieux vaut prévenir que guérir*). Il est toujours utile de sécuriser le fonctionnement courant de l'organisation pour réduire l'étendue des risques résiduels à couvrir dans le PCA.

Il est parfaitement recevable de considérer cette étape comme faisant partie d'une phase 0, précédant toute démarche MCA, voire de l'inscrire dans la démarche de construction de la résilience d'entreprise (voir chapitre 7 à ce sujet).

Objectif

L'objectif du diagnostic de prévention est de :

- Identifier les vulnérabilités.
- Définir un plan d'actions en réduction des vulnérabilités pour fiabiliser et sécuriser au maximum l'entreprise.

Démarche

- Audits.
- Inspections.

Outils et méthodes

Toutes les méthodes et référentiels d'audit visant à sécuriser et protéger son patrimoine, ses actifs et son activité.

En particulier :

- Sécurité SI : ISO 27002, MEHARI, EBIOS.
- Sécurité et santé au travail : ISRS, OHSAS 18001, réglementation sur la sécurité industrielle (protection incendie, électricité, appareil de levage, atmosphères explosives, etc.).
- Sûreté industrielle : analyse de risques (HAZOP, HACCP, AMDEC, etc.), études de danger, etc.
- Environnement : réglementation (ICPE[1], Seveso, ISO 14001, etc.).
- IT Gouvernance et contrôle interne : CobiT, CobiT for Sox, ITIL.

Par ailleurs, la mise en place de mesures visant à prévenir ou minimiser les sinistres majeurs va dans le sens de la prévention dont il est ici question :

- Installation d'un système GTC/GTB[2] permettant la supervision des installations techniques, des principaux circuits de fluide (électricité, climatisation, chauffage, gaz, eau sanitaire, etc.).

---

1. Installations classées pour la protection de l'environnement.
2. Gestion technique centralisée/gestion technique des bâtiments.

- Mise en place d'un secours de l'alimentation électrique par onduleurs et groupes électrogènes (régulièrement testés et réapprovisionnés).
- Mise en place de systèmes de climatisation pour réguler la température des salles machines.
- Installation de systèmes de vidéosurveillance et de détection d'intrusion physique.
- Mesures de gardiennage de sites.
- Système de détection et d'extinction d'incendie.
- Système de détection et d'alerte dégâts des eaux.
- Stockage préventif de bâches plastiques pour protéger du matériel sensible en cas de dégâts des eaux.
- Stockage préventif de conteneurs étanches et/ou résistants à la chaleur pour préserver les dossiers non électroniques.
- Mise en place d'une stratégie adéquate de sauvegarde.
- Observatoire des mouvements sociaux internes et externes, etc.

Données d'entrée et composants

- Document unique (décret du 05/11/2001) définissant le plan de maîtrise des risques vis-à-vis de la santé et de la sécurité au travail.
- Rapports d'inspection du travail.
- Rapports de visite d'inspections réglementaires (électricité, appareil de levage, équipement sous pression, etc.).
- Études de danger.
- Analyses d'experts (environnement, sûreté industrielle, tests d'intrusion logique, santé, etc.).
- Résultats d'audits de sécurité SI.

Données de sorties

- Vulnérabilités identifiées.
- Actions en réduction à mener.

Livrables

- Rapports d'audit.
- Plan priorisé d'actions de prévention.

Astuces et conseils

C'est en général le SI que l'on cherche à sécuriser au maximum dans ce diagnostic de prévention. En conséquence, on cherchera surtout à réaliser un état des lieux de la sécurisation du SI (audit généraliste de sécurité SI).

Si parmi les données d'entrée, on dispose d'un diagnostic Sécurité et santé ou d'une étude de danger, on s'en servira mais ces données ne feront en général pas l'objet d'un investissement particulier sinon.

3.3 PHASE 2 – ORIENTER LA STRATÉGIE DE CONTINUITÉ D'ACTIVITÉ

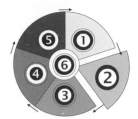

Orienter la stratégie de continuité d'activité, c'est prédéfinir les dispositifs, méthodes et moyens alternatifs qui permettront à l'entreprise de continuer son activité en cas de sinistre majeur.

On trouvera de nombreux éléments d'aide à la décision dans les chapitres 4 et 5. S'ils décrivent les solutions techniques de continuité, ils traitent également des options stratégiques pour le management de la continuité d'activité et des alternatives qui se présentent à l'entreprise.

3.3.1 Étape 2.A : stratégie globale de continuité

Objectif

Il s'agit de donner les choix de l'entreprise, dans le management de la continuité de son activité, au niveau global.

Démarche

- Analyse des scénarios possibles de gestion globale de la continuité d'activité.
- Alignement des scénarios sur la stratégie de l'entreprise (mission, objectifs, évolutions attendues, cibles commerciales, risques, axes de développement privilégiés).
- Analyse comparative et préconisations sur les scénarios retenus.
- Choix de la stratégie globale de gestion de la continuité d'activité.

Outils et méthodes

- Analyse prospective financière (calcul des ratios coûts/gains, calcul des ROI des scénarios envisagés, etc.).
- Analyse comparative des stratégies envisagées (avantages/inconvénients, SWOT[1], analyse d'écarts, mise en place de critères de comparaison, etc.).
- Diagnostic d'expert (pré-diagnostic sur la solution de continuité du SI, proposition d'une organisation industrielle dégradée acceptable, analyse des stratégies possibles de communication, bilan sur les solutions possibles d'organisation de crise, diagnostic de conformité réglementaire, etc.).
- Normes et standards reconnus (BS 25999, ISO 24762, GPG du BCI, etc.).
- Éléments d'aide à la décision des chapitres 4 et 5 du livre.

_____

1. SWOT : *Strength, Weaknesses, Opportunities, Threats.*

Données d'entrée et composants

- Stratégie de l'entreprise (mission, objectifs, évolutions attendues, cibles commerciales, risques, axes de développement privilégiés) ;
- Matrice BIA ;
- Résultats de l'analyse de risques.

Données de sorties

- Scénarios de gestion globale de la continuité d'activité et préconisations.

Livrables

- Stratégie globale de gestion de la continuité d'activité. Par exemple, celle-ci pourra préciser les grands choix en matière de :
    - Politique d'approvisionnement dégradé.
    - Stratégie d'utilisation des moyens partagés dans un groupe ou dans un secteur d'activité (accords de réciprocité pour la continuité d'activité).
    - Stratégie de gestion des ressources humaines en cas de crise.
    - Choix, préconisations et exclusions en matière de continuité des ressources informatiques, etc.

Astuces et conseils

Dans un grand groupe, la stratégie globale de continuité définit le cadre dans lequel devront venir s'inscrire les stratégies locales de continuité. Dans ce cadre, on précisera les principales préconisations et les exclusions qui seront ensuite appliquées localement.

3.3.2 Étape 2.B : stratégie locale de continuité

Objectif

Il s'agit cette fois de définir la stratégie locale de continuité. Par « locale », on entend deux niveaux :

- **Niveau processus :** pour tous les processus *critiques*, une stratégie de management de la continuité d'activité peut être nécessaire afin de mener à bien la gestion de la crise et la continuité des opérations.
- **Niveau ressources :** lorsqu'une ressource est jugée *critique*, une stratégie propre peut être nécessaire (SI, chaîne de paiement et d'encaissement pour la grande distribution, réseau de distributeur automatique de billets pour une banque, infrastructure télécoms, ressources humaines, etc.).

Démarche

- Définition du contour choisie : identification des processus et ressources critiques.

- Analyse des scénarios possibles de gestion locale de la continuité d'activité (différentes options pour chaque processus et ressource critiques).
- Analyse comparative et préconisations sur les scénarios retenus pour chaque processus et ressource critiques.
- Choix de la stratégie locale de gestion de la continuité d'activité.
- Définition et mise en œuvre d'un plan d'actions pour la gestion locale de la continuité d'activité.

Outils et méthodes (idem 2.A)

- Analyse prospective financière (calcul des ratios coûts/gains, calcul des ROI des scénarios envisagés, etc.).
- Analyse comparative des stratégies envisagées (avantages/inconvénients, SWOT, analyse d'écarts, mise en place de critères de comparaison, etc.).
- Diagnostic d'expert (pré-diagnostic sur la solution de continuité du SI, proposition d'une organisation industrielle dégradée acceptable, analyse des stratégies possibles de communication, bilan sur les solutions possibles d'organisation de crise, diagnostic de conformité réglementaire, etc.).
- Normes et standards reconnus (BS 25999, ISO 24762, GPG du BCI, etc.).
- Éléments d'aide à la décision des chapitres 4 et 5 du livre.

Données d'entrée et composants

- Matrice BIA.
- Identification des points de défaillance uniques (processus et ressources).
- Identification des dépendances (processus et ressources).
- Résultats de l'analyse de risques.
- Cartographie des processus de l'entreprise.
- Stratégie globale de gestion de la continuité d'activité.

Données de sorties

- Scénarios de gestion locale de la continuité d'activité et préconisations.

Livrables

- Stratégie locale de gestion de la continuité d'activité. Par exemple, celle-ci pourra préciser les grands choix en matière de :
  - Stratégie de continuité du SI[1].
  - Stratégie de relocalisation des ressources humaines clés.
  - Stratégie de continuité du processus d'approvisionnement d'une chaîne de production.
  - Stratégie de production en mode dégradé, etc.

---

1. Voir en particulier à ce sujet l'*étape 2.C : Choix de la solution technique de secours (SI)*.

Astuces et conseils

Dans certains cas (pour un bon nombre de PME/PMI par exemple), les notions de stratégie locale et globale pourront être quasiment confondues et seront traitées dans une seule et même étape.

3.3.3 Étape 2.C : choix des solutions techniques de continuité

Objectif

Cette étape n'est qu'un cas particulier de stratégie locale de continuité (au niveau ressources).

Il s'agit de choisir des solutions techniques de secours (équipements de production, repli des utilisateurs ou SI par exemple) répondant aux besoins fonctionnels tels qu'exprimés au cours de la phase 1.

Démarche

- Synthétiser le besoin fonctionnel de continuité technique en rassemblant les principales conclusions de la phase 1.
- Spécifier des solutions techniques répondant au cahier des charges fonctionnelles issues de la phase 1 (nombre de solutions à caractériser à définir en fonction de l'ampleur de la solution, des contraintes, de l'expérience de l'entreprise dans la mise en œuvre de solutions de continuité, etc.).
- Comparer les différentes solutions.
- Effectuer des préconisations motivées à l'attention des décideurs.
- Choisir une solution technique de continuité.

Outils et méthodes

- Les chapitres 4 et 5 de cet ouvrage proposent des éléments concrets de caractérisation des solutions et d'aide à la décision.
- Cahier des charges fonctionnelles simplifié.
- Cahier des charges techniques.
- Pré-consultation de fournisseurs afin d'affiner le cahier des charges.
- Consultation de fournisseurs de solutions (ou de services).
- Réglementation des marchés publics (si le projet se déroule dans le secteur public).
- Analyse comparative d'offres (grille de sélection, pondération, techniques de dépouillement, etc.).
- Analyse de type avantages/inconvénients, SWOT, calcul des structures de coût, calcul du retour sur investissement, etc.

Données d'entrée et composants

Livrables de la phase 1 et en particulier :

- Ressources techniques critiques (équipements de production, équipements de communications, locaux, etc.).
- Ressources SI critiques (matériels, logiciels, données et informations) et RTO/RPO.
- Points de défaillance unique (techniques).
- Scénarios de sinistres retenus.
- Connaissances des fournisseurs de solutions.
- Grille de critères pondérés dc choix.

Données de sorties

- Cahier des charges fonctionnelles simplifié pour les solutions de continuité.
- Cahier des charges techniques des solutions de continuité.
- Réponses à la consultation (par les fournisseurs de solutions).
- Analyse des solutions caractérisées et préconisations.

Livrables

- Rapport d'analyse des solutions caractérisées et préconisations.

Astuces et conseils

Pour la partie SI, j'ai trouvé que la meilleure aide à la décision pour préciser le contour technique des solutions techniques envisagées est constituée par les *Fiches guides d'analyse des risques* situées en annexe de l'ouvrage du Clusif *Plan de continuité d'activité – Stratégie et solutions de secours du SI* (pp. 42 à 54). Ces fiches spécifient, pour un panel de menaces typiques, et par composant du SI, les meilleures parades à considérer.

Avec une solution caractérisée fonctionnellement, les fiches guides permettent d'orienter intelligemment le choix de la solution technique.

Par ailleurs, on se souviendra qu'il n'y a de choix que si plusieurs solutions sont étudiées, comparées et que des préconisations sont formulées. Ces préconisations seront élaborées en fonction des contraintes et des enjeux révélés en phase 1, sachant qu'aucune solution n'est idéale sur tous les tableaux (coût, RTO/RPO, maintenabilité, fiabilité, couverture de sinistres, etc.)

3.4 PHASE 3 – DÉVELOPPER LE PLAN DE CONTINUITÉ D'ACTIVITÉ (PCA)

Les étapes représentées dans les paragraphes qui suivent représentent principalement des grands thèmes que doit aborder le plan de continuité d'activité.

La question du nombre et de l'échelle du ou des plans est importante et doit être examinée au cas par cas, suivant la situation de l'entreprise, en fonction de paramètres tels que : le nombre de sites, l'organisation (centralisée ou décentralisée), la criticité des activités hébergées sur le ou les sites, la maturité vis-à-vis des problématiques de continuité, le turnover des équipes, etc.

Le parti pris de la méthodologie donnée ci-dessous est de ne présenter les principes que pour un « PCA ». L'adaptation ne sera toutefois pas compliquée s'il était décidé de rédiger plusieurs PCA (vue par site, par fonction ou par processus, par exemple). On rajouterait alors en général un étage à l'organisation de crise.

Par ailleurs, il est entendu que dans notre approche, la partie gestion de crise (cellule de crise, alerte et activation, gestion opérationnelle de crise) est contenue dans le PCA. C'est l'objet de l'étape A de cette phase que de préciser cette gestion de crise en un plan de gestion de crise (PGC). L'étape B s'intéresse aux plans transverses : Guide de pilotage (GP), Procédures d'urgence (PU) et Procédures de relocalisation (PR). L'étape C, quant à elle, couvre le fonctionnement dégradé acceptable des activités métier, matérialisé dans le plan de continuité métier et le fonctionnement dégradé du SI matérialisé dans le Plan de continuité SI (PCSI).

3.4.1 Étape 3.A : Plan de Gestion de Crise (PGC)

Objectif

Cette étape vise à :

- Définir l'**organisation** apte à gérer la crise, depuis son occurrence jusqu'à sa résorption et au retour à la normale.
- Définir les modalités de **détection** de la crise, d'évaluation rapide de la crise, d'**alerte** des acteurs concernés et d'**activation** éventuelle du PCA.
- « Pré-formater » les modes de réaction aux sinistres pour la **gestion de crise** et de préciser les critères et responsabilités pour assurer le retour à la normale dans les meilleures conditions.

Démarche, outils et méthodes

Pour une entreprise classique, l'**organisation de crise** possédera généralement deux étages :

- La cellule de crise : qui regroupe la poignée de décideurs à même d'orchestrer la gestion de crise.
- Des équipes d'intervention : définies par thème (SI, logistique, opérations, etc.) et chargées des opérations de gestion de crise.

Pour une organisation plus complexe (grands groupes internationaux par exemple), une couche supplémentaire de management de crise sera ajoutée : coordination transversale entre les cellules de crise, décisions groupe, stratégie de communication de crise, etc.

On prendra soin de définir avec soin le QG[1] de crise dans ses composantes matérielles afin d'en assurer la disponibilité et le caractère opérationnel en cas de crise. Par exemple, des moyens de communication de continuité, des copies de la documentation liée à la gestion de la continuité, des moyens bureautiques et logistiques, etc. seront prévus.

En ce qui concerne **la détection, l'alerte et l'activation**, il s'agit essentiellement de définir l'enchaînement logique, depuis l'occurrence d'un sinistre jusqu'à la décision de déclencher ou non le PCA. Sont également définis dans cette étape quelques outils d'aide à la décision.

Les jalons de la démarche peuvent être :

- Définir le mode de remontée d'alerte.
- Définir les acteurs du processus d'analyse et de décision, leurs rôles et responsabilités.
- Définir les critères d'évaluation des sinistres.
- Définir les étapes, les responsabilités et autorités du processus de décision d'activation du PCA.
- Établir, valider et communiquer le schéma de déclenchement du PCA.

Pour ce qui est de la **gestion de crise** en elle-même, il s'agit de prédéfinir les tâches et leur enchaînement logique pour la résolution de crise :

- Définir les tâches génériques de gestion de crise à effectuer.
- Répartir les tâches sur les acteurs de l'organisation de crise.
- Définir le plan d'action de résolution de crise.
- Définir le plan de communication de crise, incluant les modes de communication et d'interaction avec les services publics de crise et les actions de communication interne et externe au voisinage immédiat de la crise.
- Définir les critères, conditions et responsabilités pour assurer le retour à la normale.

---

1. Quartier général, physique ou virtuel !

- Rédiger et valider les check-lists de gestion de crise (y compris le retour à la normale).

Données d'entrée et composants

- Stratégie locale et globale de crise.
- Scénarios de sinistres retenus.
- Organigramme de l'entreprise.
- Outils, processus et responsabilités de gestion de crise antérieurs à la mise en place d'un PCA (sécurité incendie, prévention, sécurité et santé au travail, etc.).
- Note d'organisation.
- Séminaires de travail.
- Modèle de check-lists de gestion de crise.

Données de sorties

- Schéma d'organisation de crise.
- Rôles et responsabilités des acteurs de l'organisation de crise.
- Définition et mise en œuvre de moyens matériels pour assurer la gestion de crise par l'organisation de crise.
- Logigramme d'alerte et d'activation du PCA.
- Diagramme d'enchaînement des tâches.
- Arbres de décision.
- Arbre d'alerte (*call tree*).
- Annuaire interne et externe (pour les autorités civiles).
- Check-list d'alerte et activation du PCA.
- Critères d'enchaînement des étapes du logigramme.
- Check-lists de gestion de crise.
- Check-lists de sortie de crise (retour à la normale).

Livrables

- Plan de gestion de crise (PGC).

Astuces et conseils

S'il est généralement convenu qu'il est utile d'intégrer à l'**organisation de crise** un représentant de chaque acteur majeur de la gestion de crise, il est également reconnu qu'**au-delà de sept à huit intervenants**, la réactivité de l'instance de crise est remise en question.

Par ailleurs, la formation des acteurs de l'organisation de crise sera un vecteur déterminant de propagation de la culture MCA et un prérequis incontournable au succès du PCA.

L'organisation et la gestion de crise viseront à « *contrer, notamment, les pathologies les plus graves qui vont de pair avec les nouvelles formes de crise : le blocage de la réflexion* »[1].

Pour les modalités de **détection**, d'**alerte** et de **déclenchement**, le niveau de détails auquel on parvient doit, là encore, être adapté au contexte. On cherchera constamment à trouver le bon point d'équilibre entre un logigramme complexe qui aborde les détails, par type de sinistre, du déclenchement du PCA et un schéma de déclenchement succinct qui n'apporte que peu d'aide à la décision.

Il me semble qu'il ne devrait exister qu'un logigramme d'activation du PCA quel que soit le sinistre envisagé et que les critères d'examen de la gravité d'un sinistre devraient être préétablis et formalisés.

La partie « **gestion de crise** » doit être concise et se concentrer sur les informations essentielles utiles à une gestion de crise. Il faut se rappeler que la pression ressentie par les acteurs de la gestion d'une crise majeure est telle qu'elle justifie la systématisation et la prédétermination de certaines actions.

La mise en place d'un plan de gestion de crise séparé du reste du PCA est souvent de mise. On se souviendra qu'une des grandes leçons des attentats du 11 septembre 2001 concernait un niveau de détails trop important et une complexité excessive dans les plans de continuité des entreprises touchées[2].

On gardera également à l'esprit qu'« *il y a une clef que l'on voit dans toutes les crises. La première chose que les crises annihilent instantanément chez les gens qui ne sont pas suffisamment préparés à l'exceptionnel [...], c'est la capacité à prendre distance et à se poser des questions* ».[3]

Les check-lists de gestion de crise seront réparties par acteur (ou équipe) de l'organisation de crise.

Le recours à des annexes, pour toutes les informations non directement essentielles à la gestion immédiate de la crise, sera systématique (exemples : éléments issus du BIA, coordonnées et contacts, données de référence sur les sites, etc.).

Dans certains cas, le retour à la normale permet de revenir à une situation identique à celle précédant le sinistre (lorsque les dommages subis sont temporaires, notamment). Dans une majorité de cas (plus particulièrement, lorsque les dommages subis sont irréversibles et définitifs, lors d'un incendie par exemple), le retour à la normale nécessite des travaux, voire une relocalisation permanente. En général, le retour à la normale ne pourra être décrété qu'après le test des nouvelles dispositions (comprenant parfois une analyse des risques résiduels).

_____

1. Source Patrick Lagadec (1991).
2. Source David Davies (septembre 2001).
3. Source Patrick Lagadec (septembre 2001).

3.4.2 Étape 3.B : plans transverses (PU, GP, PR)

Objectif

Cette étape vise à établir et formaliser les plans transverses du plan de continuité d'activité :

- Les Procédures d'urgence (PU).
- Le Guide de pilotage (GP).
- Les Procédures de relocalisation (PR).

Démarche

Unitairement, chacun de ces documents peut être rédigé puis validé en suivant la démarche suivante :

- Préparation d'une trame à partir des modèles de documents existants ou des besoins de l'entreprise.
- Définition d'un groupe de travail par thème.
- Animation du groupe de travail pour enrichir et amender la trame proposée.
- Proposition d'une version publiable, approbation du groupe de travail puis validation par l'instance autorisée.

Le contenu de chacun des documents peut être défini succinctement comme suit :

- **Procédures d'urgence (PU) :** les procédures d'urgence sont des directives simples sur la réaction que chaque employé doit tenir face à un sinistre identifié ; elles peuvent détailler des responsabilités d'acteurs particuliers (coordonnateur sécurité par site ou bâtiment par exemple) mais doivent être lisibles et « exploitables » par tout employé se trouvant en situation de réagir face à un sinistre ; elles peuvent également être accompagnées ou tenir lieu de fiches réflexes.
- **Guide de pilotage (GP) :** le guide de pilotage est le document à destination des membres de la cellule de crise établissant les liens entre le plan de gestion de crise, le sinistre considéré et l'ensemble des documents composant le PCA (en particulier les procédures informatiques de continuité (PIC) et les procédures fonctionnelles de continuité (PFC)) ; ce guide de pilotage peut se décliner, dans sa forme la plus opérationnelle, sous forme de tableaux.
- **Procédures de relocalisation (PR) :** les procédures de relocalisation contiennent la stratégie, les instructions et les modalités pour réaliser la relocalisation des acteurs de l'entreprise face à des sinistres nécessitant un redéploiement d'équipe ; ces procédures doivent être compréhensibles par tous les intéressés, depuis le coordonnateur des déplacements, jusqu'à l'employé qui cherche à savoir comment réagir face à une indisponibilité de son site habituel de travail ; notez que les procédures de relocalisation ne correspondent pas uniquement au traditionnel plan de repli utilisateurs (PRU) dans la mesure où elles ne couvrent pas seulement les « utilisateurs » mais également les techniciens (SI en particulier).

Outils et méthodes

- Exemple de trames de documents (PU, PR) en annexes.

Données d'entrée et composants

- Inventaire des ressources clés du BIA (infrastructure, RH, locaux, SI, etc.).
- Stratégies globales et (surtout) locale de continuité d'activité.
- Scénarios de sinistres retenus.
- Plans des locaux et infrastructures (y compris les sites de repli et de secours).
- Procédures d'urgence déjà en place (incendie, accident industriel, etc.).
- Index des procédures et documents contenus dans le référentiel PCA.

Données de sortie et livrables

- Procédures d'Urgence (PU).
- Guide de Pilotage (GP).
- Procédures de Relocalisation (PR).

Astuces et conseils

On trouvera des exemples de certains de ces livrables en annexes.

3.4.3 Étape 3.C-1 : Plan de Continuité Métier (PCM)

Objectif

Cette étape vise à établir et formaliser LE Plan de continuité métier (PCM).

Démarche

Ce document peut être rédigé puis validé en suivant la démarche suivante :

- Préparation d'une trame à partir des modèles de documents existants ou des besoins de l'entreprise.
- Définition d'un groupe de travail PCM.
- Animation du groupe de travail pour enrichir et amender la trame proposée.
- Proposition d'une version publiable, approbation du groupe de travail puis validation par l'instance autorisée.

Le contenu du Plan de continuité métier (PCM) peut être défini succinctement comme le document chapeau des stratégies de continuité du ou des métiers considérés. Il :

- rappelle les scénarios de sinistres retenus ;
- synthétise les objectifs de continuité et les principaux résultats du BIA ;
- délimite les choix en matière de stratégie de continuité ;
- établit les rôles et responsabilités dans la réponse métier aux sinistres envisagés ;

- pointe vers les Procédures fonctionnelles de continuité (PFC) qui décrivent les modes dégradés acceptables pour réaliser les processus critiques ;
- établit les principaux modes de réaction aux sinistres.

Données d'entrée et composants

- Résultats et objectifs de continuité issus du BIA.
- Inventaire des ressources clés du BIA (infrastructure, RH, locaux, SI, etc.).
- Stratégies globales et (surtout) locale de continuité d'activité.
- Scénarios de sinistres retenus.
- Plans des locaux et infrastructures (y compris les sites de repli et de secours).
- Index des procédures et documents contenus dans le référentiel PCA.

Données de sortie et livrables

- Plan de continuité métier (PCM) ;

Astuces et conseils

Parmi les informations utiles à annexer au PCM, on considérera les éléments suivants :

- Résultats du BIA (la matrice BIA concernée par exemple).
- Liste de contacts utiles au sein de l'entreprise.
- Coordonnées des intervenants locaux (organisation locale de crise).
- Coordonnées des principaux fournisseurs (et de leur « backup » éventuel).
- Numéros d'urgence des autorités civiles.
- Inventaires des ressources critiques (avec les informations qui peuvent être utiles au remplacement, comme la configuration, le type, l'année de fabrication, les technologies, etc.).
- Informations sur les sauvegardes de données (référence, localisation, nature, etc.).
- Références des procédures opérationnelles pertinentes.
- Matrice d'évaluation des dégâts et des impacts.
- Premières consignes de sécurité et procédures d'urgence.
- Fiches signalétiques des sites concernés par le PCA.

3.4.4 Étape 3.C-2 : Plan de Continuité du SI (PCSI)

Objectif

Cette étape doit permettre de définir l'organisation et le mode de réaction qui sont aptes à assurer le caractère opérationnel des solutions informatiques de continuité en cas d'activation du PCA.

Le PCSI pointe également vers les procédures informatiques de continuité (PIC) qui décrivent le pas-à-pas pour assurer le fonctionnement continu et la reprise des moyens SI.

Démarche, outils et méthodes

Le contenu du Plan de continuité du SI (PCSI) peut être défini succinctement comme le document chapeau des stratégies de continuité du SI. Il :

- rappelle les scénarios de sinistres retenus qui concernent ou impactent le SI ;
- synthétise les objectifs de continuité du SI et les principaux résultats du BIA ;
- délimite les choix en matière de stratégie de continuité du SI ;
- établit les rôles et responsabilités dans la réponse SI aux sinistres envisagés ;
- pointe vers les Procédures informatiques de continuité (PIC) qui décrivent les modes dégradés acceptables pour rétablir les applications et services critiques ;
- établit les principaux modes de réaction dans la gestion du SI face aux sinistres considérés.

Les éléments suivants devront être définis :

- rôles, responsabilités et autorités (en particulier l'instance de crise informatique) ;
- *backup* du personnel ;
- planification des tâches ;
- coordination avec les fournisseurs ;
- liaison avec les autres entités de l'entreprise ;
- cas aux limites : week-end et jours fériés, nuits, périodes de congés et de fermeture de l'entreprise, etc.

Données d'entrée et composants

- Résultats et objectifs de continuité SI issus du BIA.
- Inventaire des ressources SI du BIA.
- Stratégies SI de continuité d'activité.
- Scénarios de sinistres retenus.
- Index des procédures et documents contenus dans le référentiel PCA.
- Solutions techniques de continuité en opération.
- Procédures usuelles d'exploitation du SI et des infrastructures concernées.

Données de sorties et livrables

- Plan de continuité du SI (PCSI).

Astuces et conseils

L'organisation de crise du plan de continuité du SI devra être en parfaite cohérence avec l'organisation de crise générale qui sera spécifiée dans le PCA (étape 3.A).

3.5 PHASE 4 – METTRE EN PLACE LES SOLUTIONS FONCTIONNELLES ET TECHNIQUES DE CONTINUITÉ

Si cette phase comprend la mise en place de la solution technique de continuité du SI (partie que les entreprises connaissent en général le mieux), elle englobe également le secours de tous les composants techniques du PCA : équipement de production, infrastructures utilisateurs, moyens de communication, etc.

Pour la partie SI, il s'agit du plan de continuité du SI (PCSI) tel qu'on le connaît et le met en œuvre depuis plusieurs décennies et qu'on appelle souvent plan de secours informatique ou, abusivement, Plan de reprise d'activité (PRA). Il s'agit d'un projet essentiellement systèmes d'information avec peu d'interaction avec les directions métier, si ce n'est les données d'entrée de la phase qui sont issues directement de la phase 1 et les tests utilisateurs. Même si ce type de projet est réalisé depuis longtemps dans les entreprises françaises, on n'insistera jamais assez sur le fait que cette phase comporte bien trois étapes et ne se limite pas à la première étape (mise en place de l'infrastructure technique).

L'étape qui vise à définir les processus organisationnels autour des solutions techniques (étapes B et C) est déterminante : quand elle est occultée ou survolée, l'efficacité du PCA (et, *a fortiori* du PCSI) en cas d'activation est fondamentalement diminuée, voire inexistante.

L'étape de test des solutions techniques (étape D), quant à elle, est seule garante du caractère opérationnel des solutions de continuité. Chaque année d'expérience sur le sujet MCA ne fait que renforcer fortement ma conviction de la nécessité absolue de tests techniques poussés.

3.5.1 Étape 4.A : mise en place des infrastructures de continuité

Objectif

Il s'agit au cours de cette étape de mener à bien d'une part le projet informatique de mise en œuvre de la solution de continuité technique du SI, d'autre part les projets de mise en œuvre des solutions techniques de continuité des moyens de production, de repli utilisateurs, etc.

La phase complète et classique de recette (validation) n'est mise en œuvre que dans l'étape D de cette phase.

Démarche

La démarche correspond à une démarche classique dans un projet d'infrastructure, largement amorcée dans les phases 1 (recueil des besoins et cahier des charges fonctionnelles et techniques sommaires) et 2 (spécifications fonctionnelles et techniques détaillées, choix de la solution).

Outils et méthodes

- Outils classiques de gestion de projet :
    - outils de planification (MS Project, PSN7, etc.) ;
    - outils de suivi de l'activité et de reporting ;
    - plans projet (ou plans qualité projet)[1] ;
    - rapports de suivi du statut du projet (tableau de bord projet).
- Méthodologie et outils (cartographie priorisée et vivante des risques projet, plan de réduction des risques projet) de management des risques projet (de type PR²IHSM[2]).
- Méthodologie de gestion de projet de type PMI[3] adaptée au contexte et à la taille du projet.
- Organisation de projet (instances de décision, d'exécution, de *reporting* ; rôles et responsabilités, etc.).
- Outils et méthode de gestion des prestataires.

Données d'entrée et composants

- Cahiers des charges fonctionnelles simplifiés pour les solutions de continuité.
- Cahiers des charges techniques des solutions de continuité.
- Rapport d'analyse des solutions caractérisées et préconisations (issu de la phase précédente).
- Procédures usuelles d'exploitation du SI et des infrastructures.

Données de sorties

En particulier :

- Cahiers des charges techniques détaillées.
- Plans projet.
- Plannings de projet.
- Cartographies des risques projets.
- Plans de réduction des risques projet.
- Autres livrables de la méthodologie retenue.
- Rapports intermédiaires de suivi.
- Vérification de la solution technique de continuité.

---

1. Pour le volet SI, on pourra s'appuyer, à ce sujet, sur la norme ISO 9126 qui propose un modèle de la qualité du logiciel en six caractéristiques (capacité fonctionnelle, fiabilité, rendement, facilité d'utilisation, maintenabilité et portabilité).

2. PR²IHSM : Programme de réduction des risques par l'identification, la hiérarchisation, le suivi et la maîtrise (cf. Index).

3. *Project Management Institute*.

Livrables

- Solutions techniques de continuité en opération.

Astuces et conseils

C'est une des seules parties de la mise en œuvre d'un PCA qui, dans la plupart des cas, nécessitera le recours à des fournisseurs.

La mise en œuvre des infrastructures de continuité est un projet à part entière et il doit être traité comme tel. Plus le projet est important (coûts, charges, etc.), plus la méthodologie, les instances de décision, les jalons, les livrables et les critères de test seront soignés.

3.5.2 Étape 4.B : Procédures Fonctionnelles de Continuité (PFC)

Objectif

Il s'agit de déterminer les modes dégradés de fonctionnement des processus critiques, entre le début de la crise et le retour à la normale, pendant que la gestion de crise a lieu. Les procédures fonctionnelles de continuité peuvent comprendre des procédures techniques de reprise de moyens de production (reprise d'une chaîne de production, réorientation de flux logistiques, etc.)

Démarche

- Mise en œuvre de la stratégie locale de continuité d'activité pour les processus critiques.
- Définition des modes dégradés de réalisation de l'activité.
- Rédaction et validation des procédures fonctionnelles de continuité, qui doivent couvrir en général :
  - Les différents scénarios de sinistres envisagés (une partie par scénario) ;
  - La chronologie complète du fonctionnement dégradé :
    – fonctionnement en mode manuel total (durant l'interruption des moyens de production comme le SI ou l'inaccessibilité des locaux) : cette première partie nécessite parfois des mesures préventives comme le maintien d'un stock de formulaires papier pour prendre des informations manuellement ou elle peut se limiter à ne rien faire en attendant la reprise de moyens de production ;
    – fonctionnement autour de la bascule sur les moyens de production tel que définis dans le PCA ;
    – fonctionnement lors du retour à la normale et modalités de retour arrière.

Exemples de procédures fonctionnelles de continuité (les possibilités sont infinies !) :

- Réorganisation des productions en cas d'indisponibilité du site.
- Ouverture d'un compte client en cas de sinistre majeur.
- Bascule de la chaîne de production de pièces sur la solution de secours.

- Reroutage des flux logistiques par la plateforme logistique de secours.
- Réorganisation de la production pour une planification suivant les priorités prédéfinies en cas d'urgence.
- Prise d'appel depuis les postes des personnels du centre d'appel en télétravail.
- Etc.

Outils et méthodes

- Chapitre 4 et 5 du livre pour les stratégies de continuité des ressources et processus.

Données d'entrée et composants

- Procédures opérationnelles existantes (hors crise).
- Stratégies globales et (surtout) locale de continuité d'activité.
- Scénarios de sinistres retenus.
- Matrice BIA (en particulier les délais de reprise qui concernent les processus et ressources critiques).

Données de sortie et livrables

- Procédures fonctionnelles de Continuité (PFC).

Astuces et conseils

On trouvera en général une procédure de Continuité pour tous les processus critiques identifiés lors du BIA. Pour mémoire, on trouvera également en Annexes un exemple d'**accord de réciprocité** entre deux acteurs qui acceptent de secourir une de leurs activités critiques mutuellement. Un accord de réciprocité peut constituer une procédure fonctionnelle dégradée.

3.5.3 Étape 4.C : Procédures Informatiques de Continuité (PIC)

Objectif

Cette étape doit permettre de définir l'organisation et le mode de réaction qui sont aptes à assurer le caractère opérationnel des solutions informatiques techniques de continuité en cas d'activation du PCA.

Démarche, outils et méthodes

La démarche pragmatique du pas à pas chronologique permet de balayer une crise de son déclenchement au retour à la normale. Par ailleurs, les éléments suivants devront être définis :

- Définition et planification des tâches.
- Coordination avec les fournisseurs.
- Liaison avec les autres entités de l'entreprise.

- Cas aux limites : week-end et jours fériés, nuits, périodes de congés et de fermeture de l'entreprise, etc.

Données d'entrée et composants

- Solutions techniques de continuité en opération.
- Procédures usuelles d'exploitation du SI et des infrastructures concernées.

Données de sorties et livrables

- Procédures informatiques de continuité (celles du plan de continuité du SI), par exemple :
  - bascule du réseau WAN ;
  - redémarrage du LAN et des services réseau (AD, DNS, DHCP) ;
  - redémarrage de la messagerie ;
  - redémarrage du SAN ;
  - redémarrage des systèmes (AIX, ESX/VMWare, etc.) ;
  - redémarrage des Bases de Données ;
  - redémarrage de la Téléphonie ;
  - redémarrage de la bureautique ;
  - redémarrage des services Middleware (ETL, EAI, etc.) ;
  - redémarrage des applications (une procédure par application).

Astuces et conseils

Si le travail effectué dans cette étape est en grande partie réalisée chronologiquement avant l'étape 4.D de « recette » des solutions techniques de continuité, il faut noter que la réalisation des tests grandeur nature de l'étape 4.D permet, en général, de compléter notablement les procédures (niveau de détails, ordonnancement en situation réelle, caractère réellement opérationnel, etc.).

3.5.4 Étape 4.D : test des dispositifs techniques de continuité

Objectif

L'objectif de cette étape est de valider d'un point de vue technique et organisationnel les dispositifs techniques de continuité mis en place. Si la validation n'a pas lieu (tests non probants), il s'agit alors de recueillir toutes les informations possibles afin de mettre en œuvre les mesures correctives qui permettront de rendre opérationnelle ces solutions de continuité.

Si le but de ce test n'est généralement que la validation qualitative de capacité des solutions à atteindre leur but, il doit également être utilisé pour valider les délais de reprise sur les solutions techniques et ainsi vérifier l'aptitude à répondre aux besoins définis.

L'étape qui est décrite ici présente le test initial des solutions. Les tests récurrents ultérieurs sont généralement inclus dans les tests globaux du PCA (voir étape 5.C).

Démarche

- Définir le périmètre, l'étendue et les objectifs des tests.
- Assurer la mise en place des conditions de tests (budget, ressources, scénarios, communication, impacts sur le SI en production).
- Réaliser les tests.
- Consigner les résultats et observations.
- Rédiger les rapports de tests.
- Présenter les principales conclusions aux parties intéressées.
- Assurer la mise en œuvre des actions correctives issues des constats.

Outils et méthodes

- *Risk-based testing*[1] (80 % de l'effort de test sur les 20 % d'éléments qui sont les plus critiques, qualifiés selon le couple [impact, probabilité]).
- Tests unitaires permettant de valider les composants un par un et de valider les procédures techniques de continuité (côté métier ou côté informatique).
- Tests globaux (« d'intégration ») permettant de jauger les effets de bord liés à l'interruption de plusieurs composants techniques et de valider les dispositions organisationnelles (procédures et organisations) définies à l'étape précédente.
- Implication des utilisateurs pour la validation des moyens et applications secourues.

Données d'entrée et composants

- Cahiers des charges fonctionnelles simplifiés.
- Procédures informatiques de continuité.
- Procédures fonctionnelles de continuité.
- Procédures organisationnelles du plan de continuité SI.
- Plan de continuité métier.
- Scénarios de tests.

Données de sorties

- Scénarios de tests renseignés
- Plan de tests hiérarchisé
- Observations et consignations des résultats de tests.

---

1. Voir à ce sujet l'annexe C, le paragraphe C.3 *Le management des risques*.

Livrables

- Rapport de tests du Plan de continuité du SI (PCSI) : cadre, enjeux et limites ; écarts constatés ; risques et recommandations associés ; plan d'actions de sécurisation de la solution technique de continuité.
- Rapport de tests des dispositifs de continuité techniques métier.

Astuces et conseils

L'approche par les risques (*risk-based testing*) prend ici tout son sens et permet de gagner un temps précieux. Cette approche s'appuie sur un constat généralisé : 20 % des tests peuvent permettre de couvrir 80 % des zones à risque de la solution technique de continuité.

Par ailleurs, le test des solutions techniques doit rester une validation des solutions. Il ne doit pas constituer une opportunité pour réaliser des exercices de continuité d'activité. Cela est plutôt réservé à l'étape 5.C.

On ne négligera pas l'aspect organisationnel du secours dans la mise en œuvre du test des solutions. Les scénarios de test seront définis en conséquence. La mise en place d'observateurs lors de la réalisation des tests fournit en général des conclusions très pertinentes sur les lacunes organisationnelles.

Enfin, la réalisation des tests sur les solutions techniques sera conçue pour impacter le moins possible la production.

3.6 PHASE 5 – DÉPLOYER ET MAINTENIR EN CONDITIONS OPÉRATIONNELLES

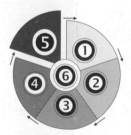

La mise en œuvre d'un projet de MCA est un changement culturel pour l'entreprise. À ce titre, la conduite du changement est un processus long car il vise à instaurer une nouvelle culture, un nouveau rapport au risque et une nouvelle façon d'appréhender l'activité.

En conséquence, la planification de la conduite du changement doit être réaliste et s'appuyer, à la fois sur le bon sens et les expériences passées de l'entreprise pour définir un planning qui tienne compte du lent processus d'assimilation. S'il est impossible d'établir une règle pour tous, il semble évident qu'en deçà de six mois, il y a peu de chance qu'il y ait véritablement « changement ».

Cette phase vise à définir la méthodologie pour conduire ce changement, ainsi qu'à préciser le cadre nécessaire à la bonne marche du PCA au long cours, une fois que les projecteurs se détournent du projet.

3.6.1 Étape 5.A : sensibilisation, formation et communication

Si les objectifs, publics visés et formats de la sensibilisation et de la formation peuvent diverger, les deux approches convergent en revanche pour les démarches mises en œuvre, les outils utilisés et le transfert de connaissance recherché. C'est la raison pour laquelle sensibilisation et formation sont traitées dans une même étape.

La communication autour du PCA doit, quant à elle, permettre sa visibilité en interne et sa publicité en externe (si besoin).

Objectif

Cette étape vise à assurer le transfert d'informations, de connaissances et de compétences en lien avec le management de la continuité d'activité.

Démarche

- Conception du programme de sensibilisation et formation :
  - définir le périmètre, les objectifs et les enjeux de la sensibilisation et de la formation (en lien avec la politique de management de la continuité d'activité) ;
  - définir les moyens nécessaires à l'atteinte des objectifs de sensibilisation et formation ;
  - définir les cibles (audiences) et les modalités (fréquence, supports, formats, durées, etc.) du programme de sensibilisation et formation ;
  - définir les contenus des actions de sensibilisation et formation ;
  - évaluer l'efficacité des actions de sensibilisation et formation ;
  - améliorer le programme de sensibilisation et de formation.
- Conception des supports et vecteurs de sensibilisation et formation :
  - définir le contenu détaillé des actions de sensibilisation et formation ;
  - définir les supports, méthodes et vecteurs à même d'assurer le plus efficacement l'atteinte des objectifs de sensibilisation et formation ;
  - définir les actions de suivi pour assurer l'appropriation des informations, connaissances et compétences.
- Mise en œuvre du programme de sensibilisation et formation.
- Conception et mise en œuvre d'un plan de communication interne et externe à l'entreprise.

Outils et méthodes

- Sensibilisation :
  - diffusion d'informations sur les sujets MCA (méls, newsletter, Intranet, etc.) ;
  - livres blancs ;
  - participation à des tests du PCA ;

- – sessions de sensibilisation sur supports e-learning ;
- – sessions de sensibilisation en classes ;
- – participation à des groupes de réflexion sur le MCA ;
- – mise en œuvre d'une campagne de communication interne, etc.

- Formation :

  - – autoformation sur Internet ;
  - – veille technique sur le sujet MCA ;
  - – formations en classes, internes ;
  - – formations externes ;
  - – formations universitaires ;
  - – cursus de certifications professionnelles (BCI, DRII) ;
  - – formations à distance ;
  - – participation à des tests du PCA, etc.

- Communication :

  - – campagne d'affichage interne ;
  - – publication d'une newsletter MCA ;
  - – encouragement à la participation des salariés aux réflexions MCA (cercle MCA, recueil d'idées) ;
  - – publication d'articles dans la presse ;
  - – mise à jour des documents marketing et commerciaux pour y inclure la démarche MCA, etc.

Données d'entrée et composants

- Informations, supports de cours, besoins identifiés en formation (plan de formation), etc.

Données de sorties

- Programme de sensibilisation et de formation.
- Actions de sensibilisation.
- Actions de formation.
- Meilleur niveau d'information, de connaissances et de compétences sur le sujet MCA.
- Plan et actions de communication.

Livrables

- Supports de sensibilisation et de formation.
- Supports de communication.

Astuces et conseils

La mise en œuvre de la sensibilisation et de la formation se fera impérativement dans le cadre d'un programme de sensibilisation et formation. Ce programme définira des objectifs, des moyens et des contrôles.

Les actions de formation et de sensibilisation seront avantageusement menées en collaborant avec les services formation des départements ressources humaines (plan formation, DIF[1], etc.).

Les actions de communication seront proportionnées aux besoins en la matière.

3.6.2 Étape 5.B : maintien en conditions opérationnelles du PCA

Objectif

Cette étape vise à assurer que le PCA reste opérationnel malgré les évolutions internes de l'entreprise et, dans une moindre mesure, l'évolution de son environnement. Elle est réalisée en deux étapes :

- Définir les conditions de maintien en conditions opérationnelles du PCA.
- Réaliser les opérations de maintien.

Démarche

Dans un premier temps, on définit les modalités de maintenance (qui peuvent être formalisées comme un plan de maintien en conditions opérationnelles à part entière) :

- Responsabilités en matière de maintenance du PCA.
- Fréquence.
- Périmètre et étendue.
- Nature du cycle d'édition, de révision et de validation.
- Événements déclencheurs exceptionnels : changement structurel de l'entreprise (fusion, acquisition, nouveau partenariat stratégique, etc.), changement technologique majeur, etc.

Dans un second temps, on assure la mise en œuvre du plan défini.

Outils et méthodes

En général, les révisions et opérations de maintenance prendront en compte les changements qui concernent :

- L'organisation de l'entreprise (personnel, infrastructure et géographie, fusion/acquisition, nouveaux marchés, etc.).
- Les processus de l'entreprise.
- Les évolutions techniques et technologiques de l'entreprise.

---

1. Droit individuel à la formation.

- Les évolutions liées à l'environnement de l'entreprise (économique, géopolitique, social, réglementaire, etc.).
- La pertinence des hypothèses sur lesquelles le PCA est bâti (RPO, RTO, nouveaux éléments critiques introduits, sécurisation réalisée et non prise en compte dans le PCA, etc.).

Il existe ainsi une maintenance à deux niveaux :

- Le premier traite essentiellement de la mise à jour des informations utiles contenues dans le PCA (adresses, contacts, etc.) : c'est ce qu'on pourra qualifier de maintenance corrective.
- Le second s'intéresse à la pertinence des études qui fondent le PCA et en particulier celles qui sont réalisées au cours de la phase de la méthodologie E = MCA (le BIA en particulier) : c'est ce qu'on pourra qualifier de maintenance évolutive.

Données d'entrée et composants

- Système documentaire du PCA.
- Rapports de tests du PCA.
- Rapports d'audit du PCA.
- Matrice BIA.
- Analyse des risques et plans de réduction des risques.

Données de sorties

- Plan de maintien en conditions opérationnelles (intégré au document PCO ou distinct).
- Système documentaire du PCA à jour.

Livrables

- PCA à jour et correspondant à la situation courante de l'entreprise.

Astuces et conseils

Si les révisions et opérations de maintenance concernent au premier chef la documentation, il serait dangereux d'oublier les impacts organisationnels et techniques sur le PCA.

La charge de maintenance n'est pas à sous-estimer puisqu'elle conditionne le caractère opérationnel du PCA.

3.6.3 Étape 5.C : test du PCA

Objectif

- Déceler les incohérences et insuffisances du dispositif défini.
- Compléter, améliorer et affiner les procédures en vigueur.

- S'assurer que les acteurs de la continuité d'activité sont formés, familiarisés avec leurs rôles et responsabilités dans le PCO et capables de le mettre en œuvre rapidement et efficacement.

Démarche

- Définir la stratégie de test du PCA :
    - périmètre ;
    - acteurs ;
    - nature et ordonnancement des tests ;
    - définition des scénarios et hypothèses de test ;
    - programme récurrent de déroulement ;
    - modalités, etc.
- Définir et mettre en œuvre le plan d'actions de la stratégie.
- Réaliser les tests.
- Rédiger un rapport de tests.
- Analyser les résultats des tests et proposer des actions de correction et d'amélioration.

Outils et méthodes

- ***Risk-based testing*** (80 % de l'effort de test sur les 20 % d'éléments qui sont les plus sévères : impact + probabilité).
- **Exercices pratiques** : c'est le plus simple et le moins coûteux à mettre en œuvre. Les participants aux sessions sont choisis parmi les acteurs impliqués dans la gestion de la continuité d'activité. Ils doivent dérouler les procédures de continuité d'activité en réaction à un cas fictif de sinistre qui leur est proposé. Ils ne réalisent dans la réalité aucune opération grandeur nature. Il s'agit d'une révision collective des mesures préconisées, des actions à mettre en œuvre et un partage d'expérience.
- **Tests techniques du PCA** : il s'agit cette fois de valider par des tests les composants techniques du PCA (solution de continuité informatique, solution de reprise de la production, etc.)
- **Tests fonctionnels du PCA** : il s'agit de simuler un sinistre en conditions réelles (acteurs à leur poste de travail, utilisations restreintes des outils éventuellement affectés par le sinistre, utilisation des canaux de communication de crise, etc.) pour vérifier le bon déroulement des procédures, les temps de réaction et de résolution... Lors des tests fonctionnels, des opérations de communication intersite, de coordination avec les fournisseurs, voire une relocalisation d'équipe et de moyens peuvent avoir lieu. Afin de limiter l'impact des tests fonctionnels sur la productivité et l'activité, ils sont réalisés par modules représentant chacun un maillon de la chaîne de continuité d'activité. L'ensemble des tests fonctionnels est ainsi censé recouvrir la chaîne complète et donner une vision de bout en bout du dispositif mis en place.

Données d'entrée et composants

- Documentations liées au PCA (politique, procédures, plans, etc.)

Données de sorties

- Stratégie de test du PCA.
- Programme annuel de test du PCA.
- Scénarios, cas, situations à tester.

Livrables

- Rapport de tests du PCA (constats, observations, écarts, opportunités d'amélioration, priorisation, plan d'actions, etc.).
- PCA « validé » par l'expérience.
- Compétences en MCA accrues pour les acteurs du PCA.

Astuces et conseils

Comme pour le test de la solution technique, on planifiera les tests du PCA de façon que leur impact sur l'activité de l'entreprise soit quasi nul.

Le panachage des types de tests permet d'en optimiser l'utilisation. Certains sont en effet plus probants mais aussi plus coûteux que d'autres. Un test grandeur nature aura ainsi un impact fort sur la production et coûtera très cher. Sa préparation sera très longue. Mais il constituera la meilleure preuve de l'efficacité du PCA s'il est probant.

En revanche un exercice pratique sur table pourra être organisé fréquemment, et sera simple à mettre en œuvre et peu coûteux. Il constituera un excellent moyen de réaliser une partie de la sensibilisation et de la formation en raison de sa fréquence élevée. Mais il n'apportera que de faibles garanties quant au caractère opérationnel de l'ensemble du PCA.

3.6.4 Étape 5.D : contrôle du PCA[1]

Objectif

- Valider des pratiques de management de la continuité d'activité conformes aux exigences définies et aux besoins exprimés.
- Identifier les écarts avec les référentiels en vigueur.
- Proposer des améliorations du management de la continuité d'activité.

Démarche

- Élaboration d'un programme annuel d'audit du PCA.
- Réalisation d'audits (préparation du plan d'audit, réalisation de l'audit, restitution orale des résultats, conclusions et rédaction du rapport d'audit).
- Suivi du plan d'actions d'amélioration en résultant.

---

1. Voir à ce sujet, *Auditing Business Continuity* de Rolf von Roessing, 2002.

Outils et méthodes

Les principaux outils restent :

- Le système de management de la continuité d'activité de l'entreprise et, en premier lieu son PCA.
- Les normes et référentiels d'évaluation du management de la continuité d'activité et, en particulier :
  - la norme BS 25999 ;
  - les *Generally Accepted Practices for Business Continuity Practitioners* (développées conjointement par le DRII et le DRJ) ;
  - le *Business Continuity Maturity Model* ;
  - la méthodologie E = MCA.
- Le référentiel propriétaire d'audit ou de contrôle de l'entreprise.
- Les méthodologies et principes classiques d'audit : échantillonnage, piste d'audit, observation, programme d'audit, rapport d'audit, preuves, qualification et indépendance des auditeurs, etc.

Données d'entrée et composants

- Programme annuel d'audit du PCA
- Résultats et rapports de test du PCA
- Investigations menées lors des audits
- Référentiel d'audit

Données de sorties

- Points forts et points d'amélioration.
- Écarts entre les pratiques et le référentiel (écart documentaire, écart d'application, non-conformité majeure ou mineure, etc.).
- Préconisations.

Livrables

- Rapport d'audit (constats, écarts, opportunités d'amélioration, priorisation, plan d'actions, etc.).

Acteurs

- Les auditeurs internes qualifiés.
- Les éventuels auditeurs externes.

Astuces et conseils

Parmi les entreprises britanniques qui avaient un PCA en 2005 (ou sont en cours de déploiement), 21 % effectuaient leur audit par rapport au référentiel PAS 56 (l'ancêtre du BS 25999) et 13 % par rapport aux *Guides de bonnes pratiques* du BCI[1].

La mise en place centralisée d'un plan d'action MCA regroupant toutes les actions en réduction des écarts permet un suivi efficace de l'amélioration du MCA.

3.7 PHASE 6 – PILOTER LE MANAGEMENT DE LA CONTINUITÉ D'ACTIVITÉ

Cette phase n'est pas une phase chronologique par rapport aux autres. Au contraire, elle s'étend tout au long du projet PCA (pour son étape A) et en continu, y compris avant le démarrage du projet (pour son étape B).

3.7.1 Étape 6.A : pilotage du projet PCA

Objectif

Il s'agit dans cette étape de piloter le projet PCA pour qu'il atteigne ses objectifs (coût, qualité, délais).

C'est l'étape d'implémentation du PCA (*one shot*) alors que l'étape suivante représente le pilotage permanent du MCA.

Démarche

Mise en œuvre d'une démarche classique mais efficace de gestion de projet.

Outils et méthodes
- Outils classiques de gestion de projet :
  - outils de planification (MS Project, PSN7, etc.) ;
  - outils de suivi de l'activité et de reporting ;
  - plan projet (ou plan qualité projet) ;
  - rapport de suivi du statut du projet (tableau de bord projet).

---

1. *Business Continuity Research*, 2005, « Évaluation of BC management processes », BCI.

- Méthodologie et outils de management des risques projet (de type PR^{2}IHSM[1]) : cartographie priorisée et vivante des risques projet, plan de réduction des risques projet.
- Méthodologie de gestion de projet de type PMI[2] adaptée au contexte et à la taille du projet.
- Organisation de projet (instances de décision, d'exécution, de *reporting* ; rôles et responsabilités, etc.).

Données d'entrée et composants

- Cahier des charges initial (politique de management de la continuité d'activité, voir l'étape suivante (6.B).

Données de sorties

- Plan projet.
- Planning de projet.
- Cartographie des risques projet.
- Plan de réduction des risques projet.
- Autres livrables de la méthodologie retenue.
- Rapports intermédiaires de suivi, etc.

Livrables

Projet qui atteint ses objectifs (PCA efficace) dans le respect des délais et budgets !

Astuces et conseils

L'utilisation de la méthodologie « maison » de gestion de projet est garante de la familiarité des intervenants avec les étapes, jalons, livrables et autres éléments de la bonne marche du projet.

Un point de repère : il est généralement convenu que la gestion de projet représente environ 10 % du budget (en charge) d'un projet.

3.7.2 Étape 6.B : pilotage du MCA

Objectif

C'est l'étape continue au cours de laquelle la politique MCA est définie, mise en œuvre et suivie.

---

1. PR^{2}IHSM : Programme de réduction des risques par l'identification, la hiérarchisation, le suivi et la maîtrise (cf. Index).
2. *Project Management Institute.*

Démarche

- Attribution de la responsabilité globale sur le management de la continuité d'activité à un dirigeant de l'entreprise.
- Définir la politique MCA de l'entreprise.
- Définir la stratégie de déploiement des mesures MCA.
- Orchestrer la mise en œuvre du PCA.
- Gérer le budget du management de la continuité d'activité.
- Piloter les fournisseurs et suivre les contrats.
- Prendre en compte les résultats de test et de contrôle du PCA.
- Définir et suivre le plan d'actions MCA.
- Assurer que la stratégie MCA cadre avec les évolutions stratégiques et les objectifs de l'entreprise.
- Assurer la conformité des pratiques aux exigences réglementaires qui pèsent sur l'entreprise.
- Décider de la stratégie de communication interne et externe de la démarche
- Assurer le _reporting_ pour le déroulement du MCA, etc.

Outils et méthodes

- Définition des objectifs MCA de l'entreprise et alignement avec la stratégie de l'entreprise.
- Participation à des groupes professionnels sur le sujet.
- Veille technique sur l'évolution des pratiques de la profession.
- _Benchmarking_ auprès d'autres entreprises.
- Veille sur l'évolution du cadre réglementaire et juridique.

Données d'entrée et composants

- Cadre légal et réglementaire.
- Expériences passées de l'entreprise en matière de MCA.
- Expériences passées du personnel de l'entreprise en matière de MCA.
- Stratégie d'entreprise.
- Cadre de démarche connexe : manuel et politique qualité, politique de sécurité de l'information, politique environnement, politique sécurité et santé au travail, etc.

Livrables

- Politique de management de la continuité d'activité : définition du MCA, engagement de la direction, principes et objectifs, exigences et cadre de référence (bonnes pratiques, normes, etc.), désignation d'autorité et responsabilités.
- Programme de management de la continuité d'activité (objectifs, organisation, budget, _reporting_, stratégie de déploiement, ROI, revue et amélioration, etc.).

Astuces et conseils

En France, contrairement à mon constat de 2006, il existe maintenant plusieurs groupements d'intérêt dédiés pour les professionnels du MCA. On trouvera auprès du Club de la continuité d'activité (CCA), auprès du chapitre français du Business Continuity Institute (BCI) ou auprès du Conseil National de la Continuité d'Activité (CNCA) les principaux acteurs dédiés au sujet. Par ailleurs, le Clusif (et les Clusir), le Cigref, le Cercle de la sécurité ou l'ADIRA (en région lyonnaise) sont des associations professionnelles qui abordent le sujet. Ces groupes ne s'intéressent au MCA que comme une composante (parmi de nombreuses autres) de leurs centres d'intérêt.

3.8 SYNOPTIQUES RÉCAPITULATIFS DE LA MÉTHODOLOGIE E = MCA

Les tableaux suivants présentent la méthodologie E = MCA en synthétisant les informations.

Phase 1 – Mieux connaître son activité

N°	Intitulé de l'étape	Éléments d'entrée/Composants	Éléments de sorties	Livrables
B	Cartographie et scénarios de sinistres	Typologie de sinistres (de type EBIOS) Bases de données locales (météorologie, sismologie, bulletins d'alerte des autorités publiques, etc.) Grille de classification des sinistres	Cartographie des sinistres Scénarios de sinistres retenus	
C	Bilan d'impact sur l'activité	Cartographie des processus et activités Scénarios de sinistres retenus (issus de la cartographie des sinistres)	RTO RPO Ressources clés (RH, infrastructure et locaux, SI, données et informations, fournisseurs) Impacts des sinistres sur l'activité Points de défaillance uniques et dépendances Contraintes (réglementaires ou commerciales)	Matrice BIA
D	Analyse des risques	Cartographie des sinistres Scénarios de sinistres Matrice BIA	Cartographie des risques par processus, activités et/ou ressource critique, tels qu'identifiés dans le BIA	Plans de réduction des risques par processus, activités et/ou ressource critique

Phase 2 – Orienter la stratégie de continuité d'activité

N°	Intitulé de l'étape	Éléments d'entrée/Composants	Éléments de sorties	Livrables
A	Stratégie globale de continuité	Stratégie de l'entreprise (mission, objectifs, évolutions attendues, cibles commerciales, risques, axes de développement privilégiés) Matrice BIA Résultats de l'analyse de risques	Scénarios de gestion globale de la continuité d'activité et préconisations	Stratégie globale de gestion de la continuité d'activité
B	Stratégie locale de continuité	Matrice BIA Identification des points de défaillance uniques (processus et ressources) Identification des dépendances (processus et ressources) Résultats de l'analyse de risques Cartographie des processus de l'entreprise Stratégie globale de gestion de la continuité d'activité	Scénarios de gestion locale de la continuité d'activité et préconisations	Stratégie locale de gestion de la continuité d'activité
C	Choix des solutions techniques de continuité	Ressources techniques critiques (équipements de production, équipements de communications, locaux, etc.) ; Ressources SI critiques (matériels, logiciels, données et informations) et RTO/RPO Points de défaillance unique (techniques) Scénarios de sinistres retenus Connaissances des fournisseurs de solutions Grille de critères pondérés de choix	Cahiers des charges fonctionnelles simplifiés pour les solutions de continuité Cahier des charges technique des solutions de continuité Réponses à la consultation (par les fournisseurs de solutions) Analyse des solutions caractérisées et préconisations	Rapport d'analyse des solutions caractérisées et préconisations

Phase 3 – Développer le plan de continuité d'activité

N°	Intitulé de l'étape	Éléments d'entrée/Composants	Éléments de sorties	Livrables
A	Plan de gestion de crise (PGC)	Stratégie locale et globale de crise Scénarios de sinistres retenus Organigramme de l'entreprise Outils, processus et responsabilités de gestion de crise antérieurs à la mise en place d'un PCA (sécurité incendie, prévention, sécurité et santé au travail, etc.) Modèle de *check-lists* de gestion de crise	Schéma d'organisation de crise Rôles et responsabilités des acteurs de l'organisation de crise Définition et mise en œuvre de moyens matériels pour assurer la gestion de crise par l'organisation de crise Logigramme d'alerte et d'activation du PCA Diagramme d'enchaînement des tâches Arbres de décision Arbre d'alerte (*call tree*) Annuaire interne et externe (pour les autorités civiles) Check-list d'alerte et activation du PCA Critères d'enchaînement des étapes du logigramme Check-lists de gestion de crise Check-lists de sortie de crise (retour à la normale)	Plan de gestion de crise (PGC)
B	Plans transverses (PU, GP, PR)	Inventaire des ressources clés du BIA (infrastructure, RH, locaux, SI, etc.) Stratégies globales et (surtout) locale de continuité d'activité Scénarios de sinistres retenus Plans des locaux et infrastructures (y compris les sites de repli et de secours) Procédures d'urgence déjà en place (incendie, accident industriel, etc.) Index des procédures et documents contenus dans le référentiel PCA	Procédures d'urgence (PU) Guide de pilotage (GP) Procédures de relocalisation (PR)	

(suite)

		Plan de continuité métier (PCM)
C-1	Plan de continuité métier (PCM)	Résultats et objectifs de continuité issus du BIA Inventaire des ressources clés du BIA (infrastructure, RH, locaux, SI, etc.) Stratégies globales et (surtout) locale de continuité d'activité Scénarios de sinistres retenus Plans des locaux et infrastructures (y compris les sites de repli et de secours) Index des procédures et documents contenus dans le référentiel PCA.
C-2	Plan de continuité du SI (PCSI)	Résultats et objectifs de continuité SI issus du BIA Inventaire des ressources SI du BIA Stratégies SI de continuité d'activité Scénarios de sinistres retenus Index des procédures et documents contenus dans le référentiel PCA Solutions techniques de continuité en opération Procédures usuelles d'exploitation du SI et des infrastructures concernées

Plan de continuité du SI (PCSI)

Phase 4 – Mettre en place les solutions fonctionnelles et techniques de continuité

N°	Intitulé de l'étape	Éléments d'entrée/Composants	Éléments de sorties	Livrables
A	Mise en place des infrastructures de continuité	Cahiers des charges fonctionnelles simplifiés pour la solution de continuité Cahiers des charges techniques des solutions de continuité Rapport d'analyse des solutions caractérisées et préconisations (issu de la phase précédente) Procédures usuelles d'exploitation du SI	Cahiers des charges techniques détaillées Plan projet Planning de projet Cartographie des risques projet Plans de réduction des risques projet Autres livrables de la méthodologie retenue Rapports intermédiaires de suivi Vérification de la solution technique de continuité	Solutions techniques de continuité en opération
B	Procédures Fonctionnelles de Continuité (PFC)	Procédures opérationnelles existantes (hors crise) Stratégies globales et (surtout) locale de continuité d'activité Scénarios de sinistres retenus Matrice BIA (en particulier les délais de reprise qui concernent les processus et ressources critiques)	Procédures fonctionnelles de continuité (PFC).	

(suite)

C	Procédures informatiques de continuité (PIC)	Solutions techniques de continuité en opération Procédures usuelles d'exploitation du SI et des infrastructures concernées	Procédures informatiques de continuité (celles du plan de continuité du SI), par exemple : – bascule du réseau WAN ; – redémarrage du LAN et des services réseau (AD, DNS, DHCP) ; – redémarrage de la messagerie ; – redémarrage du SAN ; – redémarrage des systèmes (AIX, ESX/VMWare, etc.) ; – redémarrage des bases de données ; – redémarrage de la téléphonie ; – redémarrage de la bureautique ; – redémarrage des services middleware (ETL, EAI, etc.) ; – redémarrage des applications (une procédure par application).
D	Test des dispositifs techniques de continuité	Cahiers des charges fonctionnelles simplifiés Procédures techniques de reprise métier Procédures techniques de reprise informatique Procédures organisationnelles du plan de secours informatique Scénarios de tests	Scénarios de tests renseignés Plan de tests hiérarchisé Observations et consignations des résultats de tests Rapport de tests du Plan de continuité du SI (PCSI) : cadre, enjeux et limites ; écarts constatés ; risques et recommandations associés ; plan d'actions de sécurisation de la solution technique de secours. Rapport de tests des dispositifs de secours techniques métier

Phase 5 – Déployer et maintenir en conditions opérationnelles

N°	Intitulé de l'étape	Éléments d'entrée/Composants	Éléments de sorties	Livrables
A	Sensibilisation, formation et communication	Informations, supports de cours, besoins identifiés en formation (plan de formation), etc.	Programme de sensibilisation et de formation Actions de sensibilisation Actions de formation Meilleur niveau d'information, de connaissances et de compétences sur le sujet MCA Plan et actions de communication	Supports de sensibilisation et de formation Supports de communication
B	Maintien en conditions opérationnelles du PCA	Système documentaire du PCA Rapports de tests du PCA Rapports d'audit du PCA Matrice BIA Analyse des risques et plans de réduction des risques	Plan de maintien en conditions opérationnelles Système documentaire du PCA à jour	PCA à jour et correspondant à la situation courante de l'entreprise
C	Test du PCA	Documentations liées au PCA (politique, procédures, plans, etc.)	Stratégie de test du PCA Programme annuel de test du PCA Scénarios, cas, situations à tester	Rapport de tests du PCA PCA « validé » par l'expérience Compétences en MCA accrues pour les acteurs du PCA
D	Contrôle du PCA	Programme annuel d'audit du PCA Résultats et rapports de test du PCA Investigations menées lors des audits Référentiel d'audit	Points forts et points d'amélioration Écarts entre les pratiques et le référentiel (écart documentaire, écart d'application, non-conformité majeure ou mineure, etc.) Préconisations	Rapport d'audit

Phase 6 – Piloter le management de la continuité d'activité

N°	Intitulé de l'étape	Éléments d'entrée/Composants	Éléments de sorties	Livrables
A	Pilotage du projet PCA	Cahier des charges initial (politique de management de la continuité d'activité)	Plan projet Planning de projet Cartographie des risques projet Plan de réduction des risques projet Autres livrables de la méthodologie retenue Rapports intermédiaires de suivi	Projet qui atteint ses objectifs (PCA efficace) dans le respect des délais et budgets
B	Pilotage du MCA	Cadre légal et réglementaire Expériences passées de l'entreprise en matière de MCA Expériences passées du personnel de l'entreprise en matière de MCA Stratégie d'entreprise Cadre de démarche connexe : manuel et politique qualité, politique de sécurité de l'information, politique environnement, politique sécurité et santé au travail, etc.	Politique de management de la continuité d'activité Programme de management de la continuité d'activité	

3.9 QUELQUES CAS PARTICULIERS

3.9.1 Le secteur banques et finance

L'activité bancaire et financière :

- supporte les plus grandes contraintes réglementaires actuelles sur la continuité de son activité (Bâle II, CRBF, etc.) ;
- figure parmi les plus dépendantes vis-à-vis de leurs systèmes d'information ;
- doit intégrer des contraintes de temps réel (ou quasi réel) et de haute disponibilité.

En conséquence, les banques sont souvent, par nature, en avance dans le domaine de la continuité d'activité. Sur le plan technique, les compétences dans le domaine de la haute disponibilité sont indispensables. Sur le plan organisationnel, les fonctions liées au management de la continuité d'activité sont généralement pourvues. Sur le plan des opérations, la mise en place des procédures de continuité devra prendre en compte les impératifs réglementaires nombreux qui régissent l'activité.

3.9.2 Le secteur PME/PMI

Les PME/PMI sont les structures qui sont, par nature, les plus vulnérables aux sinistres majeurs. Leur faible assise financière les expose aux incidents de trésorerie. Leur localisation géographique privilégie en général le modèle monosite. Leurs marchés sont souvent des niches. Leurs fonctions clés ne permettent en général que peu de recouvrement et de polyvalence, rendant les hommes indispensables. Leur réticence à investir dans des projets « de fond » les « imperméabilise » aux innovations dans le management. Tous ces facteurs font que les PME/PMI viennent malheureusement gonfler les statistiques des entreprises pour lesquelles la survenance d'un sinistre majeur entraînera souvent la faillite.

La définition d'un PCA pour une PME/PMI devra prendre en compte les spécificités d'une telle entreprise et faire montre d'un pragmatisme et d'un sens des réalités certains. Selon le _Metropolitan Washington Council of Governments_[1], les sept piliers d'une PME/PMI sont :

- le directeur,
- le lieu de travail,
- les salariés,
- les fournisseurs,
- l'équipement,
- le marché,
- la trésorerie.

---

1. Voir www.mwcog.org

Ces sept piliers devraient constituer les points focaux de la démarche de PCA au sein d'une PME/PMI. En particulier, les bonnes questions qu'une PME/PMI peut se poser pour la mise en œuvre d'un PCA dans ce secteur pourraient être :

- Que se passe-t-il en cas de sinistre majeur et d'absence du patron ? Qui est autorisé à le remplacer dans ces circonstances ?
- À quels risques naturels, technologiques et industriels notre lieu de travail est-il exposé ?
- Quelles sont les personnes clés dans notre organisation ? Comment est prévu leur remplacement en cas d'absence ? Le personnel est-il suffisamment entraîné pour faire face à une situation d'urgence ? Comment est perçue la continuité d'activité ?
- Comment avons-nous prévu de pallier une grave défaillance d'un fournisseur critique ?
- Quels sont les points de défaillance unique dans notre infrastructure et notre équipement ? Quels sont nos équipements critiques ? Vers qui pouvons-nous nous tourner en cas de défaillance d'un équipement clé ?
- Sommes-nous dépendants d'un sinistre majeur qui pourrait frapper notre marché ou notre périmètre géographique d'action ?
- Quels peuvent être nos ressources, nos recours et nos sources de financement pour faire face au surcoût immédiat engendré par une situation sinistrée ?

La prise en compte de ces questions en amont d'une situation catastrophique peut faire basculer l'avenir d'une PME/PMI qui fait face à un sinistre majeur. Il serait dommage de ne pas se les poser.

3.9.3 Le secteur public

Le secteur public n'échappe en rien à la problématique de continuité d'activité.

En général, la problématique de continuité d'activité des organismes du secteur public est proche de celle des entreprises privées des secteurs du tertiaire. Quelques différences d'organisation et de culture tendent néanmoins à orienter l'approche :

- la notion de responsable de la sécurité des SI n'est pas encore très répandue (80 % des collectivités n'en possèdent pas[1]) ;
- le management des risques n'est pas encore établi comme une pratique usuelle de management (hormis pour les activités publiques liées à la sécurité civile) ;
- l'éveil à la problématique de sécurité de l'information s'est fait surtout après l'an 2000 et l'ouverture des SI « publics » à Internet ;
- l'existence d'organes centraux (préfectures en particulier) qui coordonnent le secours et la sécurité civile à l'échelle locale ;

---

1. Clusif, *Politiques de sécurité d'information et sinistralité en France Bilan 2003, 2004.*

- enfin, et c'est sans doute la notion culturelle la plus spécifique, l'évaluation des risques dans le secteur public[1] se fait la plupart du temps sur des critères qui ne sont pas financiers (la notion de revenus et de chiffre d'affaires n'y ayant qu'un sens symbolique). Dans le secteur sanitaire en particulier, la classification des risques prendra en compte les impacts sur la santé des patients et l'image de l'établissement bien avant les possibles impacts financiers[2].

3.9.4 Le SI infogéré

La continuité d'activité des systèmes d'information infogérés présente les mêmes exigences et contraintes que celle d'un système d'information géré en interne à l'entreprise.

L'expérience montre que la pratique de l'infogérance a tendance à déresponsabiliser l'entreprise qui y a recours. C'est particulièrement vrai en ce qui concerne les responsabilités relatives à la sécurité et au management de la continuité d'activité. On se rappellera que :

> Si, dans un système d'information infogéré, l'exploitation est sous-traitée, les responsabilités relatives à la sécurité et à la continuité d'activité ne peuvent certainement pas l'être.

La gouvernance de la sécurité et de la continuité d'activité est stratégique. On ne pourra être dédouané de ses responsabilités en la matière (y compris pénales). Il est impératif dans la mise en place d'une informatique infogérée de bien définir les exigences, les contraintes et réglementations applicables, les moyens de contrôle prévus, les responsabilités respectives, les pénalités et obligations, etc., pour chacune des deux parties d'un contrat d'infogérance. On spécifiera clairement ses besoins lors du processus de choix de l'infogéreur[3]. La politique de sécurité de l'entreprise sera la clef de voûte d'une externalisation réussie. Et même lorsqu'elle existe, l'exercice périlleux consistera à confronter et accorder les politiques de sécurité de l'infogéreur et du client. Dans la plupart des cas (infogérance partielle), il est nécessaire de gérer une interface complexe (donc vulnérable et sensible) entre la partie du SI interne et la partie du SI externalisée. Des logiques et principes différents peuvent conduire à des incompatibilités franches empêchant raisonnablement le contrat d'infogérance.

---

1. L'État a pour principe d'être son propre assureur ce qui implique que la notion de risque n'est pas perçue de la même façon que dans le secteur privé.
2. On se remémorera à ce sujet le « mystère » des évanouissements en série dans un bloc opératoire à l'AP-HM en septembre 2005.
3. On consultera à ce sujet l'ouvrage d'A. Champenois, *Infogérance*, aux éditions Dunod.

4

Panorama des solutions techniques de secours

Le présent chapitre est entièrement consacré aux solutions techniques liées à la mise en œuvre d'une démarche de MCA. Ce chapitre est donc orienté secours informatique, secours des équipements de production (qui peuvent se confondre avec le secours informatique dans le secteur tertiaire) et secours des ressources.

J'ai tenté de présenter les principales solutions de secours des différents composants de la chaîne d'activité. Cependant, la technologie étant un domaine où les évolutions sont rapides et décisives, le panorama présenté ci-après est une vue d'ensemble, pas une revue de détails.

Les questions connexes à la mise en place de solutions techniques sont également abordées : fournisseurs et prestataires, coûts et retour sur investissement, aspects contractuels, systèmes d'information de pilotage du PCA, etc.

4.1 LES SOLUTIONS DE SECOURS DES MOYENS INFORMATIQUES

Ce paragraphe aborde les principales considérations concernant le secours des moyens informatiques et notamment :

- la typologie des solutions possibles selon la disponibilité recherchée, les modes de gestion possibles, la mutualisation des moyens, etc. ;
- des considérations techniques sur les composants classiques d'un SI (moyens centraux et périphériques) ;
- les principaux fournisseurs de solutions ;
- les aspects contractuels liés aux solutions de secours.

4.1.1 Solutions de secours du SI

Un système d'information est composé d'une chaîne de composants dont l'ensemble doit être pris en compte pour assurer un secours satisfaisant. C'est la notion de secours de bout en bout qui importe pour dimensionner et caractériser la solution de secours de chacun des éléments de la chaîne SI. Les spécifications fonctionnelles de ce secours seront principalement issues de la phase de bilan d'impact sur l'activité et, en particulier le degré de fraîcheur des données et le délai maximal d'interruption admissible.

Il est important de noter ici l'impact de l'interdépendance des différents éléments du SI. Un maillon critique en bout de chaîne (maillon applicatif en général) peut impacter la criticité de l'ensemble de la chaîne qui aboutit à ce maillon.

Dans l'analyse fonctionnelle qui précédera le choix d'une solution de secours, on aura donc soin de définir précisément les points de défaillance unique[1]. Et on se souviendra que :

> Une chaîne n'a jamais que la résistance de son maillon le plus faible.

Parmi les éléments classiquement retenus comme maillons d'un SI, on retiendra :

- les serveurs (applications, fichiers, impression, messagerie, techniques, etc.) ;
- le réseau local,
- les accès au(x) réseau(x) externe(s),
- les accès à l'Internet,
- les postes utilisateurs,
- la téléphonie, etc.

Pour les besoins de secours d'éléments critiques, on pourra cependant être amené à considérer de façon plus globale les éléments suivants (par exemple) :

- un centre d'appels,
- un site Internet sensible,
- un système de paiement en ligne,
- un système d'impression critique, etc.

4.1.2 Typologie des moyens de secours (SI) : avantages et limites

De nombreux critères existent qui permettent de catégoriser les solutions de secours. Par exemple, on peut distinguer les critères suivants :

- le degré de partage de la solution : accords de réciprocité en interne d'une entreprise, moyens partagés, moyens dédiés au secours ;

---

1. Élément d'un système qui, s'il est défaillant, met en échec toute la chaîne. Concept issu de la sûreté de fonctionnement.

- le type d'infrastructure : moyens mobiles, moyens fixes (site interne ou site distant) ;
- la disponibilité des moyens de secours mis en œuvre : depuis le local vide à repeupler et redémarrer jusqu'à l'environnement miroir complet ;
- le type de gestion de la solution de secours : interne, externe (avec tous les degrés d'externalisation, allant de la mise à disposition d'une salle blanche à l'intégration des services liés au secours).

La variété des solutions existantes propose une palette intéressante pour adapter le choix de la solution aux contraintes fonctionnelles du secours recherché. Cependant, une vaste majorité des solutions de secours seront mises en œuvre au travers de sites alternatifs. Ce type d'infrastructure de secours est détaillé ci-après.

Le site alternatif de secours est la solution la plus répandue pour assurer le secours du cœur d'un système d'information. Quelle que soit la solution retenue pour sa mise en œuvre, ce secours devra cependant répondre convenablement aux exigences fonctionnelles définies dans le BIA.

Allant des solutions les moins réactives (et les moins coûteuses) aux solutions dites de haute disponibilité (les plus coûteuses), une typologie des sites alternatifs est donnée ci-après :

- **Salles blanches (*cold sites*)** : il s'agit d'une infrastructure distante de type salle informatique dédiée et disponible en cas de déclenchement du plan de secours. Cette salle est équipée pour accueillir les équipements informatiques : alimentation électrique, câblage réseau et télécoms, protection incendie, planchers techniques, contrôle d'accès, etc. En cas de déclenchement du plan de secours, l'entreprise vient intégralement « peupler » la salle blanche : équipement informatique, données et applicatifs, personnel, etc.
- **Salles oranges (*warm sites*)** : la meilleure définition d'une salle orange consiste sans doute à la décrire comme une salle plus rouge qu'une salle blanche mais moins rouge qu'une salle rouge ! Il s'agit en général d'une salle blanche partiellement équipée de matériel informatique (le plus stratégique). Il peut d'ailleurs s'agir d'un site de production informatique autonome, moins stratégique que le site à secourir, qui est aménagé pour servir de secours.
- **Salles rouges (*hot sites*)** : une salle rouge est une salle blanche qui possède un environnement « peuplé latent », c'est-à-dire l'ensemble des équipements informatiques nécessaires au secours, maintenu en état de marche. Les données et applicatifs ne sont en revanche installés qu'en cas de déclenchement du plan de secours. En général, la salle rouge dispose d'un personnel dédié prêt à mettre en place le secours en permanence (24h/24, 7j/7). Le coût annuel d'une salle rouge devient significatif et peut atteindre plusieurs pour cent du budget informatique. Il existe quelques cas particuliers de salles rouges, classées ici par degré croissant de disponibilité des informations (pour une description technique des technologies associées, on se référera au paragraphe 5.1, *Sauvegarde, restauration et disponibilité des données*) :
  - Salle rouge + sauvegarde à distance (*Electronic Vaulting*)

- Salle rouge + journalisation distante (*Remote Journaling*)
- Salle rouge + réplication asynchrone (*Shadowing*)

- **Salles miroir (*mirrored sites*)** : avec les salles miroir, on entre dans le domaine de la haute disponibilité. Il s'agit de salles pleinement redondantes par rapport à la salle à secourir. Ainsi, en plus de l'équipement informatique complet, les données, systèmes et applicatifs sont maintenus en permanence au niveau du SI à secourir. Cette image fidèle du site nominal (miroir) comporte des avantages importants (allègement des procédures de sauvegarde dû à la présence d'un environnement identique distant) et quelques inconvénients (sensibilité certaine aux sinistres logiques par exemple). Il s'agit de la solution la plus coûteuse, la plus fiable et la plus disponible. Le secours est dédié (il ne participe pas à la production) et les moyens de *mirroring* peuvent différer technologiquement (en général réplication synchrone ou virtualisation). Enfin, dans cette catégorie, deux cas particuliers existent :

  - Le **backup d'astreinte** propose un secours quasi-temps réel d'applications critiques (systèmes flux tendus, systèmes de paiement bancaire, site de commerce électronique, etc.) sur une durée courte pendant qu'un secours de plus grande ampleur se met en place. Les *backup* d'astreinte permettent ainsi la « rémanence » du SI. Du fait de leur mode de fonctionnement en « dérivation » du SI nominal, la dégradation des données qu'ils contiennent est rapide. La récupération des données du *backup* d'astreinte lors de la mise en place de la solution de secours à long terme est délicate car le degré de corruption des données du *backup* d'astreinte est difficile à évaluer. Mais ce n'est pas là l'objectif premier du *backup* d'astreinte : il vise avant tout à assurer la continuité d'activité !

  - Les **sites à production répartie** proposent une répartition de l'exploitation informatique entre le site de secours et le site secouru. Cette solution présente d'énormes avantages (essentiellement liés au fait que la solution n'est pas dormante) : assurance de niveau de configuration homogène entre secours et site secouru, test permanent de la solution de secours, partage de l'exploitation (et donc économies substantielles), etc. Pour principal inconvénient, l'exploitation en mode secours ne pourra se faire que de façon dégradée puisque les deux sites (secours et secouru) auront été dimensionnés pour une charge d'exploitation répartie entre les deux.

- **Le cas particulier du secours mobile (*mobile sites*)** : le secours mobile est en général réalisé par le biais de camions spécialement équipés en moyens informatiques pour répondre à un besoin de secours. Si l'on peut le considérer comme le « secours de la dernière chance » en l'absence de tout plan de secours informatique (PSI), le secours mobile ne sera toutefois réellement efficace que dans la mesure où il fera l'objet d'une spécification préalable entre le fournisseur et l'entreprise. Les délais d'acheminement et la configuration des lieux sur le site à secourir limitent les utilisations possibles.

Tableau 4.1 — Comparaison des solutions de secours sur site alternatif

	Coût	**Équipement**	**Télécoms**	**Délai de reprise**
Salle blanche	Faible	Aucun	Aucun	Long
Salle orange	Moyen	Partiel	Partiel/complet	Moyen
Salle rouge	Moyen/élevé	Complet	Complet	Court
Salle miroir	Élevé	Complet	Complet	Aucun
Secours mobile	Élevé	Partiel	Partiel	Moyen

La gradation présentée ci-dessus (à l'exception du cas particulier des secours mobiles qui peut varier grandement selon la disponibilité demandée) est une gradation croissante à la fois selon le critère de disponibilité du secours, et selon le critère du coût. L'estimation du coût de la solution devra néanmoins être effectuée en regard des enjeux du système à secourir et en tenant compte des coûts globaux et pas seulement des coûts liés à la solution de secours (en cas de sinistre majeur, la mise en place d'une solution de secours sur un site de type salle blanche a un coût bien plus élevé que sur un site miroir).

Nous reviendrons sur les aspects de la gestion contractuelle dans le paragraphe 4.1.7 *Un mot sur l'aspect contractuel du secours informatique*, mais nous pouvons d'ores et déjà préciser que, quel que soit le mode de gestion de la solution (interne, externe ou mixte[1]), elle devra être formalisée par un contrat. Si elle n'est pas en elle-même suffisante, la formalisation apporte une première garantie d'accord entre les parties pour déployer un secours efficace le moment venu.

4.1.3 De la bonne distance du site de secours (SI)

Quelle est la bonne distance entre le site nominal et le site de secours ? La réponse dépend clairement du sinistre contre lequel l'entreprise cherche à se prémunir, et de son échelle. Pour faire face à un ouragan tel que Katrina (août et septembre 2005), il est évident que la distance sera nettement plus importante que pour minimiser le risque d'interruption lié à une éruption volcanique localisée ou à un incendie.

Une étude réalisée par la société PreEmpt en 2002 et renouvelée en octobre 2005 donne une tendance intéressante. Interrogées sur la distance qu'elles estimaient suffisante entre le site à secourir et le site de secours, les entreprises sondées[2] ont spontanément avancé des distances de 60 % supérieures (en moyenne) en 2005 que celles qui avaient été exprimées en 2002 ! La moyenne de ces distances avoisine d'ailleurs les 150 km.

---

1. Il s'agit des cas où la solution de secours est partagée entre des entités ayant des intérêts en commun (groupement type GIE par exemple).

2. 97 entreprises américaines.

Le choix de la distance du site de secours devra être soigneusement fait, en tenant compte de l'échelle géographique des sinistres considérés. Il devra également intégrer les facteurs technologiques limitants (une distance de 150 km présente de sérieux défis pour une solution technique de type « réplication synchrone » seule, comme on le verra au chapitre 5).

4.1.4 Disponibilité des solutions : conséquences sur les principaux composants de la chaîne SI

On distingue généralement trois niveaux de disponibilité des solutions de secours :

- **la haute disponibilité** : elle suppose une reprise quasi immédiate (de l'ordre de quelques minutes) avec une perte de données quasiment nulle ;
- **la moyenne disponibilité** : elle recouvre les solutions qui permettent un secours en quelques heures (qui varient selon les définitions entre 6 et 24 heures généralement) et limitent sévèrement la perte de données (entre quelques minutes et quelques heures) ;
- **la faible disponibilité** : elle caractérise les secours réalisés en général au-delà de 48 heures avec une perte de données du même ordre de grandeur.

Il est à noter que fréquemment, les délais de reprise du SI sont sous-estimés. Le test du plan de secours permet en général de recadrer le degré de disponibilité effectif de la solution. Mais c'est une méprise classique que de surclasser d'un degré sa solution de secours, en toute bonne foi.

Suivant le besoin en disponibilité, les moyens de secours des principaux composants de la chaîne SI diffèrent. Les trois niveaux de disponibilité précédemment définis ne proposent pas un _continuum_ et les avis divergent quant au contenu exact de ce que sous-entend chaque niveau.

Le tableau 4.2[1] présente différentes stratégies de secours suivant la disponibilité voulue (quatre classes distinguées cette fois).

4.1.5 Mener l'analyse coûts/bénéfices et avantages/inconvénients sur les solutions de secours (SI)

La définition de LA solution technique de secours n'est pas chose aisée dans la mesure où, souvent, plusieurs orientations techniques distinctes peuvent répondre aux besoins identifiés dans le BIA. Pour faciliter le lancement d'une consultation, il est tentant de réduire l'éventail des solutions étudiées à l'extrême, c'est-à-dire à une seule solution. Mais éliminer d'emblée certaines options techniques est excessivement difficile à faire sur des arguments autres qu'arbitraires.

---

1. D'après Gartner Group.

Tableau 4.2 — Stratégies de secours suivant la disponibilité voulue

Classe	Domaines fonctionnels	Objectifs de secours	Stratégie de secours[a]
1	Relation client ou partenaire. Fonctions critiques pour le chiffre d'affaires.	Disponibilité de 99,99 % (moins de 45 minutes par mois d'interruption) RTO = 2h RPO = 0h	Réplication synchrone interne ou externalisée. Infrastructure de réplication en triangle couplant réplication synchrone (courte ou moyenne distance) et asynchrone (longue distance) pour assurer un secours contre les sinistres locaux et régionaux.
2	Fonctions génératrices de revenus moins critiques. Fonctions logistiques	Disponibilité de 99,5 % (moins de 3,5 heures par mois d'interruption) RTO = 8 à 24h RPO = 4h	Site distant de type salle rouge ou salle miroir. *Mirroring* ou réplication asynchrone vers un site de secours d'entreprise ou externalisé (courte ou moyenne distance).
3	Fonctions supports de l'entreprise	Disponibilité de 99 % (moins de 5 heures par mois d'interruption) RTO = 3 jours RPO = 1 jour	Sauvegarde à distance journalière ou continue, dans des coffres-forts électroniques d'entreprise ou externalisés. Restauration sur plates-formes de secours externalisées, dédiées ou mutualisées (salle orange).
4	Fonctions locales	Disponibilité de 98 % (moins de 13,5 heures par mois d'interruption) RTO = 4 à 5 jours RPO = 1 jour	Sauvegardes hebdomadaires et journalières. Transport des bandes de sauvegarde hebdomadaire dans des coffres d'entreprise ou externalisés. Site de secours de type salle blanche.

a. Voir le paragraphe 5.1.3 *Technologies de sauvegarde et architecture de haute disponibilité des données.*

L'étude de plusieurs solutions techniques concurrentes (spécifiées à une granularité d'information assez grossière) est nécessaire pour ne pas éliminer sans justification une option technique intéressante. Ce « dégrossissement » peu coûteux limite les déconvenues en phase avancée de projet.

Par ailleurs, des critères généraux et pragmatiques ont été définis par le Clusif[1] pour évaluer les solutions de secours envisagées. Ces trois critères sont :

- **La vraisemblance** : ce critère assez subjectif peut se traduire par les questions suivantes : la solution envisagée permettra-t-elle de répondre aux besoins de continuité d'activité exprimés dans le BIA ? Sera-t-elle viable dans le temps ? Sera-t-elle homogène, techniquement et dans l'organisation ? La réalisation des tests (élément déterminant, on l'a vu) sera-t-elle effective ? L'évolution de la solution pourra-t-elle se faire au rythme nécessaire ? Le jour du sinistre, la solution sera-t-elle disponible ? Ce critère impose ainsi un regard très critique sur les accords de réciprocité entre sites d'un même groupe par exemple, la viabilité d'une telle solution étant en général faible dans le temps (en raison de la divergence rapide des parcs informatiques pour ne citer qu'un élément évident). Beaucoup de solutions appréhendées en premier lieu comme des solutions économiques entrent dans la catégorie des solutions peu vraisemblables.

- **La souplesse de mise en place de la solution de secours** : la mise en place d'une solution de secours est un projet d'envergure qui sera sans doute réalisé par étapes, selon un échelonnement des risques pris en compte. La souplesse de mise en place traduira ainsi sa faculté à être déployée par étapes, de façon modulaire.

- **L'évolutivité de la solution** : ce critère traduit la capacité de la solution à intégrer, dans des délais pertinents, les évolutions de son environnement qui l'impactent : fusions, cessions, technologie, risques émergents, réorganisation, etc. Ce critère plaide en faveur de solutions pragmatiques, simplifiées au maximum (mais répondant quand même aux besoins de secours exprimés dans le BIA). Les notions de servitude technologique, de servitude au fournisseur et de capacité à assurer en interne l'administration de la solution doivent également être posées dans le cadre de l'examen de ce critère.

4.1.6 Le marché et les principaux fournisseurs de services et solutions de secours (SI)

A *priori*, pour être fournisseur de solutions de secours, il suffirait d'être producteur d'un des maillons de solutions techniques (locaux, remplacement de matériel, mise à disposition rapide d'un secours télécoms, etc.). Cette conception n'a de réalité que dans le cas où l'entreprise qui définit sa stratégie de secours décide d'être son propre intégrateur, ce qui, dans un contexte général de recentrage sur son cœur métier, n'est pas vraiment perçu comme une menace concurrentielle pour les fournisseurs ! Les spécificités des solutions techniques de secours ainsi que les contraintes dans lesquelles elles doivent s'inscrire les distinguent en effet fortement de la simple vente de matériels. C'est en général le degré d'intégration des produits et des prestations (hardware, software, mise à disposition de locaux et de personnels) qui donnera le statut de fournisseur de solution de secours.

---

1. Clusif, *Plan de continuité d'activité – Stratégie et solutions de secours du SI*, 2003, pp. 18-19.

Le marché des fournisseurs de solutions de secours représentait environ deux milliards d'euros annuels pour la seule Europe de l'ouest en 2004. Suite à des opérations de concentration du domaine, il est dominé par deux fournisseurs :

- **IBM Global Services :** pour ses offres BCRS (*Business Continuity & Recovery Services*) et pack repli 15 ou 25 (secours de 15 ou 25 postes d'utilisateurs) : plusieurs sites existent dont un à Levallois et un à Collégien ; IBM a fait l'acquisition en 2004 de Schlumberger Business Continuity Services, portant à 130 le nombre de ses sites de secours dans le monde, dont le plus gros centre d'Europe occidentale.
- **Sungard Availability Services** : 10 000 clients (monde), 40 000 kilomètres de réseau, 300 000 m² d'infrastructure, 350 000 heures de conseil MCA. Sungard a racheté les activités de continuité d'activité de Comdisco, lors de sa faillite de 2001. Sungard a également racheté Guardian IT.

Divers acteurs se partagent le reste du marché. Nous présentons ici un florilège de ceux qui ont une existence dans l'Hexagone ou dans un territoire immédiatement contigu (liste non exhaustive) :

- **Solutions de secours mutualisé (site informatique) :**
  - **APX :** présent en France pour des solutions clés en main de continuité d'activité dont le secours mobile.
  - **Interxion** : présence de site de secours en région parisienne.
  - **GlobalSwitch** : possède deux data centers en région parisienne.
  - **Telehouse** : possède trois sites en région parisiennes.
  - **Orbytes Ingénierie** : site informatique de secours en région parisienne.
  - **Hewlett-Packard** : propose une offre « plan de reprise d'activité » en France.
  - **Bull** : le premier constructeur européen propose des solutions de secours (y compris mobiles) et possède trois centres de secours en France (Paris, Rennes, Grenoble).
  - **Volvo IT** : propose un data center pour le secours informatique en région lyonnaise.
  - **RedBus Interhouse :** colocation et site de secours, présent en France en région parisienne (appartient à Telecity Group qui possèdent 22 sites de secours en Europe).
  - **ECS :** spécialisé dans le management des infrastructures informatiques, ECS propose des solutions de secours.
  - **Antemeta :** société française spécialisée dans les réseaux de stockage (SAN en particulier) qui propose un data center mutualisé pour le secours.
  - **Safehost :** propose un centre de secours informatique à Genève ainsi que les prestations associées ; fondé en 2000.

- **Site de repli utilisateurs** :
  - **IBM :** site de repli utilisateurs en région parisienne.
  - **Orbytes ingénierie :** site de repli utilisateurs en région parisienne.
  - **Sungard Availability Services :** site de repli utilisateurs en région parisienne.

- **Services connexes (sauvegardes, archivage, etc.)** :
  - **Sauvdata (groupe UTC) :** société française spécialisée dans l'externalisation de sauvegardes et la restauration dans le cadre de plan de secours (particulièrement pour les organismes financiers).
  - **La Sauvegarde de l'Information :** basée à Paris, assure des prestations liées à la sauvegarde, l'archivage, la télésauvegarde (deux centres en France).
  - **Backup Avenue :** propose des services de sauvegardes et archivage à distance (solution *Safe Backup*).

4.1.7 Un mot sur l'aspect contractuel du secours informatique

Comme nous l'avons vu, la mise en place d'une solution de secours met en relation de nombreux acteurs, dans et hors de l'entreprise, et nécessite des engagements précis dans l'exécution du PCA. Même dans le cas où la solution de secours est intégralement interne à l'entreprise, il est utile de formaliser les engagements des différents acteurs, et en particulier ceux du fournisseur de la solution et ceux de l'utilisateur de la solution. A *fortiori*, c'est indispensable lorsque le fournisseur est externe. Dans ce dernier cas, le contrat sera beaucoup plus complet et « juridiquement au point ». L'implication du service juridique de l'entreprise est indispensable.

Dans le cas où le fournisseur est externe, la trame de contrat suivante peut être proposée :

- **Objet du contrat**.
- **Définition des événements couverts par le contrat** : typologie des sinistres (nature, échelle, origine, conséquences, etc.).
- **Nature détaillée des prestations attendues** :
  - lieu et conditions de desserte et d'accès ;
  - étendue des moyens mis à disposition : matériel, logiciel, personnel, mobilier et fourniture de bureau (tables, chaises, vidéoprojecteur, paperboard, téléphone, etc.), infrastructure (salle, câblage, alimentation électrique, climatisation, etc.) ;
  - nature et étendue des prestations connexes (montage et démontage du matériel, mise à disposition de matériel bureautique de secours, etc.) ;
  - engagement concernant la mise à disposition de personnel de support ;
  - utilisation éventuelle de l'infrastructure locale : salle supplémentaire, accès au restaurant d'entreprise, etc.
  - gestion des enregistrements, données et informations sur le site de secours ;

- mise en place d'une convention de service (Service Level Agreement) pour le suivi du contrat ;
- durée maximum de mise à disposition de la plateforme de secours.

- **Procédure de déclenchement du plan de secours informatique** :
  - contacts habilités (pour les deux parties) ;
  - schéma d'alerte et d'activation ;
  - moyens autorisés pour la transmission des alertes ;
  - passage en pré-alerte possible ;
  - plages horaires possibles et procédures différenciées suivant la plage horaire (week-end, jours fériés, nuit).

- **Engagements réciproques des deux parties** :
  - engagements relatifs aux délais d'intervention et aux obligations de résultats pour le secours (délais de remontée de sauvegarde, délais de restauration des systèmes, etc.) : s'il est souvent illusoire d'obtenir un engagement global de résultat de la part des fournisseurs, il est en revanche possible d'obtenir des engagements sur des délais précis d'intervention ;
  - devoir d'information réciproque concernant les évolutions pouvant impacter le contrat, les prestations ;
  - garantie de compatibilité des moyens ;
  - respect de la procédure de gestion des changements (incluant le matériel, le logiciel et les infrastructures) : cette procédure doit être explicitement citée dans le contrat ;
  - exigences en matière de sécurité.

- **Disponibilité du site de secours** :
  - délai de mise à disposition ;
  - mutualisation des moyens : partielle ou totale, auquel cas, il sera impératif d'avoir une idée du niveau d'engagement du site considéré (nombre d'entreprises secourues, localisation géographique précise, gestion des priorités en cas de conflit d'intérêt, etc.) ;
  - conditions d'accès au site (identification, mesures de contrôle, système de détection d'intrusion, etc.).

- **Modalités des tests et répétitions** :
  - programme des tests ;
  - livrables attendus ;
  - durée et fréquence des tests ;
  - conditions de réalisation d'un contre-test en cas de non-atteinte des objectifs lors d'une campagne de tests ;
  - modalités de terminaison du contrat en cas de tests durablement non probants.

- **Modalités de maintien aux mêmes niveaux de configuration des installations** : fréquence, déclenchement, coûts additionnels, etc.
- **Conditions financières du contrat, qui comprennent** :
  - les coûts d'abonnement (qui couvrent la « location préventive » des moyens) ;
  - les coûts de déclenchement d'opérations particulières telles les tests ou le secours réel ;
  - les coûts d'utilisation en cas de sinistre.
- **Modalités de modification du contrat** : avenant, dénonciation, renégociation, fin de contrat.
- **Clauses de confidentialité réciproques**.

Et pour finir, trois points d'attention pour la mise en œuvre contractuelle de la solution de secours :

1. L'assurance de la disponibilité de la solution grandit avec le coût de celle-ci. Tout l'art consistera à trouver le **meilleur équilibre entre besoins de secours et coût** de la solution. Dans cette optique, on aura tout intérêt à entrer dans une logique de partenariat avec son fournisseur plutôt que dans une logique défensive : l'objectif étant, avant tout, que ça marche !

2. La **gestion des priorités** du fournisseur en cas de sinistre affectant simultanément plusieurs de ses abonnés est déterminante pour les solutions mutualisées. On s'entourera d'un maximum de précautions dans la négociation de ce volant-là du contrat.

3. Malgré toutes les précautions dans les phases de spécifications, les **tests et répétitions** constituent la validation par les faits de la viabilité de la solution. On les réalisera avec un maximum de soin et l'on pourra même adosser l'engagement final contractuel à la réalisation satisfaisante des tests (rarement satisfaisants du premier coup).

4.2 LES SOLUTIONS DE SECOURS DES MOYENS DE PRODUCTION

4.2.1 Une problématique bien différente de celle du SI !

Le secours des moyens informatiques et du système d'information repose essentiellement sur le caractère standard des équipements concernés. Par nature, la plupart des moyens de production industrielle ne sont pas standard ! La stratégie de secours de ces moyens ne peut donc se construire de la même façon et, dans la plupart des cas, ne pourra aboutir à des délais de reprise après sinistre comparables à ceux d'une solution de secours informatique. En cas de destruction de l'outil de production industrielle, il n'est pas raisonnable d'attendre une reprise de la production sous quelques jours...

> On se rappellera néanmoins qu'aujourd'hui, pour l'essentiel du secteur tertiaire (banques, assurances, services, télécoms, communication, etc.), **l'outil de production est le système d'information !**

4.2.2 Axes de réflexion et retours d'expérience

On envisagera les pistes suivantes :

- **Gestion prévisionnelle des stocks** : deux principes s'opposeront alors : le premier qui est la logique financière prônant la minimisation des stocks ; le second qui sera la logique de secours qui privilégiera le maintien d'un stock de secours visant à couvrir les besoins clients pendant la durée anticipée avant reprise de la production.

- **Accord inter-établissements d'un même groupe** : c'est bien sûr, dans la mesure où elle est viable, une solution qui sera privilégiée sur la suivante. La logique de regroupement des activités actuellement en vogue a néanmoins tendance à rendre cette solution rarement applicable.

- **Accord de réciprocité** : lorsque des entreprises partagent un outil industriel analogue et des problématiques métier semblables sans pour autant être concurrentes, elles peuvent parvenir à un accord de réciprocité pour se porter secours en cas de sinistre majeur. On trouvera en Annexe, un exemple d'un tel accord.

- **Recours à la sous-traitance** chez un concurrent : cette solution requiert avant tout une grande humilité ! Elle présente également de grands risques à moyen et long termes concernant la fuite du savoir-faire, la perte de confidentialité d'informations stratégiques, etc.

- **Recours à l'assurance** : si cette solution n'est clairement pas orientée vers la continuité de l'activité, on ne l'oubliera pas pour minimiser les pertes financières occasionnées par un sinistre.

- Dans le **secours de la chaîne logistique** elle-même, une tendance se dégage : les PME tendent à définir une stratégie qui privilégie le recours à une variété de fournisseurs tandis que les grandes entreprises imposent de leurs fournisseurs qu'ils disposent eux-mêmes d'un PCA et qu'ils soient disposés à recevoir un audit de leur PCA. Un quart des entreprises n'ont tout bonnement aucune disposition prévue pour faire face à une rupture de la chaîne logistique[1].

Même si la destruction ou l'indisponibilité des outils de production pose un problème qui verra moins de solutions internes que la destruction du SI, la règle reste la même : la réflexion en amont du sinistre permet toujours de gagner du temps et de l'efficacité dans le traitement de la crise. Et même si le niveau de formalisation du plan de secours des moyens de production est bien moindre, son existence ne pourra qu'augmenter la réactivité de l'entreprise.

---

1. *Business Continuity Research*, « *Supply Chain Protection and outsourcing* », 2005, BCI.

4.3 LES SOLUTIONS DE SECOURS DES LOCAUX ET ÉQUIPEMENTS

Comme les moyens de production, les locaux et équipements relèvent du domaine continuité d'activité au sens large. Il est intéressant de noter ici les principaux axes permettant dans un premier temps le sauvetage et dans un deuxième temps le secours.

4.3.1 Sauvetage des locaux et équipements

Lorsqu'un sinistre majeur se produit, les dégâts causés peuvent être considérables sur les locaux et équipements (bureautiques essentiellement). Les récents événements médiatisés montrent que les risques peuvent être autant liés au sinistre lui-même (dégâts des eaux) qu'au climat social qui s'installe en conséquence (pillages de masse). Dans ces conditions, les trois recours suivants peuvent être envisagés :

- Recours à des **prestataires spécialisés dans le sauvetage** des locaux et équipements : désenfumage, assèchement, protection contre les atmosphères corrosives (qui conduisent à la détérioration rapide des équipements bureautique en cas d'incendie par exemple). Comme prestataire dans ce créneau, on mentionnera Datalab.
- Recours à des spécialistes de la **récupération et reconstitution des informations** (*data retrievers*), compétents pour récupérer des données sur des disques de serveur corrodés, des bandes magnétiques noyées ou des archives papier inondées. On citera Ibas (qui a racheté Vogon), In Virtuel, Recovery Labs, Chronodisk, Databack, Clinique de Données ou Ontrack comme prestataires dans ce domaine.
- Mise en place d'une **surveillance du site** sinistré afin de prévenir le vol, le vandalisme, et la dégradation des preuves. Les sociétés bien connues de gardiennage proposent ce type de service.

Des accords peuvent être conclus avec ces prestataires sur la base de délais d'intervention en cas de sinistre. Plus classiquement, on identifiera de telles sociétés afin de les intégrer au répertoire des fournisseurs potentiels. Ce travail en amont est déterminant pour augmenter la réactivité le moment venu.

4.3.2 Secours des locaux et équipements

Une fois les moyens de sauvetage mis en œuvre, le secours peut néanmoins être nécessaire. Dans le cas des locaux et équipements, le secours revêt plusieurs formes :

- **Accords de réciprocité** concernant les locaux : il s'agit alors de définir dans quelles conditions un site du même groupe peut servir de plate-forme d'accueil aux équipes restreintes (organisation dégradée) du site sinistré.
- **Contrat de location** : il s'agit le moment venu d'obtenir rapidement un et des locaux pour héberger les équipes réduites. Ce contrat peut être décidé et signé

après le sinistre : la mise en place sera longue. Il peut autrement être signé au préalable, avec une société spécialisée dans la mise à disposition de locaux dans ces circonstances. Les locaux peuvent alors être pré-équipés, rapidement disponibles mais il y aura un coût associé. On prendra bien garde lors de la signature d'un tel contrat d'évaluer les risques induits par le recours à un contrat de location mutualisé[1] : dans ce cas en effet, il est nécessaire de s'assurer que les autres signataires d'un contrat pour la location du même local n'ont que peu de chances d'être touchés par le sinistre contre lequel l'entreprise cherche à se protéger. Les bailleurs permettent en général l'accès à des informations restreintes (code postal par exemple) qui permet d'évaluer clairement ce risque.

- **Utilisation d'un stock d'équipements** prévu à cet effet : les équipements de secours peuvent être tirés d'un stock prévu pour faire face à un sinistre. Ce stock devra être pleinement intégré au schéma de rotation des stocks pour ne pas devenir inadapté aux besoins des utilisateurs le moment venu. Cette solution est assez rapide mais coûteuse. Il convient de bien penser la localisation du stock pour qu'il ne soit pas détruit en même temps que le site à secourir. La répartition du stock de secours sur plusieurs sites peut pallier cet inconvénient mais limite ensuite la réactivité.

- **Remplacement des équipements** par acquisition : dans ce cas-là, c'est l'achat d'équipements qui vient assurer le secours. Beaucoup moins rapide mais plus économique (pas de stock), cette solution gagne à avoir été anticipée par une identification et une prise de contact avec les principaux fournisseurs d'équipements.

- **Stock stratégique d'équipements + remplacement par acquisition** du reste : il s'agit d'une solution hybride entre les deux précédentes qui cherche à utiliser chacune pour ses avantages. Le stock d'équipements est réduit aux équipements les plus stratégiques.

Ici encore, des accords peuvent être conclus avec ces fournisseurs sur la base de délais et de quantités de fournitures en cas de sinistre. On pourra plus classiquement les intégrer au répertoire des fournisseurs potentiels. Ce répertoire regroupera avantageusement plusieurs fournisseurs pour le même type de prestations ou produits.

4.4 LE SECOURS DES RESSOURCES HUMAINES[2]

S'il est un sujet délicat et qui doit avoir la préséance sur le secours de toutes les autres ressources[3], il s'agit bien du secours des ressources humaines. Historiquement

---

1. Il est fréquent qu'un même local de secours soit loué à plusieurs dizaines (souvent entre 25 et 40) d'entreprises pour des besoins de secours similaires.
2. On se reportera également à ce sujet au paragraphe 6.4, *Cas n° 4 : retour d'expérience pour une crise majeure : les attentats de Londres*.
3. Contrairement à la position de ce paragraphe dans le chapitre 4, il est vrai consacré aux problématiques techniques.

cependant, c'est un aspect qui a souvent été négligé dans les méthodes de management de la continuité d'activité. Les récents sinistres majeurs ont clairement mis en évidence ce domaine comme présentant les plus grosses lacunes dans le MCA.

Parmi les stratégies de secours des RH, on trouvera :

- la mise en place d'un plan de backup des compétences (schéma de suppléance de tous les postes clés) ;
- le recours aux astreintes ;
- le recours à l'intérim ;
- la mise en place de mesures facilitant le télétravail ;
- la relocalisation du personnel clé ;
- le recours à la formation accélérée (sur des postes souvent peu qualifiés).

Au moment de définir la stratégie de secours, on prendra bien en considération la nécessité d'établir un plan de communication interne à l'entreprise pour assurer le lien avec les employés. On n'omettra pas non plus d'anticiper l'impact psychologique potentiel des scénarios de sinistre retenus.

4.5 LES SYSTÈMES D'INFORMATION DU MCA[1] (SIMCA)

4.5.1 Où l'on définit un SIMCA

Fonctionnellement, un système d'information pour le management de la continuité d'activité (SIMCA) recouvre, dans son acception la plus exigeante, un SI capable de :

- gérer des relations (de dépendance et de support en particulier) entre éléments divers : informations, dépendances des applications, infrastructures de support des processus, etc.
- assister la réalisation et la mise à jour des analyses de risques, BIA, plans et procédures de continuité et de secours ;
- maintenir à jour un inventaire des informations vitales pour l'entreprise ;
- fournir des outils pour la réalisation des tests et le suivi des plans d'actions qui en découlent ;
- apporter une aide au pilotage du MCA (affectation et rappel des tâches, alarmes de retard, etc.).

Il est possible de disposer d'outils dispersés possédant individuellement les capacités qu'un SIMCA possédera de façon intégrée. Par exemple, un outil de planification de projet permettra une aide au pilotage du MCA ; un outil de cartographie de processus permettra généralement de gérer les relations entre éléments divers ; un outil de gestion électronique de la documentation (GED) pourra assurer une assistance au

_____

1. On se référera à ce sujet à l'étude *Steady State : Technology solutions for maintaining business continuity plans* de RSM Robson Rhodes, 2004.

développement et à la mise jour des principaux livrables ; etc. Un SIMCA proposera néanmoins une cohérence et une intégration que ne permettra pas la mise bout à bout des solutions unitaires.

On parlera dans ce paragraphe d'outil de type 1 pour le SIMCA intégré, et d'outils de type 2 pour les outils unitaires, qui couvrent une partie des besoins seulement.

On distinguera un troisième type (type 3) qui ne présente qu'un intérêt limité : il s'agit des outils de générations de modèles de documents. Ce troisième type recouvrira les packages peu chers (à peine 200 euros pour la plupart) qui sont simplement une librairie de modèles de BIA, d'analyses de risques, de plans de continuité, etc. À mon sens, il existe suffisamment de documentation en accès libre sur Internet pour ne pas investir dans de tels packages.

4.5.2 Les fonctionnalités d'un SIMCA

Pour un outil de type 1, les fonctionnalités suivantes seront incontournables : outil de recherche, outil de *workflow*, gestion de niveau de version, catégorisation (classement des documents et informations par thème) et portage des fonctionnalités mél (alertes automatiques, transfert automatique d'informations, etc.). On voit que la plupart des outils de GED (pourtant de type 2) se qualifient selon ces critères. Si un SIMCA de type 1 n'est pas mis en œuvre, l'outil le plus proche sera sans doute un outil de GED.

Une étude réalisée fin 2004 par Continuity Central[1] révèle que, pour un échantillon de 162 entreprises à 90 % anglo-saxonnes qui ont un PCA en place, 60 % environ utilisent un SIMCA. Les fonctionnalités du SIMCA utilisées sont, par ordre décroissant :

- gestion et mise à jour du PCA (59 %),
- gestion et coordination de crise (37 %),
- test du PCA (31 %),
- formation du personnel (26 %).

4.5.3 Quelques raisons pour mettre en place un SIMCA

Si le calcul du retour sur investissement pour la mise en place d'une solution SIMCA reste encore à faire, il y a quelques bonnes raisons intuitives de le faire. Parmi elles on citera :

- une meilleure maîtrise de la mise à jour du PCA ;
- une sécurisation et une optimisation des modes de réaction lors de la phase d'activation du plan ;
- une plus grande facilité à simuler les crises ;
- une réduction potentielle des coûts sur le maintien en conditions opérationnelles du plan.

---

1. Continuity Central : « *Business Continuity Software Survey Results* », 29 octobre 2004.

La mise en œuvre d'une solution de type SIMCA devra faire l'objet d'une étude approfondie. Dans la plupart des cas, ce ne sera vraisemblablement pas nécessaire même si le confort apporté est indéniable. Il me semble que l'utilisation d'un outil déjà installé, bien accepté et permettant de mettre en place l'essentiel des fonctionnalités d'un SIMCA (on aura reconnu la définition d'un outil de GED !) sera la bonne solution à coup sûr !

4.5.4 Critères de succès pour la mise en œuvre d'un SIMCA

Les caractéristiques suivantes d'un SIMCA seront étudiées soigneusement lors de la mise en place. Elles constituent des facteurs critiques de succès. Le système sera :

- **cohérent** : les règles de gestion et de production des informations dans le système seront les mêmes, quelles que soient les informations concernées ;
- **incontournable** : la production et la gestion des informations du PCA devront passer par le SIMCA ;
- **transparent** : le statut des documents et informations du PCA sera évident pour toutes les parties intéressées ;
- **répandu** : il devra être déployé dans toute l'entreprise et ouvert au plus grand nombre en consultation ;
- **restrictif** : dans la mesure où il intégrera une gestion du statut des documents et empêchera, en particulier, la consultation de ceux qui sont non encore approuvés ou périmés.

4.5.5 Quelques outils...

Outils de type 1 : SIMCA intégré[1]

- Parad (Devoteam), leader en France
- Score PDCA module BCM (Ageris Software)
- ROGSI/DMS (ROG)
- EnVisionBCM (SDPL Partnership)
- Automata (Automata)
- RecoverEASE (Global Magnitude)
- Shadow Planner (Office Shadow)
- AlarmPoint BCP (Invoq Systems)
- LDRPS (Sungard, racheté à Strohl Systems)
- RPX (Recovery Planner)
- myCOOP (COOP systems)
- BCP4me (CBD-e Ltd)
- FrontBCP (efront)
- Toolkit SaaS (eBRP)

---

1. Attention, ces solutions ne sont encore pas toutes distribuées en France.

- Inoni BCM (INONI)
- Sustainable Planner (Virtual Corporation)
- OPS Planner (Paradigm Solutions International)
- BCPlanLogix (CFC Technology)
- IMCD (Contingenz)

Outils de type 2 : SIMCA non intégré

- outils classiques de GED et gestion de contenu (Documentum, LiveLink, Docubase, Alchemy, Hummingbird...) ;
- outils de gestion de projet et/ou de planning (MS project, PSN7, Genius, mais aussi Outlook...) ;
- outils de cartographie des processus (MEGA, Aris, Adonis...).

Outils de type 3 : générateur de modèles

On consultera à ce sujet les sites suivants[1], entre autres, qui proposent des packages en ligne :

- www.business-continuity-and-disaster-recovery-world.co.uk
- www.businesscontinuityworld.com

> Le site américain www.mwcog.org/security/security/continuity propose, dans cette catégorie, un outil très intéressant. Destiné aux PME/PMI, il propose, gratuitement mais sous condition d'inscription, un questionnaire en ligne qui génère automatiquement le PCA d'une PME. Le travail prend entre deux et quatre heures environ[2] et donne un résultat plutôt intéressant même s'il est ensuite à traduire en français et à adapter pour exclure les aspects typiquement américains.

4.5.6 Le coût d'un SIMCA intégré

Les solutions de type Parad (parmi les plus diffusées en France) sont proposées à partir de 10 000 euros environ dans leurs versions de base.

Par ailleurs, le site www.recoveryplanner.com, un fournisseur de SIMCA sur une technologie web, propose gratuitement un outil (forcément partiel) de calcul de ROI pour la mise en œuvre d'un SIMCA.

---

1. Une recherche simple sur Internet (mots-clés *business continuity templates* par exemple) donne de nombreuses réponses du même acabit. À ma connaissance, aucune n'existe en français cependant.
2. Pour peu qu'on dispose des informations nécessaires, sinon, il est possible d'interrompre le déroulement et de le reprendre ultérieurement.

4.6 LA QUESTION DES COÛTS DU SECOURS

Autant la question du retour sur investissement est traitée de façon théorique dans le chapitre 2, autant ce paragraphe vise à donner des estimations de coûts pour la mise en place d'un PCA.

Il est à peine nécessaire de préciser que les estimations données ci-après ne constituent que des ordres de grandeur, des fourchettes larges mais dont l'objectif est précisément de fournir une première idée à une équipe qui cherche à connaître ce à quoi l'engage la mise en place d'une démarche MCA. On se souviendra de l'adage :

> Un projet coûte toujours plus cher et dure toujours plus longtemps que prévu.

La question est : combien plus ? Dans le cas du MCA, tant de paramètres influent sur l'estimation financière qu'il est difficile de les citer tous mais les principaux me semblent :

- la taille de l'entreprise ;
- l'activité de l'entreprise ;
- le nombre de sites à couvrir dans le PCA ;
- la complexité, la taille et la criticité du système d'information ;
- les scénarios de sinistres retenus ;
- le type de stratégie de continuité adoptée ;
- la présence ou non des préalables culturels dans l'entreprise (voir paragraphe 2.2.2, *Quelques préalables*) ;
- le recours à une aide extérieure, l'étendue et la profondeur de l'aide.

On pourrait rêver d'une sorte d'abaque (comme cela peut exister pour certaines prestations d'audit qualité par exemple) qui définisse des charges prévisionnelles en fonction des paramètres dimensionnants. Dans notre cas cependant, ces derniers ne se limitent pas à un nombre de sites et une taille approximative de société.

4.6.1 Aspects financiers liés à la mise en place de la partie fonctionnelle d'un plan de continuité d'activité

Coût de mise en place (estimé en charge de travail)

Les estimations données ici sont faites en posant les hypothèses suivantes :

- L'entreprise est de taille moyenne : 1 000 employés sur trois sites.
- L'entreprise est une entreprise industrielle classique avec les processus classiques de la chaîne de valeur de Porter :
  - support : achats, SI, RH, comptabilité/finances, maintenance
  - pilotage : stratégie, qualité
  - cœur de métier : production, logistique, SAV, commercial

- L'activité et l'organisation de l'entreprise supposent qu'on a dix procédures fonctionnelles dégradées à décrire.
- La solution technique de secours nécessite la rédaction de cinq procédures associées.
- Le projet est confié à un responsable de projet PCA qui pourra s'y consacrer à environ 30 % et a reçu son mandat directement de la direction.
- L'entreprise possède quelques avantages culturels : elle est certifiée ISO 9001-2000 (possède donc une cartographie détaillée de ses processus et a une gestion saine de sa documentation), mène régulièrement des audits de sécurité de l'information (et tient à jour un plan d'actions sécurité) et engage la démarche suite à un incident grave de sécurité (sensibilisation et mobilisation du personnel importantes).
- Le choix est fait d'avoir recours à un consultant pour accompagner le projet.
- L'accompagnement du consultant est « lourd » pour les phases 1, 2, 4 de la méthodologie E = MCA. Exemples :
  - Prise en charge, animation, rédaction des livrables pour les phases 1 (AR, BIA surtout) et 2 (caractérisation des solutions de secours et prise en charge de l'organisation de la consultation des entreprises).
  - Assistance à la rédaction des procédures fonctionnelles dégradées (plan de continuité d'opérations) : proposition de trames et modèles de livrable, réunion de présentation, relecture et enrichissement...
  - Développement du plan de continuité d'activité : organisation de crise, alerte et déclenchement, modalités de maintenance et test...
- L'accompagnement du consultant est plus « léger » pour les phases 3, 5 et 6 de la méthodologie. Exemples :
  - Coaching du chef de projet technique pour la mise en place de la solution technique de secours : revue de planning, mise en place du management des risques projet, assistance à la mise en œuvre des tests de la solution...
  - Assistance à la rédaction des procédures techniques (plan de secours informatique) : proposition de trames et modèles de livrable, réunion de présentation, relecture et enrichissement...
  - Définition des supports de formation et de sensibilisation et animation d'une formation pilote.
  - Assistance à la gestion du projet PCA auprès du responsable de projet PCA...
- La durée de mise en place de la solution technique de secours est de six mois.
- La durée totale du projet PCA est de 18 mois, après quoi, le régime établi est atteint.

Précisons à nouveau que cette estimation vaut ordre de grandeur mais que des éléments tels la complexité des processus, le degré de dépendance vis-à-vis du SI, la réactivité dans les prises de décision, la facilité à avoir accès aux interlocuteurs peuvent notablement alourdir ou alléger la charge.

Tableau 4.3 — Estimation des charges (en jour homme) de mise en place

	Consultant	Responsable projet PCA (interne)	Autres (interne)
Phase 1 – Connaître son activité	10-15[a]	5	10
Phase 2 – Orienter la stratégie de continuité d'activité	10-20	5	10-15
Phase 3 – Mettre en place le plan de secours informatique	10-25	10-15	40-50
Phase 4 – Développer le plan de continuité d'opérations	15-20	10-15	25-30
Phase 5 – Assurer la conduite du changement	5-10	20	40-50
Phase 6 – Piloter le MCA	5	15-20	-
TOTAL	**55-95**	**60-70**	**125-145**

a. Cette fourchette suppose que la réalisation du bilan d'impact sur l'activité se fait *via* un ou plusieurs séminaires de travail avec les membres du comité de direction. Si l'on procède par entretiens individuels des mêmes personnes, on aura compris que l'estimation donnée ici est plutôt faible.

On voit que cette solution qui propose un accompagnement par un consultant relativise, en charge de travail, le rôle du responsable PCA. Son rôle est selon tous les autres critères déterminants : il est le porte-parole du projet, l'ouvreur de portes du consultant, le facilitateur pour les mises en relation, etc.

On notera également que l'estimation est faite **pour un projet PCA** et non pour un projet de type plan de reprise d'activité. Les charges et les résultats ne sont pas les mêmes !

Il faut souligner que cette estimation se veut assez réaliste et comptabilise, en particulier pour la colonne « Autres », des charges souvent masquées (participation aux réunions, aux séminaires, aux formations, charges de relecture, etc.). Dans la réalité du projet, elles ne seront pas vécues comme 125 à 145 jours de travail mais plutôt comme un léger surcroît de travail général, réparti sur une longue période et de nombreux intervenants.

Même si elles requièrent des compétences poussées en SI, les prestations de conseil associées à la mise en place d'un PCA rentrent plus dans la catégorie management et organisation que dans une catégorie technique. De ce fait, elles entrent généralement dans un cadre de prestations au forfait aux taux de facturation journaliers habituels pour des prestations de conseil en management.

Coûts récurrents (estimé en charge de travail annuelle)

Tableau 4.4 — Estimation des charges (en jour homme)

	Tâches	Responsable projet PCA (interne)	Autres (interne)
Phase 1 – Connaître son activité	Réactualisation annuelle du BIA et de l'AR	10	5
Phase 3 – Mettre en place le plan de secours informatique	Réactualisation annuelle du PSI Test du PSI	15-20	20-30
Phase 4 – Développer le plan de continuité d'opérations	Mises à jour	10-15	5
Phase 5 – Assurer la conduite du changement	Formation Communication Sensibilisation Tests Contrôle PCA	20	30-40
Phase 6 – Piloter le MCA	-	10-15	-
TOTAL		**65-80**	**60-80**

4.6.2 Ordres de grandeur financiers pour la solution technique de secours (SI)

Les disparités sont tellement grandes et les paramètres d'évaluation tellement nombreux qu'il est illusoire de proposer une estimation, même sur la base d'une fourchette. Je propose néanmoins dans le tableau 4.5 une grille générique d'évaluation du budget lié à la solution de secours retenue. Celle-ci ne tient compte que des frais d'investissements. Il conviendra d'ajouter les coûts récurrents : consommation électrique, coûts télécoms, mise à niveau des équipements (serveurs, extension de disques, *backup*, etc.), licences, etc.

Tableau 4.5 — Évaluation du budget de la solution de secours (investissement)

		Prestations	Matériel	Logiciel + licence	Frais divers[a]	Test	Fourni-tures
Type de salle de secours	**Blanche**						
	Orange						
	Rouge						
	Miroir						
	Mobile						
Sauve-garde	**Externe**						
	Interne						
Matériel remplacé	**SLA**						
	Stockage						
	Utilisation						

a. Frais de déplacements, d'expédition, etc.

Par ailleurs, voici quelques points de repères pour aborder l'évaluation financière :

- Location d'une salle blanche[1] en région parisienne : de 130 euros à 180 euros mensuels le mètre carré, en fonction du niveau de sécurisation (secours de l'alimentation, de la climatisation, etc.), de la surface louée et de la durée d'engagement. Il est à noter qu'il n'y a que peu de mètres carrés disponibles, à moins de louer des surfaces importantes, sur une longue durée (les fournisseurs engagent alors une construction).

- Pour l'« unité de base » du secours : gros serveur Wintel pourvu d'une baie de disques avec capacité de réplication, environ 100 000 euros (hors coûts réseau) et environ 0,2 ETP (équivalent temps plein) pour les opérations (maintenance, montée de version, etc.).

- Pour une solution de secours mutualisée de gros systèmes :
  - 1 000 MIPS[2] et 3 To : de l'ordre de 150 000 euros par an ;
  - 2 500 MIPS et 10 To : de l'ordre de 750 000 euros par an.

- Solution de secours complète pour la région Europe d'une entreprise industrielle du CAC 40 : 30 serveurs, 40 000 utilisateurs répartis dans toute l'Europe, huit

---

1. Comprend l'alimentation électrique, la climatisation et l'« espace ».
2. MIPS : *Million Instructions Per Second.*

applications majeures et critiques reprises en 4 h : environ deux millions d'euros annuels (infrastructure et locaux, coûts télécoms, matériels, entretien, consommation électrique, personnel d'exploitation, etc.)

5

Considérations techniques sur les solutions de secours

5.1 SAUVEGARDE, RESTAURATION ET DISPONIBILITÉ DES DONNÉES

La stratégie de sauvegarde est un des pierres angulaires d'un plan de secours informatique. On a vu la différence de point de vue entre une sauvegarde d'exploitation et une sauvegarde de recours. Je propose de consacrer ce paragraphe à mieux définir le contour organisationnel et technique d'une stratégie de sauvegarde et de restauration.

Les sauvegardes peuvent répondre à des problématiques différentes. On distingue classiquement **sauvegarde d'exploitation** (pour pallier les *incidents d'exploitation*) et **sauvegarde de recours** (pour répondre aux dommages d'un *sinistre majeur* sur le SI).

Plus finement, on peut caractériser les différents besoins et contraintes de sauvegarde en fonction des trois événements suivants auxquels la mise en place d'une sauvegarde tentera de répondre :

- **Les incidents d'exploitation** au cours des activités de routine : dans ce cas, la restauration se fera sur le même site et sera très partielle.

- Le sinistre majeur au cours duquel la salle machines est fortement endommagée : dans ce deuxième cas, la restauration est complète (ou quasi complète), elle se fait sur un site distant et sur un environnement technique sans doute distinct de l'environnement initial.

- **Le sinistre logique majeur** (comme une attaque virale de grande ampleur) : dans ce dernier cas, la restauration se fait en général sur le site ; un risque non négligeable est l'apparition très progressive des dommages liés au sinistre, progressivité qui peut éventuellement provoquer une corruption non détectée des sauvegardes elles-mêmes.

L'angle sous lequel est envisagée la stratégie de sauvegarde liée à la mise en place un plan de continuité d'activité privilégie évidemment le deuxième cas (celui du sinistre majeur).

L'organisation de la sauvegarde est au moins aussi déterminante pour l'efficacité d'un plan de continuité d'activité que les moyens techniques mis en œuvre. La stratégie de sauvegarde devra s'aligner sur les résultats du bilan d'impact sur l'activité. Cette organisation reposera a minima sur :

- **Un système documentaire à jour :** au sein d'une même direction des systèmes d'information, des combinaisons très variées de sauvegardes coexistent (sauvegarde physique incrémentale d'exploitation, sauvegarde applicative complète de recours, etc.). Il est nécessaire que chacune soit documentée dans une procédure qui précise les modalités associées (voir tableau 5.1, _Trame d'une procédure de sauvegarde_).

- **Des moyens et une organisation de suivi :** afin de permettre un fonctionnement efficace et la minimisation des erreurs lors des restaurations éventuelles, les éléments suivants seront mis en place : un journal de suivi des opérations de sauvegarde (main courante), des outils de remontée d'alarmes en cas d'incidents techniques lors des opérations, une définition des responsabilités, etc.

- **Une stratégie de tests :** les tests des remontées de sauvegarde sont déterminants pour accroître l'assurance du bon fonctionnement en cas de déclenchement du plan de continuité d'activité. Ils devraient être soigneusement planifiés par les modalités définies dans le développement de celui-ci et réalisés conformément.

La suite de ce paragraphe a été rédigé en considérant principalement les sauvegardes de recours[1], c'est-à-dire celles utiles pour faire face à un sinistre majeur qui a, _a priori_, détruit la salle à secourir. Dans ce contexte, la restauration présente les particularités suivantes :

- Elle se fait sur un site distant.
- Elle est, sinon complète, au moins très étendue (par opposition à la restauration d'une sauvegarde d'exploitation, très partielle).
- Elle se fait sur un environnement technique qui n'est pas nécessairement identique à celui du site secouru (ce qui oriente fortement vers une technique de sauvegarde logique, non dépendante du _hardware_).

Seront présentés ici les principales méthodes de sauvegarde, quelques cas particuliers et les technologies associées.

---

1. Par opposition aux sauvegardes d'exploitation dont le but est de pallier les incidents courants d'exploitation.

Tableau 5.1 — Trame d'une procédure de sauvegarde[a]

Paragraphe	Contenu
Finalité	Recours, exploitation, PCA, archivage...
Nature	Complète/incrémentale/différentielle/journalisation, physique/logique/applicative/systèmes
Contenu	Informations sauvegardées
Responsabilités	Habilitation pour la sauvegarde et pour la restauration
Fréquence	Hebdomadaire, quotidienne, mensuelle
Durée de conservation	Sur site, hors site, en archivage...
Nombre de générations	Nombre de sauvegardes consécutives à conserver (en général supérieur ou égal à trois)
Outils	Supports de sauvegarde, applications, moyens et procédures d'identification des supports
Indicateurs	Alarmes et remontées, temps approximatifs (sauvegarde et restauration)
Localisation	Lieu de stockage des médias de sauvegarde
Conditions de stockage	Contraintes environnementales de stockage (hygrométrie, température, protection incendie...), espace requis, rotations des supports...
Modalités de transfert	Transport physique ou transfert électronique (conteneurs, sécurisation pendant le transport...)
Modalités test	Fréquence, responsabilités, formalisation des résultats, plan d'actions associé...
Contraintes de restauration	Temps alloué, configurations matérielles et logiciels nécessaires, chronologie de restauration...
Contraintes spécifiques	Confidentialité, cryptage, caractère probant, traçabilité, conditions de réutilisation des supports (effacement préalable par exemple)...

a. Spécifique à la stratégie de sauvegarde.

5.1.1 Méthodes de sauvegarde

Parmi les classifications possibles, on distingue généralement quatre méthodes de sauvegarde.

- **Sauvegarde complète** – La sauvegarde complète effectue une capture et une copie exhaustive des données contenues sur un disque ou sur un répertoire. Si elle présente les garanties les plus fortes concernant l'exhaustivité des données copiées, la sauvegarde complète présente néanmoins deux inconvénients majeurs : sa lenteur et son coût (par la capacité de stockage qu'elle nécessite).

Dans bien des cas, les données ne changent pas à un rythme qui nécessite une sauvegarde complète. On procède alors de préférence *via* une des méthodes suivantes.

- **Sauvegarde incrémentale** – Dans une sauvegarde incrémentale, on procède à la sauvegarde de tous les éléments modifiés (fichiers nouveaux ou modifiés) depuis la dernière sauvegarde, quel que soit son type. Plus efficace et moins coûteuse, la sauvegarde incrémentale présente néanmoins l'inconvénient de nécessiter la collecte d'éléments présents sur plusieurs sauvegardes distinctes afin de permettre une restauration, avec la perte de temps et la multiplication des risques d'erreurs que cela induit. Ces limites en font une méthode souvent écartée des stratégies visant à assurer le secours.

- **Sauvegarde différentielle** – Plus lente par nature que la sauvegarde incrémentale, la sauvegarde différentielle consiste à sauvegarder tous les fichiers modifiés depuis la dernière sauvegarde complète[1]. La quantité d'information sauvegardée est ainsi plus grande que dans une sauvegarde incrémentale mais la restauration est facilitée et fiabilisée par le fait que deux sources seulement sont nécessaires : la dernière sauvegarde complète et la dernière sauvegarde différentielle.

- **Journalisation** – Proche des concepts des deux méthodes précédentes (sauvegardes incrémentale et différentielle) mais appliquées à l'intérieur même d'un fichier, la journalisation consiste à créer un journal de toutes les modifications effectuées sur le fichier. C'est une méthode de sauvegarde généralement appliquée sur les fichiers très volumineux, comme les bases de données de gestion par exemple. D'ailleurs, les systèmes de gestion de bases de données (SGBD) possèdent en général par défaut des outils de journalisation. La restauration est obtenue par remontée de la dernière sauvegarde complète à laquelle sont ensuite appliquées toutes les mises à jour contenues dans le journal. On le voit, la qualité de la restauration dépend essentiellement de la bonne synchronisation entre le démarrage de la journalisation et l'arrêt de la dernière sauvegarde complète. Comme pour les trois autres méthodes, les modalités de la journalisation (fréquence, étendue) seront fonction de la criticité des informations sauvegardées ainsi que des contraintes qui pèsent sur la restauration.

En général, c'est une combinaison des quatre méthodes qui sera la plus efficace, avec, par exemple : une sauvegarde complète à intervalle régulier quand la contrainte temps n'est pas décisive (le week-end) et une sauvegarde différentielle à fréquence quotidienne le reste du temps.

5.1.2 Cas particuliers de sauvegarde

Le périmètre auquel les méthodes de sauvegarde sont appliquées peut lui aussi varier selon les besoins, les utilisations prévues (production ou recours) et la criticité

---

[1]. Après une sauvegarde complète, la première sauvegarde incrémentale et la première sauvegarde différentielle sont ainsi identiques.

des informations et données sauvegardées. Ainsi les cas particuliers suivants sont fréquemment rencontrés :

- **Sauvegarde « physique »** – Le domaine visé présente une unité de sens physique : serveurs, baies de disques, éléments matériels. Par nature, la sauvegarde physique vise surtout la restauration sur l'environnement de production lors d'incidents d'exploitation (crash de disque ou de serveur par exemple) puisqu'elle est, par nature, liée au matériel sur lequel elle est faite. Il s'agit donc d'un type de sauvegarde peu adapté lors de la mise en place d'un plan de secours sur site distant.

- **Sauvegarde logique** – Le domaine sauvegardé n'est alors pas lié à une contrainte matérielle ou physique mais à un élément présentant une unité de sens logique (application, base de données...). La sauvegarde logique permet une restauration indépendante du matériel sur lequel elle est effectuée. Ce type de sauvegarde est ainsi bien adapté lors de la mise en place d'un plan de secours sur un site distant dont la configuration n'est pas pleinement connue (cas fréquent).

- **Sauvegarde applicative** – Il s'agit d'un cas particulier de sauvegarde logique. L'unité de sens logique est ici donnée par le périmètre d'une application. C'est ainsi l'ensemble des fichiers concourant à la bonne marche d'une application qui est sauvegardé (code applicatif, données, paramétrage, etc.). La sauvegarde applicative est particulièrement adaptée pour les applications évaluées comme critiques dans le BIA. Elle offre, dans ce cas, la meilleure garantie de restauration effective (et efficiente puisqu'elle n'est pas « parasitée » par le brassage d'informations extérieures à l'application !).

- **Sauvegarde systèmes** – C'est un cas particulier de sauvegarde physique appliqué à un système d'exploitation en vue de le restaurer rapidement.

5.1.3 Technologies de sauvegarde et architecture de haute disponibilité des données

Des techniques les plus classiques (bandes magnétiques) aux techniques les plus modernes (sauvegardes en ligne, virtualisation), les technologies de sauvegardes permettent de répondre à des besoins variés de disponibilité de l'information. La figure 5.1 les classe par disponibilité croissante.

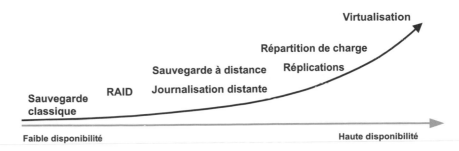

Figure 5.1 — Solutions de sauvegarde et disponibilité

La duplication sur bandes/cartouches[1] (« backup »)

Cette technologie, qui est la plus classique, permet surtout la sauvegarde régulière des données pour disposer d'une image fiable de laquelle repartir en cas de sinistre. Il s'agit des solutions dans les technologies DAT, DDS, AIT, Travan, VXA, SLR, DLT pour les petits volumes et S-AIT, SDLT ou LTO pour les volumes plus importants. Cette solution peut avoir quelques applications locales (postes de travail équipés), surtout pour les petits volumes de données mais concerne surtout les sauvegardes centralisées, au moyen de robots et d'automates. La durée de vie de ces supports magnétiques ne se prête pas à l'archivage légal à long terme (de type comptabilité informatisée) car au-delà de quelques années, la fiabilité n'est pas assurée (usure par frottements mécaniques en particulier). Les sauvegardes sur bande proposent néanmoins un rapport coût/capacité plus intéressant que celles sur disques et, dans la mesure où l'on accepte le renouvellement régulier des supports, constituent une solution intéressante sur le long terme.

La duplication sur disques[2]

La duplication se fait cette fois sur des disques en réseau, soit par le partage de ces disques entre des utilisateurs et la copie régulière de données, soit par le pilotage programmé de sauvegardes *via* un outil dédié. Les disques permettent par ailleurs de meilleures performances en archivage (en raison de la fiabilité des supports dans le temps) et en rapidité d'écriture et de restauration. Cette rapidité permet d'allonger de façon non négligeable les fenêtres de sauvegarde (plages horaires). Et comme le rapport coût/capacité s'est nettement amélioré dans les dernières années, les sauvegardes sur disque proposent une alternative de plus en plus attractive aux technologies bandes/cartouches. Ces derniers progrès montrent clairement la voie d'une solution de sauvegarde optimisée en coût, en capacité et en performance, fondée sur une architecture à deux niveaux : bandes/cartouches pour l'archivage, disques pour la performance, utilisant chacune des technologies dans son domaine d'excellence pour un coût maîtrisé. L'avenir, s'il confirme la baisse des coûts sur les technologies disque, penchera peut-être pour une extinction des technologies bandes/cartouches.

La sauvegarde en ligne

De plus en plus répandue, la technologie de sauvegarde sur Internet présente un rapport coût/capacité excellent, ne demande pas de compétences internes sur les systèmes de sauvegarde courants et permet une diminution de la charge de travail non négligeable. Elle propose en outre un gain de place (elle évite les montagnes de bandes et l'automate qui occupe une salle entière) et présente des garanties satisfaisantes en matière de sécurité et de services de remontée de sauvegardes. Les principaux freins

---

1. Voir *Décision Informatique* : « Sauvegarde sur bandes : superlecteur ou automate ? », C. Grosjean, 02/02/2005.
2. Voir ZDNet.fr : « Sauvegarde sur disque : une approche complémentaire de la bande », T. Lévy-Abégnoli, 01/12/2004.

liés à cette technologie sont la limitation de performance due à l'Internet (débit) et le pas psychologique à franchir pour confier ses données à un tiers.

Bien qu'elles permettent une restauration depuis la dernière sauvegarde, ces trois technologies ne permettent pas la restauration des données modifiées postérieurement. Les technologies qui suivent permettent de combler cette lacune en assurant une disponibilité élevée des données sur les architectures de production ou des architectures dédiées.

RAID *(Redundant Array of Inexpensive Disks[1])*

L'objectif de la technologie RAID est d'accroître la tolérance à la panne et de diminuer le temps moyen entre défaillances (MTBF[2]), accroissant ainsi la disponibilité de l'information. RAID utilise pour cela une redondance dans les disques qui stockent l'information[3] et trois techniques : le *mirroring* (les mêmes informations sont écrites simultanément sur plusieurs disques), la parité[4] (qui permet de s'assurer de la protection de l'information sans avoir à la dupliquer sur plusieurs disques) et le *striping* (un élément d'information est scindé en plusieurs blocs qui sont distribués sur plusieurs disques). Classiquement, on distingue six niveaux de RAID aujourd'hui (voir tableau 5.2 *Les niveaux de RAID*) mais les niveaux 1 et 5 sont les plus utilisés. Parler de niveau de RAID peut prêter à confusion dans la mesure où il ne s'agit pas d'une gradation croissante dans les performances et bénéfices. Il y a des cas où un RAID-1 sera largement préférable à un RAID-4. Le choix d'un niveau devra être fait selon les enjeux et les bénéfices attendus, toujours avec l'assistance d'un expert. Par ailleurs, des évolutions récentes ont donné naissance à d'autres niveaux (pas tous détaillés ici : RAID-1+0 ou RAID-10, RAID-5+0, RAID-53, RAID-0+1, RAID-6, RAID-n).

---

1. Il existe également une version avec « Independent » pour le I de RAID mais je donne ici la version originale des chercheurs de Berkeley qui ont baptisé le concept (1987).
2. *Mean Time Between Failures*.
3. Hormis pour le niveau 0 (RAID-0), qui devrait plutôt s'appeler AID-0.
4. Le principe est simple mais on se référera à la littérature spécialisée pour les détails : supposons que je dispose de N données et que ces N données me permettent de calculer une $(N+1)^{ème}$ donnée. Je stocke les $(N+1)$ données sur $(N+1)$ disques. Si l'un quelconque des disques est détruit, mon mode de calcul de la $(N+1)^{ème}$ donnée me permet de reconstituer les N données d'origine, quelle que soit la donnée perdue. En pratique, le mode de calcul de la $(N+1)^{ème}$ donnée fait essentiellement appel aux propriétés de l'opérateur logique XOR.

Tableau 5.2 — Les niveaux de RAID

Niveau	Technique	Avantages/Inconvénients
RAID-0	*Striping*	Performance d'accès à l'information (écriture et lecture) Facilité de mise en œuvre Information non redondée Parfaitement inadapté à l'utilisation en solution de continuité d'activité
RAID-1	*Mirroring*	Simple Information redondée complètement Perte de 50 % de la capacité de stockage à cause de la technique employée et donc onéreux Bien adapté à une utilisation haute disponibilité
RAID-2	*Striping* au niveau bit	Vitesse de transfert d'information exceptionnelle Difficile à mettre en œuvre et très cher Peu usité (pas d'application commerciale connue)
RAID-3	*Striping* au niveau bit plus parité	Efficace pour les applications qui gèrent des fichiers volumineux (en raison de la technique du *striping*) : vidéo, *streaming*, gestion d'image, etc. Très haut débit de transfert d'information
RAID-3	*Striping* au niveau bit plus parité	Les données de parité ne sont présentes que sur un seul disque ce qui limite la performance et rend laborieuse la restauration en cas de crash d'un disque. Peu adapté aux applications en continuité d'activité.
RAID-4	*Striping* au niveau de blocs d'information plus parité	Idem RAID-3 mais : – La taille des blocs peut être paramétrée pour permettre de s'adapter aux besoins d'applications spécifiques. – Peu adapté aux applications en continuité d'activité.
RAID-5	*Striping* au niveau de blocs d'information plus parité distribuée	La distribution des données de parité permet au RAID-5 de s'affranchir de l'inconvénient principal des RAID-3 et RAID-4 (données de parité sur un seul disque) : les données de parité du RAID-5 sont ainsi distribuées sur tous les disques. L'avantage du striping au niveau bloc est également présent (paramétrage possible de la taille des blocs pour l'adapter aux besoins des applications). En comparaison du RAID-1, la restauration en cas de crash d'un disque est plus longue et plus difficile. Utilisation possible pour la continuité d'activité mais moins efficace que RAID-1 (moyenne disponibilité).
RAID-1+0 (ou RAID-10)	Superposition des techniques RAID-1 (*mirroring* de disques) et RAID-0 (*striping*)	Cumule les avantages des deux niveaux (0 et 1) : – Haute disponibilité (grâce au miroir) – Haute performance (grâce au *striping*) – En revanche cher (4 disques minimum) – Très adapté à une utilisation en continuité d'activité Attention : ne pas confondre RAID-1+0 avec RAID-0+1 (qui applique les deux niveaux dans l'ordre inverse) qui n'est pas du tout adapté à la continuité d'activité.

La répartition de charge (load balancing)

La répartition de charge permet de distribuer dynamiquement le trafic d'informations entre plusieurs serveurs (perçu comme un seul serveur de l'extérieur) sur lesquels tourne la même application. Le répartiteur de charge distribue les flux d'information en calculant les meilleurs chemins réseaux afin d'accroître les performances et la disponibilité. Le groupe de serveurs qui reçoit le trafic peut être physiquement dispersé entre différents sites, permettant à l'application de continuer à fonctionner même s'il ne reste plus qu'un site opérationnel. Dans ce cas, les applications de cette technique au management de la continuité d'activité deviennent évidentes (sites Internet notamment).

La sauvegarde à distance (electronic vaulting)

La sauvegarde à distance consiste à réaliser des sauvegardes sur un support distant (« coffre-fort électronique »), généralement sur le site de secours pour permettre une réactivité plus grande en cas de sinistre. Cette technologie présente tous les avantages de la sauvegarde en ligne (elle en est un cas particulier). On parle également de télésauvegarde.

La journalisation distante (remote journaling)

La journalisation distante s'effectue lorsque les changements apportés sur un serveur sont transmis automatiquement entre chaque sauvegarde classique sur un site distant, pour reconstituer, au fil de l'eau, un système au plus proche du système à secourir. Ces techniques nécessitent, par nature, un site distant de secours (interne ou externe). C'est, techniquement, une évolution sur le thème déjà abordé de la sauvegarde en ligne. Plus la journalisation est fréquente, plus le système restauré est proche du système avant sinistre.

La réplication asynchrone (shadowing)

La technique utilise la copie entre disques pour répliquer toute modification apportée au serveur nominal (serveur à protéger) sur le serveur répliqué (serveur de secours). Les mises à jour du serveur répliqué ne se font pas en temps réel (comme dans la réplication synchrone) mais par lots. La gestion par lots évite la dégradation des performances sur le serveur nominal. Les RTO (*Recovery Time Objective* ou délai de reprise) et RPO (*Recovery Point Objective* ou degré de fraicheur des données) d'une telle technique sont en revanche plus faibles que dans la réplication synchrone.

La réplication synchrone (mirroring)

Cette technique est analogue à la réplication asynchrone mais s'effectue en temps réel, chaque modification opérée sur le serveur nominal étant répercutée instantanément (en parallèle) sur le serveur répliqué. Le caractère temps réel de l'opération nécessite une bande passante importante ainsi que des distances relativement faibles entre les deux serveurs (inférieures à 50 km en général). Ce que l'on perd en performances sur le serveur nominal est alors compensé par une amélioration significative des RTO et

RPO. On citera la suite de produits SRDF[1] d'EMC[2] (sur canaux DWDM[2] ou *via* des liens de type SDH[3]).

La virtualisation[4]

Au sens informatique premier, on appelle virtualisation, « *l'ensemble des technologies matérielles et/ou logicielles qui permettent de faire fonctionner plusieurs systèmes d'exploitation et/ou plusieurs applications sur une même machine, séparément les uns des autres, comme s'ils fonctionnaient sur des machines physiques distinctes.* »[5]

Dans le cas qui nous intéresse (sauvegarde et disponibilité des données), la virtualisation consiste en la « mise en commun logique d'éléments de stockage qui étaient indépendants à l'origine (différentes baies de stockage par exemple). On peut rassembler dans un stockage virtuel des éléments dissemblables (DAS, NAS, SAN...)[6], provenant de constructeurs différents et utilisant des protocoles de gestion fichiers différents »[7].

Les principales technologies de virtualisation qui ont une utilisation en architecture de haute disponibilité sont les architectures de stockage en réseau (par opposition à l'attachement direct de type DAS) principalement représentées par les NAS et SAN.

Dans le cas du NAS, le réseau dont on parle est le réseau IP (de type Ethernet) qui permet de mutualiser les données stockées sur les serveurs de fichiers reliés entre eux par le LAN (*Local Access Network*) de l'entreprise. Dans celui du SAN, il n'est pas question d'infrastructure IP. Ce que la notion recouvre en fait – à savoir la mise en relation de serveurs avec des baies de disques qui stockent des données routées et hiérarchisées *via* des commutateurs – est un réseau physique, le plus souvent constitué par des câbles en fibre optique (*Fiber Channel*).

Si les possibilités offertes par le SAN sont nettement supérieures à celles du NAS, le coût induit est aussi plus élevé. Autre avantage du SAN : il assure la redondance du stockage (c'est-à-dire l'accessibilité au système de stockage en cas de panne de l'un de ses éléments) en doublant au minimum chacun des éléments du système : les éléments critiques des serveurs (cartes), les commutateurs et l'écriture des données sur les disques. Le NAS, lui, ne permet pas cette fonction vitale pour certaines applications (banques, assurances, sites de commerce électronique, etc.)

Le tableau 5.3 propose un aperçu des principaux avantages et inconvénients des techniques présentées, ainsi qu'un avis sur l'applicabilité de chaque technique au management de la continuité d'activité.

---

1. *Symmetrix Remote Data Facility.*
2. DWDM (*Dense Wavelength Division Multiplexing*) : liaisons optiques haut débit.
3. SDH : deuxième niveau des sept couches du modèle OSI.
4. D'après M. Lemesle, JDNet, « Stockage : San, Nas, iSCSI, iFCP, FCIP, Infiniband, etc. : trouvez vos marques ! », 15 janvier 2002.
5. Source : Wikipédia.
6. DAS : *Direct Attached System* ; NAS : *Network Attached Storage* ; SAN : *Storage Area Network.*
7. Source : guideinformatique.com

Tableau 5.3 — Comparaison des solutions techniques de sauvegarde et disponibilité

Technique	Avantages	Inconvénients	Application MCA
Sauvegarde classique	Simple Matériel peu onéreux	Disponibilité faible	Pour une stratégie de MCA orientée vers la faible disponibilité
RAID	Voir le tableau 5.1	Voir le tableau 5.1	Voir le tableau 5.1
Sauvegarde à distance (télésauvegarde)	RTO amélioré par rapport aux techniques classiques Solution relativement économique Par rapport aux techniques classiques, pas de transfert des supports physiques	Site distant requis L'amélioration du RPO n'est pas acquise. Elle dépend des paramètres de la sauvegarde distante (fréquence en particulier) Risque de perte de données non négligeable	Application possible en moyenne disponibilité mais surtout en faible disponibilité
Journalisation distante	RTO et RPO amélioré par rapport aux techniques classiques	Site distant requis	Application possible en moyenne disponibilité
Répartition de charges	Permet la répartition sur plusieurs serveurs, y compris sur plusieurs sites Permet la continuité tant qu'il reste un site opérationnel	Paramétrage et administration nécessitant des compétences pointues	Application possible en haute disponibilité si l'architecture est prévue pour (site distant impératif)
Réplication asynchrone	La distance entre serveur nominal et serveur répliqué peut être grande Adapté à IP Les performances sur le serveur nominal sont bonnes	RTO et RPO dépendent entièrement de la fréquence de réplication Quelques risques mineurs de perte de données	Application possible en moyenne disponibilité (pas en haute disponibilité)
Réplication synchrone	RTO et RPO très bas Préservation de l'intégrité des données	Solution onéreuse Dégradation des performances sur le serveur nominal Technologie sensible aux temps de latence réseau et aux coupures des réseaux télécoms Les distances entre serveurs nominal et répliqué doivent être courtes (environ 50 km)	Application possible en haute disponibilité mais attention : le site de secours ne peut pas être très éloigné du site nominal (même région)
Virtualisation	Adaptation aisée de la capacité de stockage et modification de l'architecture sans arrêt de la production Très haute disponibilité	Selon la technologie employée, limitation dans les distances physiques entre les matériels	Application possible en haute disponibilité

On l'aura compris, en raison de leur sensibilité à la distance entre site nominal et site de secours, les solutions de haute disponibilité ne proposent pas un secours efficace contre les **sinistres d'échelle régionale**. Si le RTO retenu dans le bilan d'impact sur l'activité[1] impose la haute disponibilité et si la cartographie des scénarios de sinistres[2] retient des scénarios de sinistre de cette échelle, l'entreprise devra alors envisager une solution de secours hybride, qui pourrait être construite ainsi :

- **Une solution de type haute disponibilité** (réplication synchrone en général) sur un site proche.
- **Une solution de type moyenne ou faible disponibilité** (sauvegarde à distance, journalisation distante, ou réplication asynchrone en général) sur un site éloigné (plusieurs centaines de kilomètres) afin de se protéger des sinistres d'ampleur régionale.

Les coûts engendrés par une telle solution seront bien entendu un facteur limitant, de même que la complexité de mise en œuvre, de mise en cohérence et d'administration.

5.1.4 Critères de choix des solutions de sauvegarde

Les choix de solutions de secours dans ce domaine devraient s'appuyer sur une étude approfondie des éléments suivants :

- La **capacité de stockage**.
- La **compatibilité technique** avec le(s) système(s) et les configurations existants.
- Les **contraintes réglementaires d'archivage** : ainsi, pour garantir le caractère probant des données enregistrées en sauvegarde (non modifiées après écriture), on pourra par exemple utiliser des médias WORM (_Write Once Read Many_).
- La **durée de vie** du support de sauvegarde, qui définit la fiabilité de la sauvegarde à une échéance plus ou moins éloignée.
- Le **temps de restauration des données** : suivant les solutions techniques, celles-ci varient du tout au tout ; il convient donc de s'assurer que les restaurations prévues avec les technologies envisagées atteignent les objectifs de secours (RTO en particulier).
- Les **solutions applicatives** associées à la solution de secours (complexité, assistance extérieure requise, formation nécessaire, etc.)

---

1. Phase 1, étape 1.C de la méthodologie E = MCA.
2. Phase 1, étape 1.B de la méthodologie E = MCA.

5.2 CONSIDÉRATIONS TECHNIQUES SUR LES COMPOSANTS CRITIQUES DU SI : STRATÉGIES DE SECOURS[1]

Au moment de planifier le secours des différents éléments du SI, deux aspects du secours devraient être abordés pour chaque élément :

- **Les stratégies de prévention et de secours** : qui représentent les analyses, considérations techniques préalables et les prérequis visant la prévention et l'optimisation des secours en cas de sinistre ;
- **Les solutions de secours** : qui constituent les réponses techniques et le moyen de mettre en œuvre les stratégies de secours.

Nous présentons ces deux aspects pour les principaux éléments du SI. Par **ailleurs, les stratégies de prévention et de secours communes à tous les élément**s ont été factorisées ci-après.

Stratégies génériques de prévention et de secours

Note importante – De façon générale, toutes les solutions de secours devraient être pensées en tenant compte des points suivants :

- **Documentation des configurations et des fournisseurs :** une documentation soigneuse des configurations (postes, serveurs, réseau, télécoms, etc.) facilite la reprise et optimise les délais associés. La tenue à jour d'inventaires associés est également fortement recommandée. Les informations concernant les fournisseurs usuels (et sans doute quelques fournisseurs de secours potentiels !) devraient être documentées.
- **Maintien en cohérence des pratiques avec la politique de sécurité de l'information :** afin de préserver le patrimoine informationnel de l'entreprise, les solutions de secours retenues devront être compatibles avec les exigences définies dans la politique de sécurité de l'entreprise (gestion des droits, sécurité réseaux, etc.). Dans le cas contraire, la mise en œuvre de la solution de secours ne ferait qu'ouvrir des brèches dans la sécurité, potentiellement préjudiciables à l'entreprise. Un fonctionnement même dégradé ne devrait pas ouvrir la porte à une faille de sécurité.
- **Prise en compte des conclusions du BIA :** la mise en œuvre de la solution de secours doit tenir compte des priorités découvertes lors de l'étape de BIA.

---

1. On se référera à ce sujet, entre autres, à la publication du National Institute of Standards and Technology (NIST) : *SP 800-34 : Contingency Planning Guide for Information Technology Systems*, juin 2002, dont sont inspirées les considérations données ici.

5.2.1 Serveurs

Les serveurs constituent l'unité de base de la chaîne du système d'information. Les considérations présentées ci-dessous s'appliquent génériquement pour la plupart des types de serveur. On adaptera cependant les choix selon que l'on travaille en environnement très centralisé (type *mainframe*) ou au contraire en environnement de type système distribué (type clients/serveurs).

Stratégies de prévention et de secours

Outre les stratégies génériques, les stratégies de prévention et de secours concernant les serveurs devraient tenir compte des critères de sécurité (confidentialité, intégrité, disponibilité) des données concernées. Dans cette optique, les points suivants devront être considérés :

- **Stockage externalisé des sauvegardes** : les sauvegardes devraient être stockées dans un site externe, dans des conditions propices à assurer leur préservation (environnement maîtrisé) et leur restauration efficace (tests réguliers d'échantillons).

- **Harmonisation du parc de machines** : un parc homogène de serveurs donne l'assurance d'une gestion plus efficace du secours en cas de sinistre. Plus un serveur est jugé critique et plus sa configuration devrait être standard afin de limiter les délais de « customisation ». La standardisation devrait concerner le trio matériel/logiciel/périphériques et faire l'objet d'une documentation dans les procédures du plan de secours technique.

- **Protection physique du parc** : la stratégie de prévention qui concerne les serveurs doit être particulièrement soignée et est principalement couverte par les mesures de contrôle de l'environnement de la salle machines. En particulier, des protections doivent être en place contre :

  – le risque électrique (rupture d'alimentation et microcoupures) ;
  – le risque incendie (système de détection et d'extinction) ;
  – le risque dégâts des eaux (planchers techniques, capteurs d'humidité, etc.) ;
  – le risque de surchauffe (climatisation et contrôle de la température).

- **Isolement des fonctions critiques** : pour faciliter la reprise rapide, il est en général conseillé d'isoler les fonctions critiques d'un système d'information sur des serveurs dédiés. La colocation de fonctions sensibles est une entrave à l'efficacité de la reprise.

Solutions de secours

Pour les solutions de secours des serveurs, on se référera intégralement au paragraphe 5.1 *Sauvegarde, restauration*.

5.2.2 Réseau local

Les réseaux locaux que l'on rencontre aujourd'hui dans les entreprises ont générale-ment une topologie hybride, composée d'une combinaison des schémas unitaires classiques : étoile, bus, anneau, arbre... Dans un réseau local, on appelle :

- **Peer-to-peer :** une architecture dans laquelle chaque nœud a des capacités et responsabilités équivalentes.
- **Client/serveur :** une architecture dans laquelle chaque nœud est soit un client, soit un serveur ; dans ce dernier cas, il met à disposition des ressources utilisées par un groupe de clients.

Stratégies de prévention et de secours

Outre les stratégies génériques, on considérera le point suivant :

- **Documentation du réseau local** : au-delà des documents décrivant les configura-tions des matériels liés au réseau local (*switchs, hubs...*), des schémas physique et logique du réseau local devraient être maintenus à jour. Le diagramme physique devrait représenter l'implantation du réseau dans un plan de masse du ou des sites. L'identification du câblage devrait être également représentée. Pour le schéma logique, un outil d'administration réseau peut aider considérablement.
- **Mise en place d'outils de supervision du réseau local** : des outils de supervision bien implémentés et administrés (fonctions *push*) permettent de diagnostiquer rapidement des pannes et d'améliorer les délais de réaction aux incidents.

Solutions de secours

Les solutions de secours suivantes pourront être considérées :

- **Réseau local sans fil** (*Wireless LAN* ou WLAN) : une solution sans fil peut être une excellente solution de secours à une défaillance du LAN. Si la facilité de mise en œuvre de cette solution est démontrée, elle ne doit pas faire oublier les difficultés à sécuriser ce type de réseau (un cryptage robuste est incontournable).
- **Redondance des infrastructures** : la redondance d'éléments critiques de l'in-frastructure LAN peut permettre une solution de secours en mode dégradé. Il faudra alors faire preuve de discernement et de bon sens dans le choix de l'infrastructure redondée : le rôle et la criticité des routeurs, des *switchs*, des *hubs* et du câblage devraient alors être analysés et donner lieu à la mise en place d'une infrastructure redondée adaptée.
- **Utilisation des accès distants** : c'est une solution de secours « naturelle » quand elle est déjà en place avant le sinistre. Elle permet l'accès au réseau local en court-circuitant nombre des éléments classiques (câblage en particulier) souvent mis en défaut en cas de sinistre. Elle peut être mise en œuvre par diverses technologies (technologie RAS sur accès RTC – très faible sur le plan de la protection d'accès – ou solutions VPN-IP). Là encore, des précautions seront nécessaires pour l'authentification : solutions *One-Time Password* (OTP) comme les SmartCards ou SecurID.

5.2.3 Réseau WAN

Un réseau WAN est un réseau de données qui comprend plusieurs réseaux LAN géographiquement dispersés. Les liens de communication d'un réseau WAN permettent aux LAN d'interagir. Parmi ces liens de communication, on trouve de nombreuses technologies (réseau commuté, ISDN, T-1, T-3, Frame Relay, ATM, SONET, sans fil, VPN, etc.).

Si 49 % des entreprises interrogées citent spontanément les catastrophes naturelles et le risque terroriste parmi les menaces qu'elles redoutent le plus, elles ne sont que 2 % à citer le risque de défaillance télécoms dans la même catégorie[1] ! Et quand 47 % d'entre elles disposent de sauvegardes externalisées (et 33 % de serveurs redondants), seulement 12 % peuvent se targuer d'une redondance des accès télécoms.

Cette insouciance vis-à-vis des défaillances télécoms est sans doute à imputer à la fausse sécurité qu'inspire le recours systématique à des fournisseurs d'accès télécoms : on se sent en général plus inquiet de ce qui est directement de notre responsabilité et moins de ce que l'on achète !

Stratégies de prévention et de secours

Outre les stratégies génériques, on considérera le point suivant :

- **Documentation du réseau WAN** : au-delà des documents décrivant les configurations des matériels liés au réseau WAN (routeurs, pare-feu, lignes spécialisées...), un schéma d'architecture du réseau WAN devrait être maintenu à jour, y compris les plans d'adressage IP.
- **Contractualisation par convention de service (SLA[2])** : la mise en place d'une convention de service avec les fournisseurs sécurise le service et les garanties des fournisseurs. Les modalités d'intervention (délai d'intervention, délai de résolution, engagements de service sur incident...) doivent être claires et négociées.

Solutions de secours

Les solutions de secours suivantes pourront être considérées :

- **Redondance des lignes de communication** : les lignes redondantes devraient être du même type que les lignes à secourir, à moins qu'un secours dégradé soit accepté. Une attention particulière devrait être portée à la séparation physique des liens secourus pour s'assurer qu'un même sinistre ne détruit pas les redondances en même temps que les lignes nominales.
- **Redondance des fournisseurs d'accès aux réseaux** : pour atteindre la haute disponibilité, le point précédent (redondance des lignes de communication) devrait être mis en œuvre par des fournisseurs distincts, en s'assurant que les fournisseurs choisis n'utilisent en aucun point les mêmes infrastructures.

---

1. *Business Continuity Research*, « *Perceived biggest threats in the coming year* », 2005, BCI.
2. *Service Level Agreement.*

- **Redondance des matériels d'accès au réseau** : à l'interface avec le réseau interne (LAN), les matériels (routeur, pare-feu et *switchs* principalement) peuvent être redondés. Cette approche assure, d'une part une meilleure tolérance à la défaillance d'un composant, d'autre part, la possibilité de mettre en œuvre une répartition de charge sur le réseau.

- **Solution sans fil type WIMAX** : il s'agit là de s'affranchir des réseaux physiques (filaires) pour mettre en place un secours hertzien sur les portions de réseau filaire dont on redoute les défaillances ; attention cependant, ce type de liaison intersites peut être sensible aux phénomènes météorologiques courants dans nos régions (ciel couvert, brouillard, etc.).

- **« Accélération » de réseau WAN :** les technologies d'accélération de réseau WAN (par exemple les technologies WAFS[1]) apportent un confort non négligeable dans la mise en place de solution de secours : ils permettent par des techniques de *caching* ou de compression, de réduire les besoins en bande passante sur les liens secourus.

- **Solution de secours chez les fournisseurs d'accès :** la présence d'une architecture de secours chez les fournisseurs d'accès augmente la robustesse du réseau WAN.

5.2.4 Sites web

Stratégies de prévention et de secours

Outre les stratégies génériques, on considérera les points suivants :

- **Traiter le site web selon les mêmes standards que les autres applications :** en particulier en termes de documentation du matériel et du logiciel, mais aussi de stratégie de tests.

- **Précautions dans la programmation :** le codage des adresses IP, des noms de domaines et de répertoires ne devrait pas être « en dur » dans le code afin de permettre un transfert aisé sur un site de secours où ces paramètres pourraient changer.

- **Prise en compte de l'architecture web dès la conception :** l'architecture web propose une vitrine visible depuis l'Internet (Interface homme machine ou IHM) et le contenu de la vitrine, souvent présent sur le système d'information classique de l'entreprise (bases de données, serveurs d'application). La dépendance entre la vitrine (*front-office*) et son contenu (*back-office*) doit être prise en compte dès les spécifications pour construire une solution de secours qui traverse front et back-office.

---

1. *Wide Area File Services.*

Solutions de secours

La solution de secours suivante pourra être considérée :

- **Répartition de charge (*load balancing*) :** cette solution permet de répartir le trafic Internet sur un cluster de serveurs (vu comme un seul serveur pour l'internaute) en temps normal et de basculer sur un seul serveur si l'autre est défaillant. La répartition de charge sur un site web est généralement mise en œuvre par la technologie DNS/BIND ou au moyen d'un *Reverse Proxy*.

5.3 CONSIDÉRATIONS TECHNIQUES SUR LES OUTILS ET MOYENS PÉRIPHÉRIQUES

5.3.1 Postes et stations de travail

Stratégies de prévention et de secours

Outre les stratégies génériques, les stratégies de prévention et de secours concernant les postes et stations de travail devraient tenir compte des critères de sécurité (confidentialité, intégrité, disponibilité) des données concernées. Dans cette optique, les points suivants devraient être considérés :

- **Stockage externalisé des sauvegardes** : comme pour les serveurs, les sauvegardes des données de postes de travail devraient être centralisées et stockées dans un site externe, dans des conditions propices à assurer leur préservation (environnement maîtrisé) et leur restauration efficace (tests réguliers d'échantillons). Si la sauvegarde n'est pas centralisée *via* le réseau, des moyens devraient être mis à disposition des utilisateurs pour assurer néanmoins l'externalisation des sauvegardes (ramassage régulier des supports de sauvegardes en vue d'une externalisation par exemple).

- **Mise en place de sauvegarde PC automatisée depuis le réseau** : cette pratique devrait être privilégiée par rapport à la sauvegarde individuelle dans la mesure où son fonctionnement centralisé garantit un contrôle bien meilleur de la stratégie de sauvegarde des postes.

- **Sensibilisation des utilisateurs à la responsabilité d'effectuer des sauvegardes personnelles** : si la mesure précédente n'est pas en place, une sensibilisation des utilisateurs doit être faite en vue de les informer clairement quant à leur responsabilité individuelle concernant les sauvegardes personnelles.

- **Information des utilisateurs sur les moyens et bonnes pratiques concernant les sauvegardes personnelles** : la mise en place d'une procédure de sauvegarde personnelle (moyens, responsabilités, modalités, etc.) facilitera grandement la tâche des utilisateurs et des informaticiens dans le cadre de la restauration en cas de déclenchement du PCA.

- **Harmonisation du parc de machines** : un parc homogène de machines donne l'assurance d'une gestion plus efficace du secours en cas de sinistre. Plus un poste de travail est jugé critique et plus sa configuration devrait être standard afin de limiter les délais de « customisation ».

Solutions de secours

L'essentiel des solutions de secours concernant les postes de travail réside dans les solutions de sauvegarde. Seront principalement décrits ici les moyens techniques à envisager pour la sauvegarde des postes de travail. On se référera au paragraphe dédié, 5.1 *Sauvegarde, restauration*, pour des considérations plus générales sur les sauvegardes. Les solutions incluent :

- **Les disquettes** : solution quelque peu tombée en désuétude en raison de sa faible capacité, de sa lenteur et de la disparition progressive des lecteurs de disquette des configurations standard de postes.
- **Les disques amovibles** : il s'agit des périphériques (solution locale) gérant les cartouches de type Jaz ou Zip : plus vraiment d'actualité non plus en raison d'un format spécifique et de la généralisation des lecteurs CD/DVD sur les postes.
- **Les CD et DVD** : beaucoup plus répandus en raison de la capacité de stockage intéressante, de la rapidité de gravage et d'accès à l'information ; la durée de vie de ces supports convient par ailleurs à beaucoup d'applications classiques.
- **Les bandes/cartouches** : cette solution peut avoir quelques applications locales (postes équipés), notamment pour les petits volumes de données mais concerne surtout les sauvegardes centralisées.
- **Les sauvegardes sur disque** : celles-ci se font sur des disques en réseau, soit par le partage de ces disques entre des utilisateurs et la copie régulière de données, soit par le pilotage programmé de sauvegardes *via* un outil dédié.
- **La sauvegarde en ligne** : peut avoir des applications évidentes dans le secours des postes de travail.

Outre les solutions de sauvegarde, les solutions suivantes devraient être analysées en vue de mettre en place la stratégie de secours :

- **L'image disque** : le stockage d'une image standard des configurations de postes de travail permet la restauration rapide de stations corrompues ou détruites. Facilitée grandement par la standardisation des configurations du parc, cette technique représente le moyen le plus simple pour reconstituer un parc détruit. Cette solution ne permettant pas, en elle-même, la restauration des données, on aura soin d'encourager vivement la sauvegarde personnelle régulière, seule garante d'une restauration complète des postes.
- **Secours de l'alimentation** : les méthodes classiques (onduleurs, ligne de secours, groupe électrogène) seront considérées.
- **Cryptage de l'information** : le recours de plus en plus fréquent au cryptage des informations sur les disques durs des postes de travail (en particulier sur les portables) rend la gestion des clés de chiffrement cruciale : on aura soin de stocker des doubles de ces clés et de définir une stratégie idoine sous peine de perdre toutes les données des postes cryptés.

- **Virtualisation de poste** : plus récemment, la virtualisation de poste semble montrer la voie de solutions aisées à mettre en œuvre, peu coûteuse et extrêmement rapide en cas de sinistre : les cas concrets restent néanmoins encore peu nombreux.

5.3.2 Téléphonie

Stratégies de prévention et de secours

On se reportera intégralement aux stratégies génériques de prévention et de secours.

Solutions de secours

Les solutions de secours suivantes pourront être considérées :

- **Redondance des équipements** : un autocommutateur maître et un autocommutateur satellite synchronisé permettent un secours de type haute disponibilité.
- **Renvoi automatique d'appels sur un site secondaire** : il peut s'agir d'un site de secours dédié ou d'un site faisant l'objet d'un accord de réciprocité avec le site à secourir. Les conditions et procédures du reroutage des appels doivent être précisément établies en amont pour que cette solution soit efficace.
- **Existence de lignes directes de secours (hors autocommutateur)** : il s'agit alors de secourir quelques lignes stratégiques.
- **Téléphonie mobile (type GSM)** : il est évident que cette solution de secours est séduisante et, dans la plupart des cas, s'avérera suffisante. Il convient de rappeler néanmoins qu'en cas de **sinistre majeur** (régional par exemple), la **saturation** du réseau mobile est vite atteinte et peut rendre complètement inopérante une stratégie de secours reposant sur le recours à cette solution.
- **Téléphonie satellitaire** : si la mise en œuvre et le coût de cette solution la cantonnent aujourd'hui à des fonctions stratégiques, elle reste, pour une population restreinte, une solution appréciable pendant la durée de gestion de la crise liée au sinistre subi.
- **Pour le raccordement au réseau** : les mêmes préconisations et solutions que celles décrites pour le secours du réseau WAN s'appliquent.

5.3.3 Impression

Le secours des moyens d'impression ne fait généralement pas partie des offres packagées des fournisseurs de solutions de secours. Si l'impression ne s'avère critique que dans quelques cas bien spécifiques (billettique par exemple), elle peut être sensible pour la plupart des entreprises. On considérera également le secours éventuel des moyens de mise sous pli.

Stratégies de prévention et de secours

Outre les stratégies génériques, on considéra le point suivant :

- **Maintenir un stock adéquat de fournitures** : un stock suffisant d'imprimés doit être maintenu en conditions de service sur un site externe à celui que l'on cherche à secourir. Des contrôles doivent être effectués régulièrement pour valider que ce stock est en conditions opérationnelles (attention au vieillissement ou à la dégradation du support ; à l'obsolescence des informations pré-imprimées également).

- **Pré-définition d'un processus dégradé** : cette précaution n'entre pas vraiment dans le cadre technique de ce chapitre mais plutôt dans celui des procédures fonctionnelles dégradées du PCA. Il convient néanmoins de définir au préalable les modes de réaction à l'impossibilité d'imprimer et de mettre sous pli (responsabilités, flux physiques, etc.).

Solutions de secours

Les solutions de secours suivantes pourront être considérées :

- **Secours dégradé des lignes d'impression** : cette solution vise à l'utilisation de moyens existants internes pour secourir les moyens mis hors service. Ceci implique la séparation physique de lignes d'impression (souvent sur un site distant) et la mise en place d'une procédure dégradée.

- **Contractualisation d'un secours externe** : il s'agit cette fois d'avoir recours à un fournisseur (imprimeur, société de *mailing*).

5.3.4 Internet

Stratégies de prévention et de secours

On se reportera intégralement aux stratégies génériques de prévention et de secours.

Solutions de secours

Les solutions de secours suivantes pourront être considérées :

- **Redondance des accès à Internet** : tout comme les solutions de secours du réseau WAN, on pourra considérer le secours par raccordement à deux accès distincts (soit chez le même FAI, soit, pour plus de sécurité, chez deux FAI différents).

- **Reroutage du trafic Internet** : lors de la bascule sur le site de secours, si l'accès est fourni par le même FAI que sur le site nominal, le plan d'adressage IP est inchangé. Si ce n'est pas le cas, il faut avoir prévu un nouveau plan d'adressage IP et la mise à jour des DNS.

Études de cas

Les cas présentés dans ce chapitre sont essentiellement issus de certaines missions que j'ai effectuées en tant que consultant. Ils présentent donc une vision assez fidèle de ce que peuvent être les préoccupations des entreprises vis-à-vis des problématiques de continuité d'activité. Pour des raisons évidentes de confidentialité, ils sont rendus anonymes, mais j'ai tenté d'être le plus fidèle possible à la réalité des situations.

Le choix des cas a été fait sur la base de la variété des problématiques qu'ils abordent ainsi que pour leur faculté à mettre en lumière certains des points clés exposés dans cet ouvrage[1]. Ils se focalisent en général sur un des aspects du management de la continuité d'activité. Ils sont décrits sous une forme simplifiée pour en rendre la lecture plus aisée. Malgré cette simplification, on notera combien l'application de la théorie et de la méthodologie E = MCA peut être complexe.

6.1 CAS N° 1 – MISE EN PLACE D'UN PLAN DE CONTINUITÉ INFORMATIQUE LOCAL

Le cas n° 1 est un cas d'école, très simple techniquement. Il représente cependant une excellente approche du sujet. Peu d'entreprises proches du contexte de ce cas entrent dans une approche de management de la continuité d'activité, alors que, on le verra, le travail et les investissements induits sont faibles en comparaison de la sécurité apportée.

---

1. Les cas se focalisent sur la partie fonctionnelle de la continuité d'activité plus que sur la partie solution technique de secours parce que celle-ci est couverte aux chapitres 4 et 5.

Contrairement à l'approche générale et aux partis pris du livre, ce cas aborde essentiellement l'aspect informatique de la continuité d'activité (mais sous ses deux aspects, technique et organisationnel).

6.1.1 L'énoncé du problème

L'entreprise

L'agence régionale d'une entreprise de service emploie 50 personnes pour couvrir l'offre de service de sa maison mère à l'échelle régionale. Elle possède un réseau informatique local (LAN) qui est relié au réseau de l'entreprise.

L'organisation

Un responsable d'agence pilote une équipe commerciale, une équipe administrative (à laquelle est rattaché le responsable informatique local) et une équipe de production.

Le système d'information local

Le système d'information de l'agence est utilisé essentiellement pour la bureautique (traitement de texte, tableur, messagerie électronique) mais aussi pour une application locale, nommée Asset, qui permet la gestion des ressources locales.

L'inventaire du matériel est fait rapidement :

- 50 postes de travail connectés ;
- cinq hubs ;
- deux imprimantes réseau ;
- un serveur de fichiers (pour la bureautique) ;
- un serveur de messagerie ;
- le serveur de l'application Asset (avec sa base de données) ;
- un serveur qui gère l'accès au réseau et l'authentification (pare-feu, accès Internet et authentification des accès aux systèmes).

Le contexte et les enjeux

Suite à un incendie dans une salle machine de la direction France, la mise en œuvre de mesures de secours informatiques a été décidée. Délégation a été donnée aux différentes agences pour apporter une réponse locale aux enjeux de continuité locaux. Ainsi, le secours du réseau global n'est pas dans le périmètre de l'étude.

La demande du client

Le responsable informatique local a été mandaté pour mettre en place une solution de secours locale. Il fait appel à un consultant pour l'assister dans sa démarche méthodologique en vue de développer son plan de continuité informatique.

6.1.2 L'approche proposée et la démarche mise en œuvre

Approche

Le consultant propose une approche basée sur la méthodologie E = MCA, restreinte dans son application mais visant à couvrir les points suivants :

- définition des scénarios de sinistres envisagés,
- définition des besoins de continuité,
- orientation de la stratégie de continuité,
- mise en œuvre et validation de la solution technique de continuité,
- mise en œuvre des modes opérationnels de gestion de la continuité d'activité.

Démarche

On déroule la méthodologie E = MCA partiellement, essentiellement pour les phases 1 (*Mieux connaître l'activité*), 2 (*Orienter la stratégie de continuité*) et 3 (*Mettre en place la solution technique de continuité*).

La réalisation de la phase 1 passe par des entretiens avec les acteurs locaux clés :

- le responsable d'agence,
- un utilisateur référent de l'application Asset (ayant une vision managériale),
- un panel représentatif d'utilisateurs des moyens du réseau local,
- le responsable informatique,
- un technicien informatique compétent sur les aspects réseau et sur l'aspect technique de l'application Asset.

6.1.3 Étape 1 – Mieux connaître l'activité

L'analyse des risques et vulnérabilités est rapide et permet de définir les scénarios de sinistre retenu :

- destruction complète de l'agence,
- inaccessibilité du site pendant deux semaines.

Le bilan d'impact sur l'activité passe quant à lui par l'identification des ressources informatiques et humaines critiques. Un premier recueil d'information permet de définir les quelques points déterminants suivants :

- l'application Asset remonte tous les jours (en *batch*) les données qu'elle contient à la base de données France de la maison mère. Si l'on peut considérer qu'une journée d'interruption est acceptable, il est clair qu'au-delà de 48 heures, les pertes directes dépasseraient les seuils de criticité acceptables. Le fonctionnement en mode dégradé d'Asset nécessite l'accès à l'application et cinq personnes pour en assurer le fonctionnement (avec postes de travail) ;
- la messagerie électronique, quoique moins critique qu'Asset, est utilisée abondamment pour les transactions quotidiennes. Il est estimé que le délai maximum d'interruption acceptable est de 4 jours ;

- à part Asset et la messagerie, aucun système ou application n'est jugé critique dans la mesure où des modes manuels de fonctionnement permettraient des opérations satisfaisantes, jusqu'à un seuil intuitif d'une dizaine de jours ;
- en ce qui concerne les équipements périphériques, il est établi que l'imprimante est fortement utilisée pour l'activité quotidienne, afin de sortir les états Asset. On pourrait s'en passer pendant quatre jours, moyennant l'accès à Asset et l'utilisation palliative de la messagerie électronique. Au-delà, le fonctionnement dégradé deviendrait évident pour l'extérieur et nuirait fortement à l'image de l'entreprise.

Les dépendances dans la chaîne du SI et l'exploitation des résultats d'entretien permettent d'établir la liste des équipements critiques :

- le serveur d'accès au réseau et d'authentification utilisé pour l'accès à Asset,
- le serveur Asset (application et base de données),
- le serveur de messagerie,
- cinq postes de travail (pour assurer le fonctionnement dégradé d'Asset),
- un hub pour le réseau restreint des cinq postes,
- le câblage réseau associé,
- l'alimentation électrique de l'ensemble,
- l'imprimante réseau Asset,
- la climatisation et un local.

Les RTO correspondants sont alors déterminés (tableau 6.1).

Tableau 6.1 — RTO pour les éléments critiques du SI

Élément	RTO
Serveur d'authentification	48 h
Serveur Asset	48 h
Serveur Messagerie	4 jours
Cinq postes de travail	48 h
Un hub	48 h
Câblage	48 h
Alimentation	48 h
Imprimante	4 jours

6.1.4 Étape 2 – Orienter la stratégie de continuité

En conséquence de l'étude réalisée en étape 1, la stratégie de continuité choisie vise à :

- répondre aux besoins de continuité constatés,
- tirer profit de l'appartenance à une entreprise possédant plusieurs sites,
- privilégier le secours des éléments à plus faible RTO,
- être la plus économique possible, et à rester en interne à l'entreprise.

L'architecture de continuité préconisée est constituée de :

- un site alternatif parmi deux sites distants de l'entreprise possédant une salle machine, un réseau local, un câblage propre et un secours d'alimentation électrique *via* des onduleurs et un groupe électrogène de secours testé régulièrement et dimensionné aux besoins du site ;
- un serveur d'authentification de secours acheté, configuré et installé sur le réseau local du site de secours ;
- un serveur Asset de secours, acheté, configuré et installé sur le réseau local du site de secours ;
- un hub « *spare* » dormant sur le site de secours ;
- un programme de sauvegarde à distance (piloté par le SI du site de secours) est décidé pour Asset et pour le serveur d'authentification : une sauvegarde complète est planifiée toutes les semaines ainsi qu'une sauvegarde différentielle quotidienne.

Vu les RTO liés au serveur de messagerie, aux postes de travail et à l'imprimante, il est prévu de ne les acheter qu'en cas de sinistre déclaré. Par ailleurs, vu les scénarios de sinistres retenus (échelle régionale du sinistre prise en compte), le site alternatif le plus éloigné est retenu.

6.1.5 Étape 3 – Mettre en place la solution technique de continuité

L'acquisition des matériels de secours et la mise en place de l'architecture de secours sont réalisées. La stratégie de sauvegarde est mise en œuvre.

Un accord formalisé est passé avec le site distant. Il précise en particulier[1] :

- les conditions d'accès au site de secours (personnes autorisées, conditions de déclenchement, accès possible hors jours et heures ouvrées, etc.) ;
- la contrepartie financière versée pour la « location » d'un espace dans la salle machine, la mise en place de la sauvegarde sur le site de secours, les opérations de maintenance de base sur les serveurs hébergés en mode courant et le support informatique en cas de déclenchement du plan de secours ;

---

1. Son niveau de détails et d'engagements est bien entendu adapté à la solution de secours interne retenue.

- la procédure de déclenchement du plan de continuité informatique :
  - contacts habilités (pour les deux parties) ;
  - schéma d'alerte et d'activation.
- Les modalités des tests et répétitions (programme des tests, livrables attendus, durée et fréquence des tests).

Un avenant au contrat de travail pour 10 utilisateurs-clés de Asset est passé pour stipuler qu'en cas de sinistre majeur, ils peuvent être appelés à être temporairement relocalisés sur le site distant pour assurer la continuité de l'activité. Une compensation financière est convenue dans l'éventualité du sinistre.

Une procédure « *Plan de Continuité – Partie 1 : technique* » est rédigée pour décrire l'architecture de secours retenue, l'enchaînement des tâches pour rendre la solution opérationnelle.

Une procédure « *Plan de Continuité – Partie 2 : fonctionnelle* » est rédigée, qui décrit l'organisation de crise (cellule de crise, équipes d'intervention), les modalités d'alerte et de déclenchement.

Le plan de continuité ainsi défini est validé par le responsable d'agence, le responsable du site de secours, la direction générale et le risk manager de l'entreprise.

Une session de sensibilisation a lieu pour tous les employés de l'agence et un programme de simulation et de test est déployé.

Les premiers tests techniques sont concluants.

6.1.6 Conclusion

Ce premier cas permet de mettre en évidence que la mise en place d'un plan de continuité sur un périmètre restreint et une architecture simple est relativement aisée. Ce type de projet n'a pas un coût très élevé et il apporte une sécurité appréciable à l'agence concernée.

6.2 CAS N° 2 – AUDIT D'UN PLAN DE CONTINUITÉ INFORMATIQUE ET DÉFINITION DU PCA[1]

Le cas n° 2 est encore restreint en périmètre pour illustrer le fait que l'utilisation d'une partie seulement de la méthodologie E = MCA est parfaitement envisageable. Il s'agit d'un cas qui impose une application pragmatique et simplifiée des concepts et méthodes décrits dans ce livre.

---

1. Voir également à ce sujet le paragraphe 2.2.6 *Quelques conseils aux décideurs / Adaptez la démarche aux enjeux*. On a recours ici à la terminologie PCA pour la clarté du titre mais il s'agit en fait plus de la partie opérationnelle du plan de continuité informatique (plan opérationnel de continuité informatique).

6.2.1 L'énoncé du problème

L'entreprise

L'entreprise est une entreprise du monde des services dont l'activité est centrée sur le contrôle de la conformité réglementaire. Plusieurs milliers de professionnels interviennent quotidiennement en France, chez les clients, pour assurer les prestations de contrôle.

L'organisation

Le système d'information est sous la responsabilité du directeur administratif d'un point de vue fonctionnel. Un responsable informatique gère le quotidien.

Le contexte et les enjeux

L'application de gestion opérationnelle des équipes d'inspecteurs est sensible. La nouvelle version de l'outil, supporté par une interface web a connu un démarrage catastrophique (trois semaines sans utilisation possible au moment de la mise en production) et a coûté sa place au précédent directeur des SI. La nouvelle organisation a placé le directeur administratif comme responsable de l'application. Il est clair pour lui qu'une nouvelle interruption majeure de l'application est inacceptable.

Dans ces conditions, il a demandé aux équipes informatiques de définir un plan de continuité informatique pour cette application.

La demande initiale du client

L'objectif initial de la mission est d'auditer le plan de continuité informatique de l'application pour s'assurer qu'il répond aux besoins liés à un éventuel sinistre majeur. Le mandataire, quelque peu angoissé par les enjeux, souhaite avoir la validation externe d'un tiers sur la proposition de PCI développée conjointement par l'hébergeur et les équipes internes. Il veut avoir l'assurance que le plan audité est réaliste et suffisant.

L'application

L'application est au cœur de la gestion de l'activité de l'entreprise :

- plusieurs centaines d'utilisateurs (chargés de clientèle) utilisent l'application quotidiennement, comme principal outil de travail ;
- la facturation issue de l'outil se chiffre en plusieurs centaines de milliers de factures chaque année ;
- la base clients comprend plusieurs centaines de milliers de références pour environ 2,5 millions d'interventions par an pour les inspecteurs.

L'activité des inspecteurs est gérée par le personnel administratif sur l'application qui propose des fonctionnalités de :

- gestion de planning ;
- gestion de clientèle ;
- gestion de la documentation associée aux interventions (rapports de visite) ;
- gestion de la facturation (en interface avec la comptabilité).

L'architecture technique de base est une architecture web classique en trois tiers mais avec tous les éléments redondés, des garanties de sécurité et de réactivité importantes et présentant de ce fait une grande résilience aux incidents d'exploitation. Cette architecture est externalisée :

- serveurs HTTP redondés avec répartition de charge ;
- serveurs d'application redondés ;
- serveurs de bases de données Oracle en cluster ;
- tous les disques des serveurs sont montés en RAID-1 ou RAID-5 (voir tableau 5.1) ;
- des sauvegardes incrémentales sur bandes de tous les serveurs sont effectuées quotidiennement par robot et sont restaurables dans des délais inférieurs à 4 h (engagement hébergeur) ;
- les serveurs sont tous équipés d'un antivirus ;
- l'ensemble de la plate-forme est situé sur un VLAN de l'hébergeur dont l'accès est défendu par un pare-feu ;
- l'accès télécoms à l'application n'est en revanche pas redondé mais bénéficie d'un contrat avec le fournisseur qui le contraint à une remise en service en 4 h, 24 h/24 et 7 j/7.

La solution de continuité envisagée

Si l'architecture à secourir est fortement sécurisée par l'hébergeur, elle reste vulnérable à un sinistre de grande ampleur. La solution de secours est, tout simplement, la plate-forme d'intégration qui, elle, n'est pas externalisée. L'architecture de cette plate-forme d'intégration est une architecture web classique en trois tiers (http, serveur d'application, base Oracle), moins sécurisée que la plate-forme de production. Elle présente néanmoins des serveurs HTTP et serveurs d'application redondés et contrôlés en répartition de charge. L'équipe informatique annonce une reprise sur cette plate-forme en 15 heures après déclenchement du plan de continuité.

6.2.2 L'approche proposée et la démarche mise en œuvre

Approche

L'enjeu de confiance est énorme pour le client. L'énoncé même du problème révèle que le client n'accorde qu'une confiance limitée à ses équipes ainsi qu'à son principal fournisseur de service informatique (par ailleurs un grand nom du domaine pour qui le contrat en question est, sinon stratégique, au moins très important en raison de la position en vue de son client, en tant que leader sur son marché). La mission demandée est de type « ceinture et bretelles » dans la mesure où une étude a déjà été réalisée pour le secours.

Dans ce contexte, l'approche du consultant devra répondre aux interrogations du client en lui apportant l'assurance recherchée de la viabilité de la solution et du plan défini.

La réunion de qualification du besoin avec le client permet de mettre rapidement en évidence quelques lacunes là où l'on peut s'y attendre :

- les objectifs de continuité (RTO et RPO en particulier) n'ont jamais été définis : la solution de continuité envisagée est donc la meilleure proposition conjointe de l'hébergeur et des équipes informatiques du client mais le donneur d'ordre est resté évasif quant à ses besoins ;
- l'organisation du PCI présente des failles ;
- les modes opérationnels dégradés (plan de continuité opérationnel) ne sont pas définis.

La demande du client est donc requalifiée et la proposition de service se base sur ces premiers constats généraux. Elle présente une approche comprenant :

- une analyse critique du PCI « technique » ;
- la définition des besoins fonctionnels de continuité ;
- la définition d'un PCI « opérationnel ».

Méthodologie et outils

Pour traiter chacun des points inscrits à la proposition de service, on va alors s'appuyer sur des éléments de la méthodologie E = MCA et de l'expertise en solution technique de continuité :

- pour l'analyse critique du PCI « technique » : on s'appuiera sur la connaissance développée en solution technique de continuité (voir les chapitres 4 et 5) et sur les principes développés dans les phases 2 et 3 de E = MCA ;
- pour la définition des besoins fonctionnels de continuité : on utilisera essentiellement l'étape reine de E = MCA, le BIA ;
- pour la définition du PCI « opérationnel » : on se basera sur les résultats du BIA de l'étape précédente et on développera le PCI « opérationnel » selon les principes et indications de la phase 4 de E = MCA.

Démarche

Cette mission, par nature de courte durée (réalisée en une dizaine de jours), comprendra les étapes et travaux suivants :

- lancement de la mission : cadrage méthodologique, revue des objectifs, validation du planning, des jalons et des interlocuteurs, etc.
- prise de connaissance documentaire : documentation de l'application, documentation liée au PCI ;

- *tutoring* du consultant sur l'application pour comprendre les principales fonctionnalités et enjeux ;
- entretien avec les principaux rédacteurs du PCI « technique » ;
- séminaire BIA avec un panel d'acteurs intéressés (utilisateurs clés à tous les niveaux hiérarchiques, responsable informatique) ;
- validation du BIA ;
- proposition et validation du PCI « opérationnel ».

6.2.3 Les livrables et les résultats

Audit du PCI « technique »

L'audit du PCI « technique » se déroule *via* une analyse documentaire et un entretien du responsable informatique. Un rapport d'audit est formalisé dans lequel les principales lacunes identifiées sont :

- l'absence de modalités de maintenance en conditions opérationnelles du PCI ;
- la validation de la solution technique de continuité n'a pas été obtenue car aucun test n'a été réalisé ;
- les modalités de test du PCI n'ont pas été définies ;
- il n'existe aucune disposition précisant les conditions de retour à la normale dans le PCI ;
- le PCI technique n'est pas inscrit dans un plan plus global de continuité d'opérations (c'est un des buts de la mission que de définir ce plan) ;
- le mode de déclenchement du PCI n'est pas défini (alerte, arbre de décision, etc.).

Résultats du BIA

Le BIA est réalisé par un séminaire auquel est invité un panel d'acteurs intéressés qui deviendront par la suite le noyau de la cellule de crise dans le PCI « opérationnel ». Participent au séminaire :

- le directeur administratif,
- le responsable informatique,
- un directeur de région qui représente la vision utilisateur à l'échelle régionale,
- un directeur d'agence qui représente la vision utilisateur plus proche du terrain,
- une chargée de clientèle (utilisatrice de l'application au quotidien),
- un contrôleur de gestion fortement impliqué au moment de la spécification de l'application.

Influencé par la vision donnée par le directeur administratif, le débat s'oriente, dans un premier temps, vers la caractérisation des impacts d'une interruption de courte durée : la solution de reprise proposée par les équipes informatiques est une solution de moyenne disponibilité (reprise en 15 heures) mais il est possible que le besoin soit un besoin de haute disponibilité (c'est le sentiment du directeur administratif).

Rapidement cependant, devant les critères de la grille d'analyse BIA (voir l'exemple du tableau 6.7), les participants du séminaire recadrent la réalité du terrain par rapport aux enjeux qui sont les leurs. Le tableau 6.2 présente l'évaluation des principaux impacts en fonction de la durée d'interruption de l'application.

Tableau 6.2 — Évaluation de l'impact d'interruption de l'application

	Domaine 1 (environ 40 % CA)	Domaine 2 (environ 60 % CA)
Fonctionnalités impactées	Facturation Planification Gestion des rapports	Facturation
Impact 1 semaine	Planification pas impactée Pas de perte de productivité des inspecteurs Problèmes d'occupation des chargés de clientèle Problèmes de trésorerie Difficultés de réponse réactive aux clients (délais de rapport, facturation, suivi de rapport, etc.) Reconstitution : planification, suivi des interventions, facturation, gestion des rapports	Aucun sauf si fin de mois (25-31) : facturation retardée Pas visible pour clients
Impact 2 semaines	Fort impact psychologique sur le personnel administratif et l'encadrement Perte des outils de contrôle et de management « Chômage technique » Perte de productivité des opérationnels (20 %)	Mineur sauf si fin de mois (25-31) : facturation retardée Pas visible pour clients
Impact 3 semaines	Impacts inacceptables tant sur le plan psychologique que sur le plan business et qualité Perte productivité exponentielle	Impact significatif Un mois de délai pour rattraper les saisies Difficulté de pilotage (vérification de la planification)

L'analyse des résultats permet de conclure que :

- les impacts directs (perte de CA, coût de fonctionnement en mode dégradé et coûts induits pour la reconstitution et le « rattrapage » du travail) et les impacts indirects externes (relation clients, image, réglementaire) ne deviennent significatifs qu'après une interruption d'une semaine et critiques que pour une interruption d'environ trois semaines ;
- l'impact indirect interne (impact psychologique sur le personnel : décrédibilisation du management, démotivation des équipes, etc.) atteint son niveau de

criticité beaucoup plus tôt en revanche, et devient l'élément dimensionnant pour les contraintes de reprise.

> En raison de l'historique de l'application (démarrage catastrophique, « débauchage » du précédent directeur des SI), l'impact psychologique est critique bien avant l'impact financier et opérationnel !

Il est dès lors convenu que les délais de reprise annoncés dans le PCI « technique » seront considérés comme amplement suffisants pour autant que :

- ils soient validés par un test formel ;
- des mesures conservatoires et préventives soient prises, essentiellement liées à l'impression papier systématique de certains états de l'application.

Le PCI « opérationnel »

Au cours du séminaire BIA, les principales ressources métier sont identifiées et le fonctionnement en mode dégradé en cas d'interruption prolongée de l'application est esquissé.

Dès lors, le PCI « opérationnel » peut être développé. Il définit en particulier :

- l'organisation de crise : cellule de crise et équipes locales de crise ;
- les modalités de gestion de crise : alerte et activation du plan, check-list de gestion de crises (pour la cellule de crise et l'organisation locale de crise) ;
- les procédures fonctionnelles dégradées ;
- les conditions de retour à la normale ;
- les modalités de maintenance du PCI « opérationnel » ;
- les modalités de test du PCI : scénarios de crise pour les tests, les modules de test et leur ordonnancement.

À titre d'illustration, le tableau 6.3 donne le schéma d'alerte et d'activation du PCI « opérationnel » (une illustration plus complète d'un PCM est donnée en annexe).

6.2.4 Conclusion

Le directeur administratif a été rassuré par les principales conclusions de la mission. Les compléments apportés (validation des besoins de continuité et PCI « opérationnel » en particulier) lui ont permis de disposer d'un système simple de management de la continuité de l'activité de l'entreprise.

Pour un observateur extérieur, d'autres conclusions s'imposent :

> Le contexte d'une entreprise peut enlever toute objectivité à un acteur interne pour juger « à vue » des besoins de reprise d'un système. Seule une approche méthodologique claire et objective permet de « recoller » à la réalité.

Tableau 6.3 — Alerte et activation du PCI « opérationnel »

CHRONO	ACTION	ACTEUR
<T0	**Alerte** L'alerte peut provenir de deux sources : remontée d'utilisateurs ou alarme des pilotes d'exploitation (en central ou supervision réseau). L'alerte (d'une nature ou d'une autre) est transmise à l'informatique France.	Support exploitation
<T0	**Qualification de l'alerte** L'informatique France qualifie l'alerte : – Confirmation auprès des pilotes d'exploitation (s'il s'agit d'une remontée utilisateurs). – Premier diagnostic s'il s'agit d'une alerte d'exploitation. – Suivant les conclusions de ce premier diagnostic, l'alerte est qualifiée.	Informatique France
T0	**Confirmation de l'indisponibilité** Toute alerte confirmée donne lieu à : – Une transmission d'alerte au dir. admin. ou son suppléant. – Une information du service support pour diffusion d'information.	Informatique France
Entre T0 et T0+3h	**Information des utilisateurs** Le service Support informe les utilisateurs. Si l'information est disponible, la nature, la durée anticipée, les impacts éventuels sont précisés.	Support
T0+3h	**Saisie de la cellule de crise** Le dir. admin. saisit la cellule de crise et fixe les modalités de réunion.	Dir. Admin.
T0+4h	**Réunion de la cellule de crise** La cellule de crise se réunit pour examiner le premier diagnostic, évaluer la situation et prendre les premières décisions.	Cellule de crise

6.3 CAS N° 3 – MISE EN PLACE D'UN PLAN DE CONTINUITÉ MÉTIER (PCM)

Le cas n° 3 est beaucoup plus vaste que les deux précédents : il couvre l'étude pour la mise en place d'un plan de continuité métier (PCM) dans une grande entreprise ayant déjà un plan de secours informatique. Le contexte politique est périlleux dans la mesure où la direction chargée de la mise en place du PCM est en délicatesse avec la direction informatique qui ne veut pas donner accès à son plan de secours, jugé absolument confidentiel. L'entreprise en question possède neuf sites en région parisienne et cherche à se prémunir contre le risque de sinistre global.

Afin de préserver l'anonymat, beaucoup d'éléments factuels ne sont pas présentés.

6.3.1 L'énoncé du problème

L'entreprise en quelques chiffres

Quelques données de cadrage :

- plus de 1 000 collaborateurs,
- plusieurs milliards d'euros de chiffre d'affaires,
- plusieurs millions de clients,
- neuf sites en région parisienne,
- 26 macroprocessus,
- un système d'information qui peut traiter plus de mille transactions clients par seconde (capacité similaire aux principales places financières mondiales).

Pour préserver l'anonymat, l'activité de l'entreprise n'est pas donnée. Son secteur est plutôt celui des services. Elle exerce son activité principalement en France (faible chiffre d'affaires réalisé à l'international).

L'organisation

Les principales directions de l'entreprise sont :

- la direction générale,
- la direction marketing,
- la direction commerciale,
- la direction du développement international,
- la direction ressources humaines,
- la direction financière,
- la direction des systèmes d'information (la plus nombreuse en effectif) avec de nombreuses ramifications,
- la direction de la communication,
- le service gestion des risques,
- les services généraux (qui comprennent le service juridique).

La cartographie des processus

L'entreprise a réalisé, dans l'année qui précède, une cartographie exhaustive de ses processus. Cette analyse sert de base à l'étude qui suit. Pas moins de 26 macroprocessus sont recensés :

- Stratégie : 2
- Marketing : 3

- Commercial : 4
- « Production » : 4
- Système d'information : 2 (découpés en 15 activités)
- Support (RH, sécurité, finance, etc.) : 11

Il est à noter que la société est très fortement dépendante de son système d'information, ce qui justifie que deux processus entiers lui soient consacrés. Ce n'est, à cet égard, pas un cas typique.

Le contexte et les enjeux

Initiée par la menace terroriste issue des attentats du 11 septembre, ravivée par la crainte d'une crue centennale en région parisienne, la mise en place d'un PCM répond à une inquiétude de la direction vis-à-vis de sa capacité à assurer la continuité de son activité dans un monde où les menaces globales font l'actualité.

La mission doit être réalisée sans avoir accès aux informations du plan de secours informatique qui existe, est censé être testé et efficace mais dont nous ne saurons rien.

Par ailleurs, et c'est encore trop rare pour être souligné, le mandat de la mission est confié au service de gestion des risques de l'entreprise. L'indépendance est ainsi totale vis-à-vis de l'informatique.

La demande du client

Le client fait appel à un consultant pour définir son plan de continuité d'opérations. La mission fait suite à une mission préalable de réalisation d'un inventaire des données et « dossiers » vitaux pour l'entreprise.

6.3.2 L'approche proposée et la démarche mise en œuvre

Approche et méthodologie

Le périmètre de la mission (PCM) oriente les étapes de la méthodologie E = MCA qui sont appliquées : 1, 2, 3 et 5.

Les étapes 1 (*Mieux connaître l'activité*), 2 (*Orienter la stratégie de continuité*), 3 (*Développer le plan de continuité d'activité*) sont presque intégralement réalisées. L'étape 5 (*Assurer la conduite du changement, le déploiement du PCM et son maintien en conditions opérationnelles*) est réalisée seulement dans sa deuxième composante (maintien en conditions opérationnelles).

Démarche

Dans le cadre de cette mission, peu d'adaptations sont réalisées lors de la mise en œuvre de la méthodologie E = MCA. C'est le cas qui suit le plus fidèlement les principes énoncés.

La démarche de classification des activités critiques de l'entreprise se base sur la cartographie des processus définie.

6.3.3 Étape 1 – Mieux connaître l'activité

Diagnostic sommaire de prévention

Le service de gestion des risques réalise régulièrement des audits de prévention des risques. Notre action s'appuie sur les résultats de ces démarches et propose une investigation complémentaire. Étant donné le contexte et les antécédents, un autodiagnostic sur la base d'un questionnaire élaboré par le consultant est mis en œuvre. Cet autodiagnostic est réalisé site par site. Dans le tableau 6.4, un exemple d'extrait de diagnostic de sécurité d'une salle machine est présenté.

Tableau 6.4 — Extrait d'un diagnostic de prévention

		O/N	Commentaire
Incendie	Les serveurs sont dans une salle dédiée	O	
	Les salles machine sont climatisées	O	
	Les salles machine ne servent pas de lieu de stockage papier	O	
	Les salles sont protégées par un système d'extinction gaz Halon ou CO_2	O	Gaz Inergen
	Il existe un témoin de la décharge de gaz	O	
	Le système d'extinction gaz est vérifié régulièrement	O	
	Le système d'extinction gaz fait l'objet d'un contrat de maintenance	O	
Incendie	Les salles sont équipées de portes reconnues coupe-feu	O	
	Les consignes d'évacuation des locaux sont affichées	O	
	Les machines ne sont pas branchées sur des prises multiples	O	
	L'ensemble des câblages des machines est correctement identifié	O	Respect code couleur ?
	Tous les câbles électriques sont sous gaine	N	Mais sous faux-plancher
	Des extincteurs sont présents dans les locaux hors Halon et CO_2	O	
	Les extincteurs sont testés régulièrement	O	
	Les extincteurs font l'objet d'un contrat de maintenance	O	
	Il existe un système de détection/extinction de fumée	O	

Tableau 6.4 — (suite)

		O/N	Commentaire
Intrusion	Les entrées des salles sont protégées (code, caméra, badge...)	O	Accès par badge
	Les droits d'entrée sont gérés (arrivée, départ, changement de fonction)	N	Arrivée seulement
	Les entrées et sorties des salles sont enregistrées par un système automatique	O	Entrée uniquement
	Des détecteurs d'ouverture et de présence existent	O	Si porte reste ouverte : alarme
	Les alarmes sont envoyées sur un poste de sécurité	O	
Moyens de secours	Il existe un groupe électrogène	O	Plusieurs (redondance : 2+2)
	Le groupe électrogène est testé régulièrement	O	15 jours
	Le groupe électrogène fait l'objet d'un contrat de maintenance	O	
	Il existe un onduleur sur le site	O	Plusieurs
	Toutes les machines en salle sont ondulées	O	
	Les installations électriques font l'objet de vérifications annuelles	O	Contrôle réglementaire
Local autocom	Les matériels de communication sont dans une salle dédiée	O	Local autocom dédié
	Les entrées et sorties de la salle sont protégées (code, caméra, badge ..)	O	Accès par clé (2)
	Les droits d'entrées sont gérés (arrivée, départ, changement de fonction)	N	
	Les entrées et sorties de la salle sont enregistrées par un système automatique	N	Partiellement
	Des détecteurs d'ouverture et de présence existent pour le local	N	Il existe une main courante
	Les alarmes sont envoyées sur un poste de sécurité	N	
	Tous les équipements sont ondulés	?	À confirmer

La réalisation de ce diagnostic de prévention permet de formaliser un rapport préliminaire et un plan d'actions visant à sécuriser au maximum les infrastructures avant de formaliser le plan de continuité des opérations. En accord avec le client, la réalisation du reste de la mission postule que les actions de prévention préconisées sont effectivement déployées.

Cartographie sommaire des sinistres

Il s'agit de classer les sinistres potentiels selon leur criticité pour l'entreprise (selon le couple [probabilité, impact]). La réalisation de cette étape est simplifiée dans la mesure où la stratégie de secours du SI est déjà définie puisque le plan de secours informatique est en place. La cartographie sommaire des sinistres permet en revanche de s'assurer, *a posteriori*, que les moyens mis en œuvre dans le plan de continuité des opérations répondent bien aux besoins exprimés dans le bilan d'impact sur l'activité.

Après consultation des experts de la prévention pour les neuf sites concernés, la cartographie sommaire est établie. Un extrait en est donné dans le tableau 6.5 (où seuls les éléments relatifs aux impacts sont donnés, pas la probabilité).

Tableau 6.5 — Extrait de la cartographie sommaire des sinistres

ORIGINES	SINISTRES	IMPACTS					GRAVITÉ
		Inaccessibilité physique	Destruction de biens ou matériels	Perte d'information	Sécurité des personnes	Défaillance ressources techniques	
Origine naturelle	Inondation	Oui	Oui	Oui	Oui	Oui	CRITIQUE
	Pluies torrentielles (dégâts des eaux)	Oui	Oui	Oui	Oui	Oui	CRITIQUE
	Tempête/orage (y compris grêle, neige et verglas)	Oui	Oui	Oui	Oui	Oui	CRITIQUE
	Foudre (incendie)	Oui	Oui	Oui	Oui	Oui	CRITIQUE
	Ouragans, tornades, cyclones	Oui	Oui	Oui	Oui	Oui	CRITIQUE
Origine humaine	Attentats/actes terroristes	Oui	Oui	Oui	Oui	Oui	CRITIQUE

Tableau 6.5 — (suite)

ORIGINES	SINISTRES	IMPACTS					GRAVITÉ
		Inaccessibilité physique	Destruction de biens ou matériels	Perte d'information	Sécurité des personnes	Défaillance ressources techniques	
Origine technique	Atteinte à l'inté-grité/pérennité du bâtiment (suite chocs, chutes, explosions, etc.)	Oui	Oui	Oui	Oui	Oui	CRITIQUE
	Indisponibilité des liaisons télécoms (requises pour le « cœur de métier »)	Non	Non	Oui	Non	Oui	GRAVE
	Indisponibilité de l'informatique « cœur de métier »	Non	Non	Oui	Non	Oui	GRAVE
	Indisponibilité de l'infrastructure télécoms (centraux Opérateurs)	Non	Non	Oui	Non	Oui	GRAVE
Origine humaine	Indisponibilité totale d'un prestataire ou fournisseur clé	Oui	Non	Oui	Oui	Oui	GRAVE
	Mouvements sociaux	Oui	Non	Oui	Oui	Oui	MOYEN
	Manifestations (pouvant rendre impossible l'accès aux locaux)	Oui	Non	Oui	Oui	Oui	MOYEN
	Arrêt de travail de longue durée (hors mouvements sociaux)	Non	Non	Oui	Oui	Oui	MOYEN

Bilan d'impact sur l'activité (BIA)

Rappel

Dans cette mission, la réalisation du BIA n'a pas pour objectif de caractériser fonctionnellement le secours technique à mettre en place puisque celui-ci existe déjà. Il s'agit bien de préparer le terrain pour définir le Plan de Continuité Opérationnel. L'étape BIA est allégée par rapport à son périmètre classique, celui décrit dans la méthodologie E=MCA. En conséquence, il n'est par exemple pas question dans cette étude de définir les RTO (délai de reprise) et RPO (degré de fraîcheur des données) du système d'information, pas plus que les points de défaillance unique technique.

Le BIA est complexe à mener. Trois approches sont en effet possibles : l'approche par site (vision géographique), l'approche par processus (vision métier) ou l'approche par fonction (vision organisationnelle). S'il est évident que l'approche par processus est la plus satisfaisante intellectuellement, elle ne peut être décorrélée des besoins par site ou de la vue par fonction. De temps en temps, les trois angles convergent (cas des ressources humaines par exemple : la fonction RH correspond au processus RH et n'existe que sur un site). Mais pour les processus les plus critiques, ces trois notions divergent passablement. Le parti pris du client est de privilégier la vision par site pour des raisons pratiques liées au développement et au déploiement du PCM. Nous aurions préféré privilégier l'approche processus qui intègre la notion de service intégré, de bout en bout. Au final, il est convenu de réaliser le BIA avec une approche processus (qui s'impose, étant donné la cartographie préexistante) tout en recueillant, pour toutes les informations collectées, les informations relatives au site et à la fonction en vue du développement ultérieur du PCM. Ceci est d'autant plus nécessaire que les scénarios de sinistres retenus cadrent bien avec la formalisation du PCM par site.

Par ailleurs, le choix de l'entretien individuel est retenu pour la réalisation du BIA. Ce choix est fait pour crédibiliser la démarche en interne, pour assurer une analyse fine de chaque processus et parce que les agendas du grand nombre d'intervenants consultés sont particulièrement chargés. En effet, les 40 managers les plus proches de la direction générale sont tous rencontrés. Des compléments d'information sont obtenus auprès des interlocuteurs techniques identifiés.

L'élaboration de la grille des critères permettant de jauger le caractère critique des activités se fait tout d'abord avec le service gestion des risques. Une validation des seuils financiers est obtenue auprès de la direction financière.

Des illustrations de livrables et livrables intermédiaires sont présentées : dans la figure 6.1, la fiche d'entretien avec les décideurs pour la qualification des activités et la collecte des informations à utiliser dans le PCM (on se souviendra qu'en raison du périmètre de la mission, on ne trouvera pas les RTO et RPO dans ce tableau) ; dans le tableau 6.6, les critères de classification des activités critiques ; dans la figure 6.2, un exemple d'extrait de matrice BIA.

Tableau 6.6 – Critères de classification des activités critiques

Gravité	Impacts directs			Impacts indirects			Quantification			
	Revenus	Coûts de fonctionnement	Coûts de reconstitution	Image	Satisfaction clients	Réglementaire	Directs	Indirects		
		M€						I	SCL	R
Critique		>	5	National	National	Suspension activité	12	5	5	5
Grave	1	à	5	Régional	Régional	Mention RCS	9	4	4	4
Moyen	0,1	à	1	Local	Local	Litige	7	3	3	3
Faible	<	à	0,1	Interne	Pts de vente	Plainte	5	1	1	1
Nul		Nul		Nul	Nul	Nul		0	0	0

Niveau des événements redoutés

1	2	3

FICHE DE SYNTHESE ENTRETIEN BIA — N° de Fiche : 12

Interlocuteur : M. XXX, Directeur Développement International — **Site** : Paris 1 — **Autres sites concernés** : Aucun en direct

Direction

DF [ ] DCOM : [ ] DMK : [ ] DDI : [X] SG : [ ]
DRH : [ ] DSI [ ] DC [ ] Autre [ ]

Autres directions concernées par les processus

DF [X] DCOM : [ ] DMK : [ ] DDI : [ ] SG : [X]
DRH : [X] DSI [X] DC [ ] Autre [X] Site 2

Processus concernés

A		B			C				D				E										
01	02	01	02	03	01	02	03	(04)	01	02	03	04	01	02	03	04	05	06	07	08	09	10	11

C04 : Conduire le développement à l'international

Données de cadrage et infrastructure

Staff : 15 — PC : 17 — Dont réseau : 17 — Imprimantes : NC — Téléphones : 15 — Divers
Budget : NC — Dont Internet : 11 — Photocopie : NC — Fax : 1 — GSM : 11

15 personnes aujourd'hui - 17 au budget
4 administratifs / 11 fonctionnels

Acteurs clés (organisation dégradée) NC = Non communiqué

11 personnes (Directeur Activité, Responsables de pays)

Ressources SI utilisées

Logiciels bureautique + messagerie Outlook
Accès au réseau interne et répertoires sécurisés
Accès Internet
Téléphone avec accès international
Téléphone mobile avec accès international

Analyse de l'impact d'une discontinuité de service sur l'activité (j : 1 jour, s : 1 semaine, m : 1 mois)

Evaluation de l'impact d'un arrêt d'activité selon la durée

N = Nul
F = Faible - de 0 à 100 Keuro
M = Moyen - de 100 Keuros à 1 Meuros
G = Grave - de 1 à 5 Meuros
C = Critique - plus de 5 Meuros

			N	F	M	G	C	Commentaire
Impacts directs	Revenus Une interruption d'activité de plus d'un mois peut engendre un arrêt de négociation d'un contrat de partenariat.	j	X					
		s	X					
		m			X			
	Coûts de fonctionnement Coûts occasionnés par les déplacements + tps homme	j						
		s						
		m		X				
	Coûts de reconstitution (inclus dans les coûts de fonctionnement) Inclus dans les coûts de fonctionnement ci-dessus	j						
		s						
		m	X					
Impacts indirects	Image Négociations longues, peu de possbilité de repli en cas de rupture des négociations car peu de partenaires potentiels	j						
		s						
		m				X		
	Satisfaction clients La DDI assure une fonction de Front Office. L'arrêt de l'activité serait dommageable aux relations établies ou en cours d'établissement avec les partenaires internationaux. Grave au delà d'un mois car risque pour l'entreprise de ne pouvoir contracter avec aucun partenaire dans un pays	j	X					
		s	X					
		m				X		
	Réglementaire Pas nécessairement de problèmes juridiques si les responsables de pays peuvent gérer la crise …	j	X					F = Plainte
		s	X					M = Litige
		m		X				

Recensement des solutions existantes (secours, sauvegardes, etc.)

Recours aux moyens de secours DSI /"Réseau Interne"
Sauvegardes des données "vitales" : archivage des documents officiels en cours de mise en œuvre (non opérationnel à ce jour)
Possibilité de travail à distance
Téléphones mobiles et PC portables des collaborateurs
Système de middle office prévu (diminuant le risque de sinistre d'origine humaine)

Interlocuteurs identifiés

Partenaires / Fournisseurs clés :
XXX
Ils contractent directement avec les partenaires internationaux.

Scénarios de secours envisagés

1 jour à 1 semain	Travail à distance comme en cas de déplacement (aucun moyen particulier à prévoir)
1 semaine à 1 mois	Télétravail : utilisation des PC portables avec les logiciels de bureautique actuels, accès internet à distance, accès mail à distance, imprimantes (?), fax (?)
Au delà	Au delà d'un mois, prévoir local, infrastructure et moyens informatiques à l'identique de ce qui est utilisé actuellement

Questions en suspens / Remarques

La DDI est une direction fonctionnelle qui s'appuie sur des directions opérationnelles clés : DSI, XX et XX en particulier.
Il convient que les moyens de secours prévus pour ces directions tiennent compte qu'il faille maintenir l'activité internationale.
Un système de sauvegarde des disques durs des PC portables est envisagé (non opérationnel à ce jour).

Figure 6.1 – Fiche d'entretien

Analyse de couverture des polices d'assurance

L'analyse de la couverture des polices d'assurance est faite avec le service gestion des risques et révèle certaines zones non couvertes. Le diagnostic est classiquement réalisé comme un diagnostic d'écart, en comparant les scénarios de sinistres les plus critiques avec les clauses de couverture des risques par les polices d'assurance. Le tableau 6.7 illustre quelques constats faits lors de cette analyse.

Processus	Durée	Impacts					Propriété et participation	Ressources clés mode dégradé			Sites concernés	Risques identifiés
		Directs	Indirects			Gravité		Acteurs mode dégradé	Infrastructures	SI		
			Image	SCL	Réglem							
B02 : Concevoir et optimiser l'offre de produits et de services	1 jour	0	0	0	0	0	**DM** : Dépts Produits + Distrib. **DRC** (voir C01-C02-C03) **DF** (voir E01-E05-E06-E08-E09)	Directeur Marketing	Néant	Néant (2 mois sans Bdd Mapinfo ni Infocentre sans pb)	MLK (DM), LB (DF, DRH), SH (DRC), IV	Retard dans le lancement des produits Produits non conformes lancés sur le marché (défauts techniques) : hors cadre PCA
	1 semaine	0	0	0	0	0	**DRH** (voir E07) (idem DRC)	Equipe MKT produits/ distrib/ au complet + partage des PC	1 local + 6 PCs + Imprimante + téléphonie + 6 accès réseau + 1 internet	Néant (2 mois sans Bdd Mapinfo ni Infocentre sans pb)		
	1 mois	5	3	3	0	11		Equipe MKT produits/ distrib/ au complet + partage des PC	Idem réel (32PC, 17 imprimantes, 26 téléphones, 2 photocopieur, 4 fax, 24 accès réseau, 9 internet, TV)	Néant (2 mois sans Bdd Mapinfo ni Infocentre sans pb)		
B03 : Piloter les projets de produits et services	1 jour	0	0	0	0	0	**DM** **DCOM** (voir E11) **DRC** (voir C01-C02-C03) **DRH** (voir E07)	Directeur Marketing	Néant	Néant (2 mois sans Bdd Mapinfo ni Infocentre sans pb)	MLK (DM), LB (DFCG, DCOM, DRH), SH (DRC), IV (DRC)	Documentation d'aide à la vente non disponible Retard de conception/réalisation de la PLV Plan de communication produits non élaboré ou retardé / Campagnes publicitaires annulées ou retardées
	1 semaine	0	0	0	0	0	**Relations** Fournisseurs PLV + Prestataires Développement	Equipe MKT au complet + partage des PC	1 local + 12 PCs + Imprimante + téléphonie + 6 accès réseau + 1 internet	Néant (2 mois sans Bdd Mapinfo ni Infocentre sans pb)		
	1 mois	5	3	3	0	11		Equipe MKT au complet + partage des PC	Idem réel (32PC, 17 imprimantes, 26 téléphones, 2 photocop eur, 4 fax, 24 accès réseau, 9 internet, TV)	Néant (2 mois sans Bdd Mapinfo ni Infocentre sans pb)		

Figure 6.2 – Extrait de matrice BIA (deux processus)

Tableau 6.7 — Extraits de la matrice de couverture des polices d'assurance

Types d'origine	Sinistres possibles	Facteur aggravant : Risque multisite	Couverture police d'assurance : O/N	Police d'assurance	Commentaires / Limites
Origine naturelle	Inondation	O	O	Multirisques immeubles	Contrat multirisques immeubles : permet d'être couvert en cas de sinistre naturel si l'état de catastrophe naturelle est déclaré par les autorités publiques
	Pluies torrentielles	O	O	Multirisques immeubles	Contrat multirisques immeubles : permet d'être couvert en cas de sinistre naturel
	Tempête/orage (y compris grêle, neige et verglas), ouragans, tornades, cyclones.	O	O	Multirisques immeubles	Contrat multirisques immeubles : permet d'être couvert en cas de sinistre naturel
	Foudre (incendie)	N	O	Multirisques immeubles	Assurance incendie classique
Origine humaine	Attentats / actes terroristes	O	N	Aucune	Aucune prise en charge par les assurances (du ressort des autorités publiques)
	Mouvements sociaux internes (pouvant rendre impossible l'accès aux locaux)	O	N	Aucune	Pas de prise en charge par les assurances
	Arrêt de travail brutal du personnel (hors mouvements sociaux)	O	N	Aucune	Pas de prise en charge par les assurances
	Indisponibilité totale d'un prestataire ou fournisseur	O	O	Dommages et pertes d'exploitation informatique	Sont couvertes les pertes d'exploitation résultant de la carence de fournisseurs (y compris en cas de grèves)

6.3.4 Étape 3 : Développer le plan de continuité d'activité

Système documentaire[1]

Le PCM défini repose sur une architecture documentaire à trois étages qui permet une gestion concertée d'un sinistre annoncé ou avéré affectant potentiellement la continuité de l'activité de l'entreprise :

- Un **PCM global** : il est le **document chapeau** du dispositif : il l'introduit et présente les éléments nécessaires à sa vie et son évolution (maintenance, tests). Il pose les bases de gestion d'une crise multisite et s'interface avec les PCM locaux, deuxième échelon du dispositif.
- Les **PCM locaux** : ils sont la clé de voûte du dispositif dans la mesure où ils contiennent les check-lists pratiques de réaction face à un sinistre, les circuits de remontées d'alerte, les arbres de décision et les informations nécessaires à la prise de décision. Le niveau local est le **niveau d'action** et de réaction pour les sinistres. Par « local » on entend « site ».
- Les **fiches réflexes** : elles résument le mode de réaction immédiat de tout employé de l'entreprise confronté à l'occurrence d'un sinistre. Elles stipulent le **mode d'alerte** des autorités et de la hiérarchie de crise de l'entreprise.

Le système documentaire ainsi défini peut être représenté comme dans la figure 6.3.

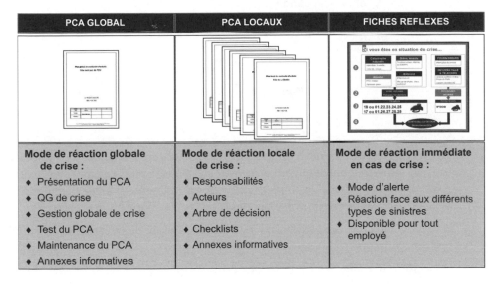

Figure 6.3 — Architecture documentaire du PCM

---

1. On verra également à ce sujet l'annexe B *Quelques illustrations documentaires de la méthodologie* où un exemple de PCM est donné.

Organisation de crise et responsabilités

L'organisation de crise du PCM possède, elle aussi, une architecture à trois étages comme le présente la figure 6.4.

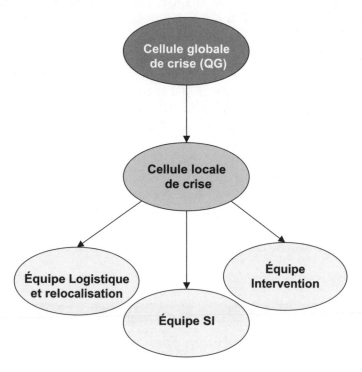

Figure 6.4 — Organisation de crise

QG[1] de crise

Le QG de crise est l'instance centrale de décision, de coordination et de pilotage pour tous les sinistres conséquents. Le recours au QG de crise n'est pas systématique et nombre de crises de faible ampleur peuvent être traitées au niveau local. Le QG de crise est particulièrement utile pour des sinistres touchant plusieurs sites.

Le QG de crise est constitué des membres du comité de direction et a pour rôles et responsabilités de :

- Réunir toutes les informations critiques pour juger de la gravité du sinistre, décider de la marche à suivre et coordonner et suivre les efforts internes et externes déployés pour répondre à la crise.
- Planifier, superviser et suivre l'ensemble des actions mises en œuvre pour la résolution de la crise.
- S'assurer que les premières consignes de sécurité ou procédures d'urgence ont été appliquées.

---

1. Pour Quartier Général.

- Assurer la liaison, le support et la coordination avec les cellules locales de crise, notamment sur le plan des interventions de prestataires clés et des commandes de produits et services auprès de ces fournisseurs.
- Donner des orientations éventuelles relatives aux moyens de transport, d'hébergement, etc.
- Définir les actions de communication interne et externe.

Le QG de crise dispose de deux locaux alternatifs pour se réunir, en fonction de la crise et des sites qu'elle touche. Chaque local est prévu pour héberger le nombre de personnes suffisant. Chaque local contient les moyens adéquats pour gérer la crise (moyens de communication non affectés par le sinistre ; moyens d'information tels la télé, la radio, un accès Internet ; les moyens bureautiques adéquats ; les outils de travail utiles comme le paperboard, des lampes torches, un tableau blanc et la papeterie). Par ailleurs, les documents importants dans la gestion de crise sont présents (PCM, plan de secours informatique, plans des locaux, annuaires internes et externes, plan de la région, etc.).

Cellule locale de crise

La cellule locale de crise est constituée des :

- Responsable de la cellule de crise du site : en général un représentant de l'entité majeure du site ou de l'activité stratégique.
- Responsable de l'équipe d'intervention.
- Responsable de l'équipe logistique et relocalisation.
- Responsable de l'équipe SI.
- Responsable communication.

La cellule locale de crise a les responsabilités suivantes :

- Obtenir les informations préalables du responsable technique de site concernant l'évaluation préalable du sinistre.
- Planifier, superviser et suivre l'ensemble des actions décrites dans le PCM local.
- Convoquer, superviser et coordonner l'ensemble des équipes de crise du site.
- S'assurer que les premières consignes de sécurité ou procédures d'urgence ont été appliquées.
- Assurer la liaison avec le QG de crise le cas échéant.
- Proposer et faire valider les actions de communication interne et externe.
- Rendre compte de l'avancement et de la mise en œuvre du PCM local au QG de crise.

Trois équipes locales de crise

L'équipe d'**intervention** a les responsabilités suivantes :

- Assurer la coordination des efforts entre les autorités civiles et le personnel.
- Assurer la mise en sécurité du personnel du site si nécessaire.

- Assurer la récupération et la mise en sécurité des biens matériels et immatériels.
- Rendre compte de l'avancement et de la mise en œuvre des actions du PCM local qui lui sont attribuées à la cellule locale de crise.

L'équipe **logistique et relocalisation** a les responsabilités suivantes :

- Évaluer les dégâts causés par le sinistre.
- Contacter la direction des assurances pour coordonner la mise en œuvre des procédures d'assurances.
- Prendre les dispositions nécessaires pour le transport d'urgence.
- Prendre en charge les problèmes liés au personnel (transport, hébergement, etc.) en coordination avec la DRH si besoin.
- Prendre en charge les actions de recâblage et/ou reroutage informatique ou télécom.
- Assurer les actions de communication auprès du personnel.
- Évaluer et déterminer les fournitures et matériels nécessaires en liaison avec l'équipe SI et commander, si besoin, auprès des fournisseurs (en coordination avec le département achats).
- S'assurer de la disponibilité des matériels, fournitures et locaux sur le site de secours ou pour la solution de secours retenue.
- Coordonner les transferts (personnels et matériels) vers le site de secours.
- Rendre compte à la cellule locale de crise de l'avancement et de la mise en œuvre des actions du PCM local qui lui sont attribuées.

L'équipe **SI** a les responsabilités suivantes :

- Évaluer et déterminer les fournitures et matériels SI nécessaires en liaison avec l'équipe logistique et relocalisation.
- Récupérer les dernières sauvegardes du site (internes ou externes).
- Remonter le système d'exploitation, les bases de données, les applications sur les machines de secours.
- Tester les applications.
- Coordonner la remise en service des systèmes.
- Rendre compte de l'avancement et de la mise en œuvre des actions du PCM local qui lui sont attribuées à la cellule locale de crise.

Alerte et activation du plan

La procédure d'alerte est synthétisée dans le synoptique de la figure 6.5.

Gestion de crise

La gestion de crise est simplement définie par des check-lists qui traduisent les responsabilités des instances de l'organisation de crise (QG de crise, cellule de crise locale et équipes de crise).

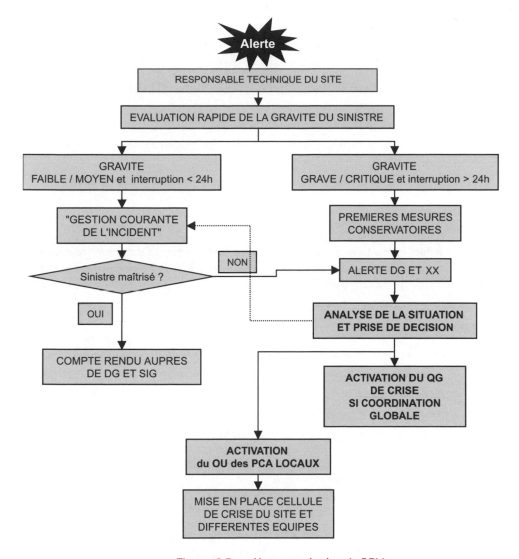

Figure 6.5 — Alerte et activation du PCM

Des consignes particulières sont définies pour le QG de crise et les instances centrales afin d'assurer la gestion d'une crise multisite (sinistres naturels de forte ampleur : inondations, tempêtes, pluies torrentielles ; attaques terroristes ou attentats simultanés ; paralysie des infrastructures de transport ; sinistres résultant d'un climat social tendu : mouvements sociaux et grèves, manifestations, arrêts de travail). En raison du caractère transverse d'une crise multisite, le rôle de coordination des instances transverses (et, en particulier du QG de crise) est prépondérant. C'est à elles de centraliser les informations utiles relatives à tous les sites sinistrés (ex. : la capacité d'accueil et d'hébergement des sites non sinistrés pour déduire les besoins en relocalisation externe le cas échéant). C'est à elles de coordonner la mise en œuvre des PCM locaux entre eux pour optimiser les temps de réaction et minimiser les pertes de temps. À ce sujet, les tâches suivantes reposent sur les instances centrales :

- Assurer le rôle de point de contact central.
- Enregistrer intégralement les appels entrants et sortants.
- Prolonger l'action des sites pour obtenir les ressources nécessaires.
- Assurer la communication avec les médias.
- Informer le personnel, et en particulier les organisations locales de crise des avancements.
- Rassembler toutes les informations critiques pour les prises de décision.

Procédures fonctionnelles dégradées

Les procédures fonctionnelles dégradées sont établies par les directions métier, processus critique par processus critique. Elles définissent les modes opératoires à mettre en place en cas de sinistre dans l'attente d'un retour à une situation nominale.

Retour à la normale

Le retour à la normale passe par trois phases (matérialisées chacune par une checklist) :

- Réparations.
- Remplacement des équipements et fournitures.
- Tests de l'installation (nouvelle ou réparée).

Le retour à la normale est piloté et validé par la cellule locale de crise (ou le QG de crise s'il a été déclenché).

6.3.5 Étape 5 – Assurer la conduite du changement, le déploiement du PCM et son maintien en conditions opérationnelles

Cette étape n'a été réalisée que partiellement dans la mesure où seule une étude était requise par le client. Le déploiement du PCM n'a pas eu lieu dans ce cadre. Des préconisations sur la stratégie pour déployer le PCM ont été données mais c'est essentiellement l'aspect Maintien en conditions opérationnelles qui a été traité dans le cadre de la mission, au travers de ses composantes Maintenance et test.

Comme mentionné précédemment, les modalités de maintenance et de test ont été intégrées au cœur du PCM global. Cette intégration est discutable. Je plaiderai aujourd'hui plutôt pour un document à part car les modalités de maintenance et de tests viennent quelque peu « parasiter » un document qui doit être opérationnel en cas de crise.

Maintenance du dispositif

Les modalités de maintenance du dispositif PCM (PCM global, PCM local et fiches réflexe) ont été définies selon les règles précisées dans le tableau 6.8.

Test du dispositif

Afin de s'assurer que le PCM fonctionne dans les situations d'urgence, des exercices pratiques et des tests fonctionnels réguliers sont définis :

- **Des sessions d'exercices pratiques** : c'est le plus simple et le moins coûteux à mettre en œuvre. Les participants aux sessions sont choisis parmi les acteurs impliqués dans la gestion de la continuité d'activité et spécifiés dans les PCM locaux (ci-après dénommés « acteurs de la continuité d'activité »). Ils doivent dérouler les procédures de continuité d'activité en réaction à un cas fictif de sinistre qui leur est proposé. Ils ne réalisent dans la réalité aucune opération grandeur nature. Il s'agit d'une révision collective des mesures préconisées et actions à mettre en œuvre et d'un partage d'expérience.

- **Des tests fonctionnels du PCM** : il s'agit cette fois de simuler un sinistre en conditions réelles (acteurs à leur poste de travail, utilisations restreintes des outils éventuellement affectés par le sinistre, utilisation des canaux de communication de crise, etc.) pour vérifier le bon déroulement des procédures, les temps de réaction et de résolution... Lors des tests fonctionnels, des opérations de communication intersite, de coordination avec les fournisseurs, voire une relocalisation d'équipe et de moyens peuvent avoir lieu. Afin de limiter l'impact des tests fonctionnels sur la productivité et l'activité, ils sont réalisés par modules représentant chacun un maillon de la chaîne de continuité d'activité. L'ensemble des tests fonctionnels est ainsi censé recouvrir la chaîne complète et donner une vision de bout en bout du dispositif mis en place.

Les exercices pratiques et les tests fonctionnels sont définis pour minimiser l'impact sur l'activité. Les résultats des tests doivent être enregistrés, analysés et doivent donner lieu à des actions d'amélioration, de correction et d'information. Les exercices pratiques et les tests fonctionnels sont conçus de telle sorte que chaque acteur de la continuité puisse participer à au moins une session par an.

Tableau 6.8 — Modalités de maintenance du PCM

	Qui ?	Quand ?	Quoi ?	Comment ?			
				Proposition	Vérification	Validation	Diffusion
PCM global	À définir	2 fois/an	Maintenance du document + revue de cohérence avec l'ensemble du PCM	Membre du service XXX désigné par le directeur service XXX	Directeur XXX	DG	DG, directeurs opérationnels, membres du QG de crise, responsables cellules de crises locales
	Responsable cellule de crise locale	2 fois/an	Maintenance du document (soin particulier pour les annexes)	Membre de la cellule de crise locale désigné par son responsable	Membres de la cellule de crise locale	Responsable cellule de crise locale	Membres de l'organisation locale de crise (responsable technique de site + cellule locale de crise + trois équipes terrain)
PCM local	Responsable PCM global	2 fois/an	Revue de cohérence + suivi de la mise à jour				
		À chaque changement majeur	Information des responsables de cellule de crise locale				
Fiches réflexes	Responsable PCM global	2 fois/an	Maintenance du document + revue de cohérence avec l'ensemble du PCM	Membre du service XXX désigné par le directeur du service XXX	Directeur XXX	DG	Tous les employés

Exercices pratiques

Il est prévu que soit organisée une session par site et par an à laquelle sont invités les acteurs de la continuité d'activité tels que spécifiés dans le PCM local du site. La session d'exercice pratique est animée par le coordonnateur PCM du service gestion des risques. Les participants conviés sont la cellule locale de crise, le responsable technique de site, les membres des équipes d'intervention, logistique et relocalisation et SI. Un programme type d'une telle session est donné à titre indicatif dans le tableau 6.9.

Tableau 6.9 — Session d'exercices pratiques PCM

Programme	Contenu	Durée
Introduction à la continuité d'activité	Présentation du PCM : système documentaire, fonctionnement, principaux acteurs et instances de décision et d'exécution Principales évolutions depuis la dernière session	30′
Analyse du PCM local	Lecture individuelle du PCM local et QCM	30′
Exercice en équipe locale	Cas pratique par responsabilité (responsable technique de site, cellule locale de crise, équipes locales)	1 h 15
Exercice en organisation locale de crise	Cas pratique (sinistre et scénario) couvrant l'ensemble des acteurs PCM	1 h 30
Debriefing	*Debriefing* de session	15′

Tests fonctionnels

Les tests fonctionnels visent à simuler au plus près la situation de crise. Trois scénarios de tests sont proposés pour chacune des phases du PCM. Les tests fonctionnels consistent à simuler la réaction des acteurs face à un ou plusieurs des trois scénarios de crise.

On divise les simulations en trois modules chronologiques dans le déroulement du PCM et un module chronologiquement indépendant (module 4). Les modules peuvent être testés indépendamment les uns des autres. Pour chaque module, les résultats des tests sont enregistrés pour être postérieurement analysés et donner éventuellement lieu à une évolution du PCM. Le service gestion des risques agit comme organisateur et observateur des tests fonctionnels.

Chaque série annuelle de tests fonctionnels se doit de tester chaque module (pour chaque site) pour le scénario de crise retenu pour l'année. Le tableau 6.10 donne un exemple de programme tri-annuel de tests fonctionnels pour un site.

Tableau 6.10 — Exemple de programme tri-annuel pour un site

	Module 1 **Alerte et activation du plan**	**Module 2** **Gestion de crise**	**Module 3** **Retour à la normale**	**Module 4** **QG de crise**
Scénario 1	2003	2003	2003	Pas traité localement
Scénario 2	2004	2004	2004	Pas traité localement
Scénario 3	2005	2005	2006	Pas traité localement

Les modules fonctionnels quant à eux, reprennent les principales phases de gestion de la continuité d'activité telles que définies dans le PCM :

- **Module 1 – Alerte et activation du plan :** il s'agit là de simuler le déroulement menant à l'activation du PCM. Les acteurs du test sont le responsable technique de site et la cellule locale de crise.

- **Module 2 – Gestion de crise :** il s'agit cette fois de simuler le déroulement des tâches listées dans le chapitre « *Gestion de crise* » du PCM local du site pour chacune des organisations suivantes :

  - Cellule locale de crise
  - Équipe d'intervention
  - Équipe logistique et relocalisation
  - Équipe SI

- **Module 3 – Retour à la normale :** ce module déroule les étapes du chapitre « *Retour à la normale* » du PCM local.

- **Module 4 – QG de crise :** ce test fonctionnel ne se limite pas à un site. Il concerne uniquement la réunion du QG de crise pour valider le caractère opérationnel de l'instance (en particulier les locaux de réunion et matériels associés). Il est souhaitable d'utiliser ce test grandeur nature pour tenir la session annuelle de rappel pour les acteurs du QG de crise. Cette session courte (2 heures) vise à rappeler aux participants la structure du PCM, les rôles et responsabilités des acteurs globaux et locaux dans la gestion de la crise.

Les scénarios de crise sont volontairement courts pour être applicables au plus grand nombre de sites et laisser ouvertes les discussions, interrogations et réflexions spécifiques au site.

- **Scénario 1 :** un incendie a ravagé un étage (ou une surface conséquente) du site pendant la nuit puis s'est spontanément éteint. Au matin, à l'arrivée des employés, le sinistre est constaté.

- **Scénario 2 :** le service de veille informe le responsable du site qu'un mouvement social est annoncé. Le préavis donné est de trois jours ouvrés. Il est prévu que le mouvement empêche l'accès au site.

- **Scénario 3 :** en pleine journée, le site est victime d'une coupure totale et prolongée d'électricité.

6.3.6 Conclusion

Dans un contexte plus vaste que les deux cas précédents, le cas n° 3 nous plonge dans le management de la continuité d'activité dans sa composante la moins informatique : la continuité des opérations. Face à une multitude d'acteurs, de sites, de processus et de paramètres, on voit que les éléments déterminants seront :

- **Pour le consultant** : l'approche méthodologique adaptée au contexte, l'identification des interlocuteurs et la collecte d'information.
- **Pour le responsable du PCM** : la conduite du changement et le maintien du plan en conditions opérationnelles.

6.4 CAS N° 4 – RETOUR D'EXPÉRIENCE POUR UNE CRISE MAJEURE : LES ATTENTATS DE LONDRES[1]

Le 7 juillet 2005, une série d'explosions terroristes en plein cœur de Londres causaient la mort d'une cinquantaine de personnes et plongeaient la capitale dans un chaos de quelques jours.

Avec le recul de plusieurs mois, le Business Continuity Institute a mené une enquête et produit quelques recommandations suite à l'expérience grandeur nature de cet événement dramatique. Bien que visant particulièrement les situations de crise majeure (qui seront souvent écartées des scénarios de sinistre retenus), ces conseils présentent un intérêt certain car ils sont fondés sur l'expérience :

> Il apparaît nécessaire d'établir un **plan de communication** : les réseaux de téléphonie mobile ont été saturés et les capacités des autocommutateurs ont été largement dépassées.
>
> Le **comptage et la mise en sécurité des employés** sont estimés incontournables mais ont pris plus de temps qu'escompté.
>
> Il est nécessaire de définir un **processus de communication avec les employés** pour fournir une information régulière sur l'évolution de la situation pour l'entreprise.
>
> La préparation d'un **plan de transport et de relocalisation** éventuelle des employés est incontournable.
>
> La capacité à **répondre aux interrogations des proches** (famille) des employés doit être soigneusement planifiée (fréquent débordement des moyens techniques et humains).

---

1. BCI : *Information & Communications Survey Report, 7th July 2005*, 2005. Voir également *Financial Sector Business Continuity Annual Report*, rapport du Tripartite Standing Committee on Financial Stability, octobre 2005.

L'accès aux infrastructures de secours a été problématique et nécessite une planification soigneuse en amont.

TROISIÈME PARTIE

Perspectives

7

Vers un système de management de la continuité d'activité et une entreprise résiliente ?

Le management de la continuité d'activité est aujourd'hui entré dans la réflexion collective et les sujets de discussion de beaucoup de cercles de réflexion professionnels. En situer la problématique dans l'entreprise est une autre affaire. Nous avons vu que la discipline cherche encore à se raccorder à une fonction ou un modèle établi. Le sujet peut être rattaché à différents concepts de gestion de l'entreprise. On pense bien évidemment à certaines problématiques déjà abordées dans ce livre comme le management des risques, le gouvernement d'entreprise ou la gestion de la sécurité de l'information.

Ce chapitre a pour but de proposer un modèle d'organisation du management de la continuité d'activité, calqué sur les principaux systèmes de management en vigueur aujourd'hui comme celui de la qualité et d'éclaircir les notions et concepts liés à la résilience d'entreprise.

Le modèle proposé présente de façon évidente de nombreuses lacunes. Il est sans doute très ambitieux pour le sujet traité. Il donne un cadre peut-être trop rigide pour une discipline qui, par nature, doit être flexible et extrêmement réactive. Surtout il propose un modèle continu pour une discipline qui s'intéresse aux hiatus.

Mais la réflexion présentée ici se veut avant tout provocatrice d'idées et de réactions. Elle n'a pour but que d'ouvrir un débat et de lancer la réflexion sur un domaine de recherche où beaucoup reste à faire. C'est dans ce sens qu'il faut lire les paragraphes qui suivent.

La proposition faite dans ce chapitre est de décrire succinctement une organisation possible du management de la continuité d'activité suivant un modèle de système de management. Il est dès lors utile de présenter les principaux systèmes de ce type et de comprendre comment la continuité d'activité peut s'inscrire dans un système de management.

7.1 LES PRINCIPAUX SYSTÈMES DE MANAGEMENT DE L'ENTREPRISE

7.1.1 Qualité (ISO 9001)

Le système de management que propose la norme internationale ISO 9001[1] est un des plus anciens. Il s'applique au domaine du management de la qualité mais ses principes généraux (non spécifiques qualité) sont d'application universelle.

Il est compatible avec la plupart des systèmes de management présentés dans ce paragraphe.

Une présentation plus détaillée est donnée en annexe (voir annexe C.1, *ISO 9001*).

7.1.2 Sécurité et santé au travail (OHSAS 18001)[2]

L'OHSAS[3] 18001 définit des conditions pour développer, piloter et maintenir un système de management de la santé et de la sécurité au travail (SST). La norme n'a pas été traduite en version internationale parce que plusieurs pays s'y sont opposés, jugeant que leur réglementation interne était à plusieurs égards plus contraignante.

L'OHSAS 18001 est néanmoins compatible avec l'ISO 9001 et l'ISO 14001 pour faciliter l'intégration de systèmes.

7.1.3 Environnement (ISO 14001)

La dernière version de l'ISO 14001 pose les exigences pour définir et piloter un système de management environnemental. La norme est pleinement compatible avec l'ISO 9001.

---

1. ISO : *International Standard Organisation*.
2. Dans ce domaine (santé et sécurité au travail), il existe également le BS8800 et le SIES/ISRS.
3. OHSAS : *Occupational Health and Safety Assessment Series*.

7.1.4 Sécurité de l'information (ISO 27002 et ISO 27001)

Le référentiel ISO 27002 ne constitue pas en lui-même un modèle de système de management de la sécurité de l'information. Il n'est qu'un guide de bonnes pratiques pour la gestion de la sécurité de l'information.

La norme britannique (BS-7799) de laquelle il est issu propose, en revanche, une partie complémentaire (BS-7799-2) qui pose les bases d'un système de management de la sécurité de l'information. Cette partie complémentaire a été traduite, fin 2005, en norme internationale : ISO 27001.

Complétée par l'ISO 27001, l'ISO 27002 devient un référentiel permettant d'établir un tel système et éligible à une certification.

Il est à noter que ce tandem (ISO 27002 + ISO 27001) est compatible avec l'ISO 9001.

7.1.5 Éthique et responsabilité sociale[1] (SA 8000)

La norme SA[2] 8000 est le premier référentiel qui identifie des exigences en matière de responsabilité sociale (travail des enfants, travail forcé, discrimination, hygiène et sécurité, discipline, temps de travail, etc.) et qui les intègre dans un système de management. Ce référentiel est issu de l'organisme SAI (*Social Accountability International*). SA 8000 est compatible avec l'ISO 9001.

7.1.6 Systèmes propres à l'entreprise

Au-delà des systèmes de management normés, des systèmes propres à l'entreprise sont souvent développés. S'ils n'atteignent pas le degré de sophistication induit par les principales normes, ils sont souvent plus pragmatiques et construits sur une approche assez intuitive des zones de risques de l'entreprise.

J'ai ainsi pu observer de nombreux systèmes de management « propriétaires », allant des plus artisanaux dans les petites structures aux plus élaborés dans les entreprises liées à la Défense par exemple.

Lorsqu'on accompagne une entreprise vers une certification de type ISO 9001, il est d'ailleurs assez frappant de constater que cette « transformation » n'est souvent qu'une traduction – parfois culturellement laborieuse – de son propre système de management dans un langage et des concepts normés et compréhensibles de l'extérieur.

Il est évident que plus un système répond à des critères répandus, plus son intégration avec d'autres systèmes reconnus est aisée.

---

1. Il existe peu de référentiels dans ce domaine et le SA 8000 est le plus répandu. Nous citerons néanmoins pour mémoire l'AA 1000.
2. SA : *Social Accountability* (responsabilité sociale).

7.2 L'INTÉGRATION DES DIVERS SYSTÈMES DE MANAGEMENT : VERS UN SMI[1]

Avec la multiplication des référentiels pouvant donner lieu à une certification dans différents thèmes (qualité, sécurité, environnement, etc.), les entreprises qui ont, les premières, mis en place des systèmes de management pour plusieurs thèmes se sont rapidement aperçues qu'il existait des synergies intéressantes mais aussi, à l'origine, quelques difficultés d'harmonisation.

Un effort considérable a été fourni par les organismes de normalisation pour permettre la compatibilité des différents systèmes de management. Si l'ISO a, de fait, assuré ce travail pour les référentiels qu'il édite, les organismes à l'origine des référentiels non traduits en normes internationales ont rapidement compris l'intérêt de la compatibilité pour leurs propres publications.

La compatibilité des systèmes est le premier pas vers l'intégration. L'intégration vise à optimiser la gestion des différents systèmes en regroupant parmi eux tout ce qui peut l'être et en utilisant le socle ainsi défini comme base de management déclinée ensuite suivant les différents thèmes.

7.2.1 Les concepts intégrateurs

L'intégration ne peut évidemment pas se faire sur ce qui est propre à chaque référentiel. Il existe cependant des concepts communs à tous les systèmes de management, qui en constituent le socle de management et qui peuvent se mutualiser.

PDCA

La roue de Demming (PDCA pour _Plan Do Check Act_ ou Planifier déployer contrôler agir) est le schéma de base du fonctionnement d'un système de management. Le principe est chronologique et perpétuel : il représente schématiquement les principales étapes d'un processus d'amélioration continue.

Dans chacune des quatre phases du processus de Demming, on trouvera différents niveaux d'intervention :

- le niveau de planification, de décision et d'orientation **stratégique** ;
- le niveau de mise en œuvre et de déploiement **tactique** ;
- le niveau d'exécution et de réalisation **opérationnelle**.

Les indicateurs, les mesures, les contrôles, la finesse des détails dans les procédures différeront ainsi notablement suivant le niveau auquel on se situe.

---

1. SMI : Système de management intégré.

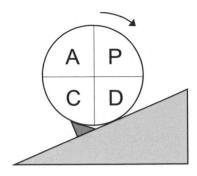

Figure 7.1 — Roue de Demming

Plan (planifier)

Pour un système de management, la partie plan du PDCA consistera principalement en :

- l'engagement univoque de la direction générale dans le système de management ;
- la définition de la politique, des objectifs et des moyens dans le domaine considéré (qualité, sécurité, environnement, etc.) ;
- la définition des rôles, responsabilités et autorités dans le domaine concerné ;
- la mise en place d'un système documentaire adapté permettant de formaliser les règles et modes d'actions : ce système documentaire est en général composé d'un manuel central (niveau stratégique, par exemple le manuel qualité), de procédures associées (niveau tactique, par exemple la procédure de maîtrise documentaire) et d'instructions détaillées (niveau opérationnel, par exemple les modes opératoires d'autocontrôle sur une chaîne de production) ;
- la définition des processus de l'entreprise et des conditions dans lesquelles ceux-ci sont aptes à atteindre efficacement leur but, dans le respect des exigences particulières des différents domaines (qualité, environnement...).

Do (déployer)

Il s'agira dans cette phase d'assurer la réalisation des processus tels que planifiés et conformément aux exigences des référentiels choisis. À titre d'exemple, on peut citer :

- la mise en œuvre des politiques définies (qualité, environnement, sécurité et santé au travail, sécurité des SI, etc.) ;
- la prise en compte des exigences qualité dans les activités de conception de produits ou services ;
- la mise en œuvre d'un processus achat conforme aux exigences qualité ;
- la réalisation et la tenue à jour de la revue environnementale initiale (étude d'impact, étude de déchets, etc.) ;
- la veille réglementaire environnement et sécurité ;
- la mise en place des programmes de management environnementaux ;

- la mise en œuvre des procédures de gestion des incidents de sécurité de l'information ;
- la tenue du journal des opérations sur les systèmes (sécurité de l'information), etc.

Check (contrôler)

Le contrôle du système de management s'exercera, entre autres, au travers d'actions de :

- audits internes du système de management (par des auditeurs internes dûment qualifiés) ;
- audits externes (de certification ou de surveillance) ;
- mesure de l'efficacité des processus mis en place *via* la tenue d'indicateurs de performance (réalisée en général par les pilotes des processus et consolidés par le responsable du système de management concerné) ;
- remontée des constats de dérive (non-conformité pour la qualité, fiches d'incidents de sécurité pour la sécurité des SI, fiches d'accidents pour la SST, etc.) ;
- mesures spécifiques faites sur l'activité (impacts sur l'environnement pour l'ISO 14001, contrôle qualité pour l'ISO 9001, statistiques d'accidentologie pour la SST, par exemple) ;
- écoute des clients ou principales parties intéressées par la démarche (au travers de fiches de réclamation clients, prise en compte des remarques faites par les acteurs eux-mêmes *via* des fiches d'amélioration ou une boîte à idées, par exemple, etc.) ;
- prise en compte globale (niveau managérial) de l'ensemble des résultats de contrôle, lors des revues de direction des systèmes de management (souvent annuellement), etc.

Act (agir)

Les actions entreprises pour agir après contrôle peuvent être variées, allant d'une action ponctuelle curative et immédiate, à une action de réorganisation impliquant de nombreux acteurs et s'étalant sur plusieurs mois. Parmi cet arsenal d'actions possibles, on citera, entre autres :

- la mise en place d'actions préventives, correctives et curatives ;
- la mise en œuvre des plans d'actions définis suite aux revues de direction ;
- la mise en œuvre de plans d'actions immédiats par les pilotes d'un processus dont les indicateurs de performance indiquent une dérive ;
- la convocation de réunions multidisciplinaires pour la mise en place d'actions de fond, etc.

Approche processus

Selon la norme FD X 50-176[1], un processus est un « *ensemble d'activités qui utilisent des ressources pour transformer des éléments entrants en éléments de sortie* ».

Note : c'est une succession d'activités réalisées à l'aide de moyens (personnel, équipement, matériel, informations) et dont le résultat final attendu est un produit. un processus présuppose :
– des éléments entrants mesurables,
– une valeur ajoutée,
– des éléments de sortie mesurables, conformes à des critères d'acceptation,
– un caractère reproductible.

L'approche processus telle que préconisée en particulier depuis la version 2000 de la norme ISO 9001 repose sur :

- l'identification des processus de l'entreprise et de leurs interactions (souvent formalisée par une cartographie des processus ct des fiches descriptives pour chacun d'eux) ;
- le management concerté des processus (définition des objectifs, pilotage, analyse, amélioration).

Chacun des processus peut se révéler plus ou moins efficace à atteindre ses objectifs et à s'adapter en permanence à son environnement.

La maturité d'un processus sera ainsi définie comme sa capacité à s'ajuster en permanence pour atteindre ses objectifs avec efficience. Comme définie par les modèles ISO SPICE et CMMi par exemple, la maturité peut s'échelonner en plusieurs niveaux allant du niveau 0 (processus qui atteint ses objectifs aléatoirement) au niveau 5 (processus optimisé, en amélioration permanente).

L'approche processus propose ainsi une vision structurée de l'activité de l'entreprise, un canevas de management dans lequel pourront se glisser à volonté des exigences relatives à tous les domaines dans lesquels un système de management peut se déployer. Ainsi, le processus pourra-t-il intégrer des exigences qualité, environnement, sécurité et, dans le cas qui nous intéresse, continuité d'activité.

Plus un processus intégrera des exigences de continuité d'activité, plus sa maturité sera grande car sa capacité à absorber des aléas croîtra.

_____

1. FD X 50-176 Management des processus, AFNOR, 2005.

La maîtrise des risques

Si elle ne figure pas encore expressément dans tous les référentiels précités, la maîtrise des risques est néanmoins sous-entendue dans la plupart.

L'ISO 14001 requiert ainsi une analyse environnementale permanente pour rechercher les impacts de l'activité sur l'environnement.

L'OHSAS 18001 exige qu'une analyse des risques professionnels soit menée (identification des dangers, des risques et maîtrise des risques).

L'ISO 27002 demande à plusieurs niveaux des démarches analogues (BIA dans le chapitre sur la continuité d'activité, identification des risques pour les accès tiers, etc.).

Le risque implicite principalement soulevé par l'ISO 9001 est l'insatisfaction du client.

Les démarches basées sur l'analyse des risques supposent de « mettre le doigt là où ça peut faire mal ». Elles constituent ainsi une excellente introduction aux concepts du MCA. Les études de risques seront d'excellentes données d'entrée pour le bilan d'impact sur l'activité d'une démarche de MCA. La définition des processus au moyen d'une approche par les risques[1] permet d'intégrer toutes les exigences.

7.2.2 La construction du tronc commun

Un des principaux avantages du système de management intégré est qu'il repose sur un tronc commun plus efficient à piloter. Ce tronc commun est un « PPCM[2] » des systèmes qu'il cherche à intégrer et se construit à partir des éléments décrits dans la figure 7.2.

La description des éléments du tronc commun est donnée dans le tableau 7.1.

7.2.3 Les avantages[3]

Au-delà des avantages intrinsèques à la mise en place des différents systèmes de management (amélioration de la qualité, baisse des accidents de travail, diminution des impacts négatifs sur l'environnement), l'intégration des systèmes présente des avantages qui peuvent se décliner en :

- avantages internes (organisationnels, financiers et humains),
- avantages externes (commerciaux, communication).

---

1. Voir annexe C.1, *Approche processus par l'analyse des risques (APAR)*.
2. PPCM : Plus petit commun multiple.
3. D'après Éric BRUNELLE, *L'élaboration d'un système de management intégré : Qualité et Environnement*, thèse de Master, université de Sherbrooke, 2005.

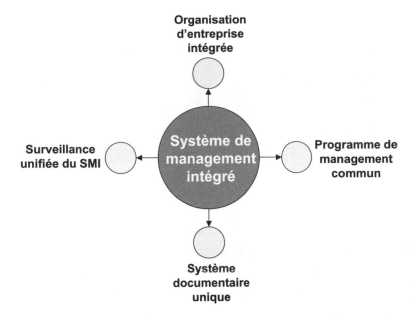

Figure 7.2 — Éléments constitutifs du tronc commun SMI

Tableau 7.1 — Description des éléments constitutifs du tronc commun

Programme de management commun	Organisation d'entreprise intégrée
Définition d'une politique intégrée (qualité, sécurité, environnement, etc.) Définition des objectifs et des cibles Revue de direction unique Veille réglementaire unifiée Programme d'amélioration unique	Définition « intégrée » des processus et procédures Optimisation et mutualisation des rôles et responsabilités liées aux systèmes de management Actions communes de communication interne et externe Actions de sensibilisation et de formation mutualisées et concertées
Suivi du système intégré unifié	**Système documentaire unique**
Actions de surveillance et de mesurage communes Programme d'actions correctives, préventives et curatives unifié Tenue des indicateurs et tableaux de bord mutualisée Programmes d'audits internes et externes en partie mutualisés	Politique unique Fiches de description des processus uniques Procédures uniques (avec plusieurs volets) Enregistrements unifiés (fiches d'écarts et/ou incidents, fiches d'amélioration, actions correctives, etc.)

Tableau 7.2 — Avantages internes d'un SMI

Avantages internes		
Organisationnels	**Financiers**	**Humains**
Un seul système de management Une meilleure efficacité Un seul système documentaire Moins de redondance	Moins d'audits internes Coût de certification moindre Optimisation du personnel en charge Optimisation du temps passé à piloter le système	Motivation plus grande car démarche globale qui fédère les acteurs Implication plus aisée du personnel Moins de dispersion d'énergie Formation et sensibilisation harmonisées

Tableau 7.3 — Avantages externes d'un SMI

Avantages externes	
Commerciaux	**Communication**
Avantage compétitif Positionnement amélioré	Image améliorée Relation avec les parties intéressées plus transparente Conformité réglementaire mieux maîtrisée

7.3 PROPOSITION D'UN SYSTÈME DE MANAGEMENT DE LA CONTINUITÉ D'ACTIVITÉ (SMCA)

7.3.1 Un système de management de la continuité d'activité

Les principes intégrateurs des systèmes de management que nous venons de voir constituent des éléments fondateurs d'une démarche de MCA : approche processus, analyse de risques et PDCA sont au cœur de la mise en place d'un PCA.

Le système de management de la continuité d'activité (SMCA) présenté dans ce paragraphe se construit sur ces bases, à partir des concepts du tronc commun et de la méthodologie E = MCA, comme décrits dans le tableau 7.4.

7.3.2 Vers le management unifié ?

Forts des éléments posés dans notre description des SMI et du SMCA, nous pouvons à présent décrire un modèle simple de système de management unifié dont un exemple graphique est donné dans la figure 7.3 (qualité, environnement, sécurité et continuité d'activité).

Faut-il pour autant voir dans un SMCA un « processus unificateur[1] » ?

---

1. BCI, traduction de *unifying process*.

Tableau 7.4 — Description des éléments du SMCA

Un programme de management de la continuité d'activité	Une organisation de MCA
Définition d'une politique et d'une stratégie MCA Définition des objectifs et des cibles (RTO, RPO, scénarios de sinistres...) Revue de direction PCA	Définition ou actualisation des processus et procédures en intégrant les facteurs et indicateurs MCA Définition des rôles et responsabilités liées au SMCA Actions de communication interne et externe Actions de sensibilisation et de formation
Un suivi du SMCA	**Un système documentaire**
Suivi du plan de maintien en conditions opérationnelles Réalisation des tests Programmes d'audits du MCA (internes et externes)	Politique et stratégie MCA (BIA, scénarios, solution retenue...) Plan de gestion de crise (organisation de crise, déclenchement) Plan de continuité métier (procédures dégradées) Plan de maintien en conditions opérationnelles Plan de secours informatique (procédures techniques) Etc.

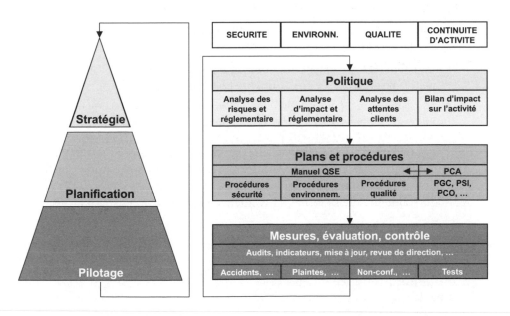

Figure 7.3 — Unification des systèmes de management

Si le management unifié tel que je viens de le décrire propose un modèle déjà séduisant, certains spécialistes de la continuité d'activité en ont fait une discipline qui aurait vocation à chapeauter les autres. Au lieu de positionner le SMCA au niveau des autres systèmes de management, ils le situent au-dessus, comme processus unificateur. Je m'éloigne de ce point de vue parce qu'à mon sens, la problématique de continuité d'activité ne se place au-dessus des domaines traditionnels des systèmes de management (qualité en particulier) ni par l'objet de son étude, ni par les outils développés. Les enjeux du MCA restent en fin de compte ceux liés à l'interruption d'activité, c'est-à-dire ceux des accidents de parcours majeurs.

7.4 VERS LA RÉSILIENCE

7.4.1 Vous avez dit résilience ?

À l'origine, et même s'il a été repris récemment pour différents sujets[1], le mot résilience[2] est utilisé en science des matériaux pour caractériser un matériau résistant au choc. Un matériau est plus ou moins résilient et la mesure de sa résilience se fait par un test de choc au pendule (Mouton de Charpy par exemple). L'exemple donné par tous les professeurs de mécanique des écoles d'ingénieurs est la différence de réaction au choc entre une bille d'acier et un objet en verre. Si deux matériaux reçoivent un même choc et que l'un se rompt alors que l'autre n'est pas endommagé, le second est dit plus résilient que le premier. Ainsi, dans son acception originelle, la résilience ne désigne pas la capacité d'un matériau à reprendre sa forme et son fonctionnement initial après déformation : cette caractéristique est l'élasticité.

Le Club de la Continuité d'Activité[3] distingue quant à lui deux attributs distincts associés à la notion anglo-saxonne de résilience :

- La **robustesse** : capacité intrinsèque à résister à un choc : « *je prends un coup mais je reste debout* » ; plutôt orienté continuité d'activité.
- La **résilience** : capacité à vite « se rétablir » une fois le choc encaissé : « *je prends un coup, je tombe mais je me relève* » ; plutôt orienté reprise d'activité.

Pour ma part, j'inverserais volontiers les deux concepts pour se rapprocher de la définition initiale de la résilience ! Dans le reste de ces paragraphes, j'utiliserai ces appellations inversées : j'appellerai **élasticité** (à la place de robustesse) la capacité à rebondir (ou reprendre sa forme) et **résilience** la capacité à résister à un choc.

---

1. Boris Cyrulnik a, par exemple, appliqué le concept à la psychologie mais d'autres l'ont fait pour l'écologie, l'économie ou... l'informatique.

2. Par extension, la résilience psychologique désigne la capacité à réussir, à vivre, à se développer en dépit de l'adversité ; la résilience informatique est définie comme l'insensibilité d'un système aux défaillances d'un ou plusieurs de ses éléments ; la résilience écologique traduit la continuité des écosystèmes et leur capacité d'endurer les changements et les perturbations (source, l'encyclopédie de l'Agora (agora.qc.ca)).

3. *Lexique structuré de la continuité d'activité*, livre blanc n°1 du CCA

En fait, au-delà des termes, ce qui importe c'est qu'il y a deux démarches très liées dans l'entreprise pour se préparer à un sinistre ou une crise :

- La première, objet quasi-unique de ce livre vise à permettre à l'entreprise de définir ses moyens pour **réagir** à une « blessure » grave en limitant les dégâts et assurant les activités essentielles et à reprendre au plus tôt sa forme initiale.
- La seconde, objet de ce paragraphe du livre en lien avec la notion de résilience vise à renforcer les défenses naturelles **intrinsèques** de l'entreprise pour adopter une démarche **proactive** de protection pour éviter, dévier ou encaisser le choc.

7.4.2 Construire la résilience

Augmenter l'état de préparation d'un niveau de maturité

Partant du constat qu'il est plus facile de prévenir que de guérir[1], construire la résilience consiste à définir des organisations pensées pour résister à des chocs et capables de s'en remettre au plus vite quand ils les encaissent.

L'avenir de la gestion de la continuité d'activité se situe ainsi le plus en amont possible des situations de sinistres et de crise, bien avant les déclenchements de PCA. Il réside dans la capacité *intrinsèque* de l'entreprise à encaisser des chocs en limitant les impacts adverses. La résilience suprême serait celle de l'organisation qui n'est en rien perturbée par les chocs, aussi extrêmes soient-ils. C'est tout le sens du référentiel ISO 22301, tant attendu, qui passe du concept de *Business Continuity Management System* à celui de *Preparedness and Continuity Management System*. L'entreprise s'oriente ainsi vers une conception résiliente.

Tout comme certains traitements appliqués aux matériaux vont permettre d'augmenter leur résistance au choc (résilience) et leur capacité à reprendre leur forme initiale (élasticité), certaines démarches vont permettre à l'entreprise d'augmenter sa résistance aux sinistres et crises :

- Sa capacité à résister à un choc (résilience) : réduction de sa surface d'exposition, mise en place de plan de polyvalence parmi les RH clés, conception de processus résilient (intrinsèquement résistant aux chocs), etc.
- Sa capacité à vite se rétablir une fois le choc encaissé (élasticité) : plan de gestion de crise, plan de continuité d'activité, etc.

Définir des stratégies de résilience pour toutes les couches de résilience de l'entreprise

Dans chacune des cinq couches de résilience qu'on distingue classiquement (stratégie, organisation, processus, SI et information, infrastructures et équipements), on cherchera à élever le niveau intrinsèque de la capacité à résister à un choc :

- **Stratégie d'entreprise** : augmenter la résilience stratégique peut se faire par exemple par la diversification des stratégies commerciales ou la décentralisation des activités.

---

1. « *An ounce of prevention is worth a pound of cure* » attribué à Benjamin Franklin.

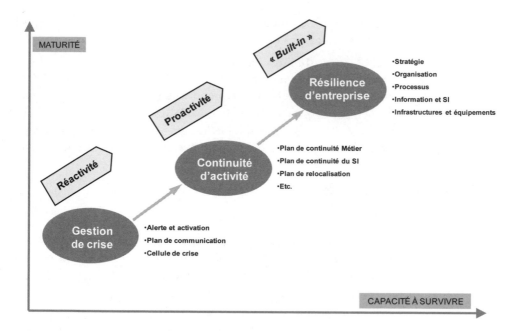

Figure 7.4 — De la gestion réactive de crise à la résilience

- **Organisation** : la résilience de l'organisation peut s'accroître par la mise en place de plan de polyvalence des RH, par la définition de recouvrement de postes, par la formation ou par la mise en œuvre d'outils de communication alternatifs par exemple.

- **Processus :** un processus peut être rendu plus résilient par l'analyse et la suppression des points de défaillance uniques, par la rationnalisation des ressources qu'il utilise, etc.

- **Information et système d'informations** : une bonne stratégie de duplication, de protection, d'archivage des données permet d'accroître la résilience du SI, de même que des technologies intrinsèquement résilientes (haute disponibilité, cluster actif-actif, bascule automatique de réseaux dupliqués, etc.).

- **Infrastructures et équipements** : toutes les mesures de sécurité physique (surveillance, contrôle d'accès, détection et extinction incendie, etc.) rehaussent le niveau de résilience.

On notera au passage que l'augmentation de la résilience d'une entreprise peut parfois se faire au détriment des impératifs de productivité, de *streamlining* et d'efficience opérationnelle. On veillera à concilier les deux approches et éclairer la prise de décision au moyen d'analyse de risques et d'enjeux.

« Résilio-conception »

Finalement, dans le contexte inquiétant actuel, toute évolution stratégique, tout projet technique, toute réorganisation devrait prendre en compte dans sa conception la nécessité de construire et reconstruire en permanence une entreprise résiliente. Négliger de le faire, c'est s'exposer, au mieux à des coûts supplémentaires au moment d'intégrer *a posteriori* la résilience dans un processus, au pire, à des impacts de sinistres irréversibles.

7.5 CONCLUSION

L'ébauche de modèle organisationnel présenté dans ce chapitre (système de management de la continuité d'activité) n'est qu'un modèle parmi d'autres dans lequel peut s'inscrire le MCA d'une entreprise. Ses limites sont nombreuses et plaident pour une réflexion plus approfondie qui sort du cadre et des objectifs de cet ouvrage. Si les principaux systèmes de management de l'entreprise traitent du régime continu de celle-ci, celui du SMCA a pour objet la prise en compte du régime de crise. Un modèle cyclique continu tel que celui du SMCA trouve quelques limites pour jouer cette fonction atypique et épisodique.

Quelques autres pistes et modèles d'organisation sont à creuser et celles qui semblent les plus prometteuses rattachent le MCA au management global des risques de l'entreprise, à la gestion de crise ou au gouvernement d'entreprise.

Les réflexions en cours au sujet de la résilience montrent aussi clairement la voie à suivre : elle consiste à remonter la capacité de l'entreprise à faire face à des situations de crise le plus en amont possible des difficultés, à construire une entreprise bâtie pour y faire face.

Conclusion

Il y a quelque temps, un VRP est passé chez moi pour nous vendre un adoucisseur d'eau. Dans ces multiples démonstrations et calculs de retour sur investissement du système, il nous a vanté les économies que nous pourrions faire en eau minérale en bouteille moyennant l'acquisition du système. Quand ma femme lui a dit que nous aurions de toutes façons des réserves d'eau pour les cas d'urgence, il lui a répondu, un peu agacé : « *Mais madame, il y aura toujours de l'eau au robinet !* »

Il oubliait sans doute les récents épisodes français de pénurie locale d'eau, la distribution d'eau en bouteille dans des zones temporairement sinistrées, le rationnement dorénavant habituel pendant les périodes de sécheresse. Ma famille et moi conservons toujours chez nous un stock d'eau potable pour les cas d'urgence.

La vision agacée du VRP me fait malheureusement penser à l'attitude ambiante vis-à-vis de la sinistralité. On attend beaucoup des pouvoirs publics en de tels cas. Trop à mon sens. Il me semble entendre dans la voix du VRP les dizaines d'échos que j'entends à longueur d'année : « *Mais monsieur, ce type de sinistre ne nous arrivera pas !* » Je l'espère de tout cœur mais je ne peux m'empêcher de penser que l'on disait la même chose à la Nouvelle-Orléans avant l'ouragan Katrina. Les experts réclamaient depuis une trentaine d'années un budget de quelques milliards de dollars pour le renforcement des digues de protection de la ville. Les pouvoirs publics avaient toujours refusé de considérer sérieusement la possibilité d'un ouragan de type 4. Les estimations des pertes financières de Katrina – ouragan de type 4 – avancent le chiffre désastreux de 200 milliards de dollars. Sans compter le bilan humain et social bien plus préoccupant.

Le sens actuel de l'histoire ne laisse malheureusement pas trop de doutes quant à l'utilité d'un PCA pour une entreprise. Le management de la continuité d'activité est une discipline qui me semble, tout aussi malheureusement, promu à un bel avenir.

Si l'on ne peut attendre tout des pouvoirs publics en cas de crise, on doit en attendre beaucoup en amont, pour informer et éclairer. Je suis heureux que les craintes relatives aux pandémies attendues aient précipité la prise en main du sujet Continuité d'activité au plus haut niveau de la nation. La sensibilisation du marché sur le sujet est néanmoins encore largement menée par une poignée de consultants et professionnels, engagés dans un travail de mise en garde et de pédagogie. Le tissu économique français, et en particulier, celui des PME/PMI a besoin d'éveil, de conseils, de soutien méthodologique et d'accompagnement pour traiter correctement ce brûlant sujet. Il y a un besoin criant pour la promotion de pratiques saines, systématiques, méthodiques et rigoureuses pour aborder les sujets clés que sont la gestion des risques et le management de la continuité d'activité. Cela relève de la santé économique du pays à moyen terme et il semblerait que les autorités aient pris la mesure de la situation : tant mieux !

Ainsi, les quelques actions symboliques que je réclamais en 2006 sont pour la plupart devenues réalité : diffusion de brochures d'information, mise en place de guides méthodologiques adaptés et disponibles gratuitement, mise en place du Conseil national pour la continuité d'activité (CNCA), campagne de communication ciblée dans la presse spécialisée, la mise en place de pages Internet dédiées, etc.

Pour aller plus loin, Patrick Lagadec, directeur de recherches à l'École polytechnique et spécialiste mondial de la gestion de crise proposait récemment de mettre en place :

- *« des 'forces de réflexion rapide', [...] groupes à culture diversifiée [...] mobilisables pour de l'appui multiforme en cas d'épreuve lourde ;*
- *des partenariats dans l'action et les préparations : les crises émergentes conduisant [...] à des problèmes sans frontières organisationnelles, il devient urgent d'engager les opérateurs – notamment les gestionnaires de réseau – à des questionnements, des entraînements en commun. »*[1]

Sur ce dernier point, il est intéressant de noter que, suivant l'exemple anglais[2], la place financière parisienne a réalisé et réussi son premier exercice de Place le 4 juin 2008 : un test à grande échelle des plans de continuité des entreprises du secteur bancaire a été orchestré. Ce test impliquait notamment la Banque de France, la Fédération bancaire française (FBF), une quinzaine de grandes banques et institutions de la place de Paris ainsi que des représentants de l'État

Ce type de démarche ne peut que décloisonner la prise en compte du problème et favoriser la préparation mentale et matérielle nécessaire à la gestion de la continuité d'activité lors d'épisodes de crise majeure telle que les dernières années nous en ont servis. Le secteur bancaire tout entier est bien évidemment concerné par l'ampleur des phénomènes. Mais, quoique sans doute moins réactifs, le secteur de la santé et certaines industries sont tout aussi vulnérables à des crises de grande ampleur. Il suffit de se souvenir de la canicule de l'été 2003 pour s'en convaincre. Ou garder à l'esprit qu'un seul ouragan Katrina en France mettrait à genoux notre économie.

Face à la réalité des sinistres de grande ampleur comme les catastrophes naturelles majeures de ce début de millénaire ; face à la complexité des menaces globales comme celle de la grippe aviaire ou du terrorisme ; face à l'évidence de certains sinistres comme la crue centennale de la Seine (probabilité 1/100), nous devons saisir les opportunités sans nombre qui s'offrent à l'homme du XXIe siècle. Les nouvelles organisations du

---

1. P. Lagadec, *Sécurité collective et nouvelles menaces*, revue Préventique Sécurité (n°79 et n°80).
2. Exercices menés depuis novembre 2005 sous l'autorité tripartite des *HM Treasury*, *Bank of England* et *Financial Services* Authority

travail (flexibilité, télétravail[1]) peuvent constituer en elles-mêmes des stratégies de continuité. La concentration des secteurs d'activité peut favoriser les échanges et le décloisonnement souhaitable pour une approche concertée de la continuité d'activité. La technologie, qui a elle-même introduit une fragilité indéniable dans notre économie, recèle des clés incontournables pour la continuité d'activité. Et l'homme, informé, éveillé, alerté, averti, a beaucoup de cartes en main pour prendre la mesure de la situation et s'organiser en conséquence.

_____

1. Environ 850 millions de télétravailleurs estimés pour 2009 (source IDC).

ANNEXES

Sigles et abréviations

AR	Analyse de risques
BCI	Business Continuity Institute
BCM	*Business Continuity Management*
BIA	Bilan d'impact sur l'activité
CRM	*Customer Relationship Management*
DG	Directeur (ou Direction) général(e)
DRH	Directeur (ou Direction) des ressources humaines
DRII	*Disaster Recovery Institute International*
DSI	Directeur (ou Direction) du(es) système(s) d'information
E = MCA	Étapes vers le management de la continuité d'activité
ERP	*Entreprise Resource Planning* (progiciel de gestion intégré)
FAI	Fournisseur d'accès à l'internet
GED	Gestion électronique de la documentation
GIE	Groupement d'intérêt économique
LAN	*Local Area Network*
MCA	Management de la continuité d'activité
MTBF	*Mean Time Between Failures*
PCA	Plan de continuité d'activité
PCM	Plan de continuité métier
PCSI	Plan de continuité du SI
PGC	Plan de gestion de crise
PMI	*Project Management Institute*
PRA	Plan de reprise d'activité
PSI	Plan de secours informatique
RAID	*Redundant Array of Inexpensive Disks*
RCS	Registre du commerce et des sociétés

(suite)

RH	Ressources humaines
ROI	*Return On Investment* (retour sur investissement)
RPO	*Recovery Point Objective* (degré de fraîcheur des données)
RSSI	Responsable de la sécurité des systèmes d'information
RTO	*Recovery Time Objective* (délai de reprise)
SAN	*Storage Area Network*
SGBD	Système de gestion de bases de données
SI	Système(s) d'information(s)
SIMCA	Système d'information du management de la continuité d'activité
SMCA	Système de management de la continuité d'activité
SLA	*Service Level Agreement* (convention de service)
SLM	*Service Level Management* (gestion des niveaux de service)
WAN	*Wide Area Network*
VLAN	*Virtual Local Area Network*

Quelques illustrations documentaires de la méthodologie

B.1 AVERTISSEMENT

Les quelques illustrations documentaires figurant dans ce paragraphe présentent des exemples issus de cas réels. En tant que tels, ils ne peuvent prétendre s'appliquer génériquement à un grand nombre de situations. Ils peuvent néanmoins constituer une intéressante base de travail, ou mieux, un point de comparaison dans une phase avancée d'un projet PCA.

On trouvera par ailleurs, dans les études de cas du chapitre 6, d'autres illustrations documentaires de la méthodologie.

B.2 EXEMPLE DE SYSTÈME DOCUMENTAIRE ASSOCIÉ À UN PCA[1]

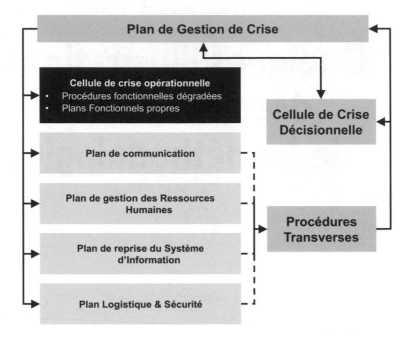

Système documentaire d'un PCA

B.3 EXEMPLE DE CANEVAS D'ENTRETIEN BIA

Les points suivants (voir aussi le tableau 6.7) pourraient être considérés pour la préparation des questionnaires BIA et les entretiens qui suivent :

- **Description de la fonction et/ou du processus** : activité, sous-processus, organisation humaine, hiérarchie, autorité et responsabilité, etc.
- **Dépendances identifiées** : en particulier les dépendances externes (fournisseurs, prestataires...).
- **Données d'entrée** : les données et processus nécessaires en entrée pour permettre l'atteinte des objectifs seront identifiés.
- **Données de sortie** : les données et processus de sortie seront identifiés.
- **Contraintes** : en particulier, les contraintes réglementaires et celles concernant les autorités de tutelle seront analysées, notamment les contraintes de *reporting* légal.

---

1. Voir aussi la figure 6.1.

- **Saisonnalité** : l'occurrence d'un sinistre présente-t-il une criticité plus grande sur l'activité à un moment de l'année qu'à un autre (clôture des comptes, périodes de vente privilégiées, période précédant immédiatement la fermeture annuelle d'une usine, etc.).

- **Analyse d'impact** : selon la grille des critères définis, il s'agit de quantifier les impacts (directs et indirects) sur l'activité : perte de chiffre d'affaires, surcoût de fonctionnement dégradé, coût de reconstitution de l'information, impact sur l'image, impact réglementaire, impact opérationnel sur d'autres processus, etc.

- **Ressources humaines clés** : il s'agit d'identifier les membres du personnel nécessaire à un fonctionnement dégradé.

- **Ressources systèmes d'information clés** : on cherche à identifier cette fois les applications, bases de données auxquelles l'accès est nécessaire pour la poursuite de l'activité.

- **Ressources d'infrastructure clés** : il peut s'agir de la bureautique (téléphones, fax, imprimantes, copieurs, logiciels locaux, etc.), des locaux (postes de travail, bureaux, salle de réunion, tableaux, etc.), des moyens du réseau (réseau local, serveurs ou PC local, accès Internet, etc.) ou des moyens de production spécifiques (machines de production, équipements individuels de protection, etc.).

- **Dossiers et informations « vitaux »** : contrats commerciaux, états papier, sauvegardes récentes, copies électroniques de documents, archives essentielles, etc.

- **Liens de dépendances entre ressources critiques :** les principaux liens de dépendance entre les ressources clés seront identifiés.

- **Temps d'interruption maximal acceptable** : on définira pour les ressources clés les temps maximums tolérables d'interruption ou d'indisponibilité pour définir les priorités de reprise. Pour les éléments du SI, il s'agira tout simplement des RTO et RPO.

- **Procédures dégradées déjà en place** : s'il existe déjà des modes dégradés prédéfinis de gestion de l'activité en cas de problème.

- **Stratégie de secours possible** : par exemple le télétravail, la rclocalisation temporaire sur un site voisin ou le transfert de production sur une autre usine.

- **Retour d'expérience sur sinistre** : si une expérience de sinistre a été vécue, on identifiera les principales leçons à en tirer.

B.4 EXEMPLE DE PLAN DE GESTION DE CRISE

B.4.1 Cadre général

Gestion de crise

Le plan de gestion de crise décrit les responsabilités et critères de décision en vue de la mise en œuvre des moyens préparés pour assurer la continuité des activités de

L'ENTREPRISE. Il est le point d'entrée des procédures déployées lorsqu'une crise survient. Il définit :

- la notion de crise ;
- l'organisation de gestion de la crise ;
- les modes d'alerte et d'activation du PCA ;
- la gestion de crise ;
- les conditions de retour à la normale.

Définition d'une crise

On définira comme crise une situation aiguë, difficile à gérer, ayant des conséquences importantes et durables (parfois néfastes), qui menace les buts essentiels de L'ENTRE-PRISE, réduit le laps de temps disponible pour la prise de décision, et dont l'occurrence surprend les responsables. En particulier, chacun des scénarios de sinistres envisagés dans ce PCA générera une crise.

B.4.2 Organisation de crise

La mise en œuvre du PCA repose sur des actions :

- pilotées par une cellule de crise ;
- réalisées par une équipe de crise, conformément aux dispositions définies dans le présent document ;
- initiées par le déclenchement du PCA.

La cellule de crise et l'équipe de crise constituent ainsi l'organisation de crise.

Un membre de l'organisation de crise peut assumer plusieurs rôles à la fois. Certains membres de l'organisation de crise peuvent être externes au site.

B.4.3 Cellule de crise

Objectifs de la cellule de crise

La cellule de crise a les responsabilités suivantes :

- obtenir les informations préalables concernant le sinistre auprès des experts des domaines ;
- planifier, superviser et suivre l'ensemble des actions décrites dans le PCA ;
- superviser et coordonner l'équipe de crise ;
- décider de l'adjonction de compétences supplémentaires à l'équipe de crise ;
- s'assurer que les premières consignes de sécurité ou procédures d'urgence ont été appliquées ;
- proposer et faire valider les actions de communication interne et externe ;
- rendre compte de l'avancement et de la mise en œuvre du PCA au comité de direction.

Rôles et responsabilités des membres la cellule de crise

Rôle Cellule de crise	Fonction L'ENTREPRISE	Responsabilités
Responsable de la cellule de crise	Gérant	– Il détient le rôle de décideur dans la cellule de crise. S'il n'est pas présent, c'est l'ensemble des autres membres, de manière collégiale, qui prend les décisions. – Il réunit la cellule de crise, telle que définie ci-dessus. – Il peut y adjoindre les compétences d'experts suivant la nature du sinistre et de la situation (Exemples : techniciens informatiques, responsable réseau, opérateur d'impression...), et précise la mission de chacun d'eux. – Il recueille les avis des experts et des acteurs concernés, prend les décisions et les mesures à appliquer et assure la coordination technique générale. – Il valide les décisions prises par la cellule de crise, après concertation avec l'entité concernée. – Il valide les moyens humains et financiers nécessaires.
Responsable de la communication de crise	Directeur commercial	– Il fait passer les messages concernant la crise en interne et en externe. C'est le point de passage unique des informations à destination des clients en cas de crise. – Il assiste les membres de la cellule de crise dans l'élaboration ou le recueil de l'information, de son analyse et de sa transmission, et la conseille sur la teneur des messages. – Il définit et met en œuvre le plan de communication en interne à L'ENTREPRISE : flashs d'informations à tout le personnel. – Il donne au standard téléphonique, le cas échéant, ses consignes pour aiguiller les communications (notamment celles du personnel interne à L'ENTREPRISE) ou donner certains messages immédiats. – Si nécessaire, il est l'interlocuteur des élus, des partenaires institutionnels d'envergure nationale et régionale, des médias.
Représentant informatique	DSI	– Il effectue ou fait effectuer le diagnostic initial de la crise sur les aspects informatiques. – Il coordonne la mise en œuvre du plan de secours informatique. – Il met en œuvre des procédures techniques de reprise.
Représentant production	Directeur de la production	– Il effectue ou fait effectuer le diagnostic initial de la crise sur les aspects métiers. – Il analyse régulièrement les impacts de la crise sur les aspects métiers. – Il coordonne la mise en œuvre des PCM. – Il s'assure que les interfaces entre les différents métiers se mettent en place correctement.
Garant du processus de crise	Responsable qualité	– Il s'assure que le processus présenté dans le présent document est bien respecté. – Il assure le secrétariat de la cellule de crise. – Il organise le suivi et la traçabilité de ces mêmes événements, et note les noms de tous les intervenants sur la main courante. – Il assiste le responsable au niveau des matériels (mallette de crise, etc.) et des documents liés à la crise. – Il suit la mise en œuvre du plan d'actions à froid. – Il réalise le bilan de crise.

B.4.4 Équipe de crise

Constitution

Les membres de l'équipe de crise sont désignés par la cellule de crise lors du déclenchement de la crise, selon les dispositions décrites dans les procédures fonctionnelles de continuité et les procédures techniques de reprise.

Elle rassemble des membres issus :

- du système d'informations,
- des systèmes et réseaux,
- du service clients,
- de la production,
- des services support.

En fonction du sinistre, l'équipe de crise ne comptera pas forcément un représentant de chaque service.

Rôles et responsabilités de l'équipe de crise

L'équipe a les responsabilités suivantes :

- évaluer les dégâts causés par le sinistre ;
- coordonner la mise en œuvre des procédures d'assurances ;
- prendre les dispositions nécessaires pour les éventuels transports d'urgence ;
- prendre en charge les problèmes liés au personnel (transport, hébergement, etc.) en coordination si besoin, avec la correspondante RH de L'ENTREPRISE
- assurer les actions de communication auprès du personnel ;
- évaluer et déterminer les fournitures et matériels nécessaires et commander, si besoin, auprès des fournisseurs ;
- assurer la coordination des efforts entre les autorités civiles et le personnel ;
- assurer la mise en sécurité du personnel du site si nécessaire ;
- assurer la récupération et la mise en sécurité des biens matériels et immatériels ;
- mettre en œuvre les PCM et PTR (Procédures techniques de reprise) métier ;
- mettre en œuvre les PCM et PTR (Procédures techniques de reprise) SI ;
- rendre compte de l'avancement et de la mise en œuvre des actions du PCA qui lui sont attribuées à la cellule de crise.

B.5 ALERTE ET ACTIVATION DU PLAN

B.5.1 Conditions de déclenchement

De multiples sinistres peuvent avoir un impact sur l'activité de L'ENTREPRISE. L'activation du PCA ne sera cependant pas systématique. Les solutions de gestion de la crise seront différentes selon la gravité prévisible ou constatée du sinistre. Les modalités de gestion de la crise seront corrélées à ces niveaux de gravité. Deux facteurs permettent de caractériser un sinistre : l'estimation de sa gravité et la durée prévisionnelle d'interruption de l'activité due au sinistre.

Modalités d'alerte

Qui remonte l'alerte ?	Tout membre du personnel de l'entreprise qui constate un sinistre.
Quels sont les canaux de remontée d'alerte ?	Téléphones portables d'astreinte et professionnels. Mails.
À qui remonte-t-on l'alerte ?	En cas de problème sur le SI : astreinte de l'exploitation informatique, via leur téléphone portable d'astreinte. En cas de problème « site » : cadres des services production, DSI métier, service clients, sécurité site, *via* leurs téléphones portables professionnels (mode « *Best Effort* », pas d'astreinte en place).

B.5.2 Logigramme d'activation du plan

Dans une situation d'urgence, la priorité absolue de L'ENTREPRISE est la préservation de la santé et de l'intégrité de ses collaborateurs et prestataires, et ce, avant le déclenchement d'une alerte ou le lancement des actions contenues dans ce plan de continuité d'activité.

Le processus d'activation et de déroulement de la gestion de crise est synthétisé dans la figure suivante.

B.6 MODALITÉS DE GESTION DE CRISE

B.6.1 Réunion de la cellule de crise

La cellule de crise se réunit :

- si le bâtiment de L'ENTREPRISE est accessible normalement et que les moyens de communication sont opérationnels, dans la salle de réunion du 1er étage (celle-ci est équipée en temps normal des moyens de communication nécessaires : téléphone, réseau LAN, systèmes d'audioconférence et de visioconférence) ;
- si le bâtiment de L'ENTREPRISE est inaccessible, dans la salle de réunion des locaux de SITE 2. Celle-ci est équipée également des moyens de communication nécessaires (téléphone, réseau LAN, audioconférence).

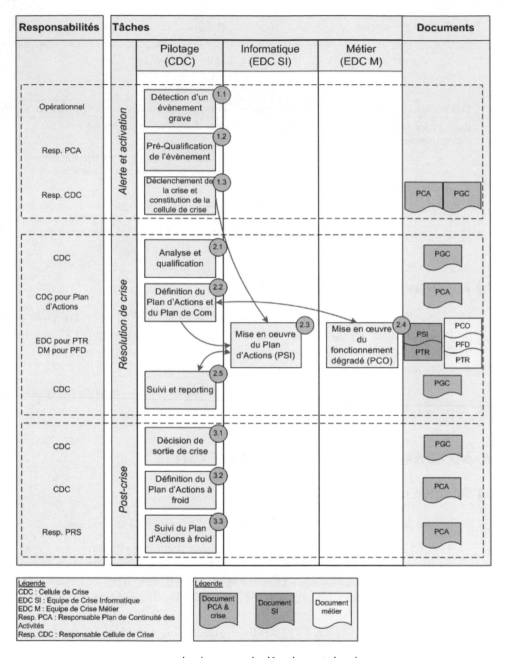

Logigramme de déroulement de crise

B.6.2 Mallette de crise

- **Contenu de la mallette de crise** :
    - version papier de l'annuaire de crise ;
    - version papier des checklists de gestion de crise ;
    - version papier du PCA ;
    - clé USB contenant l'intégralité des documents liés au PCA.

- **Conservation de la mallette de crise** : plusieurs mallettes de crise doivent être conservées et mises à jour afin d'être à la disposition de la cellule de crise en cas de survenance d'un sinistre :
    - 1 mallette au siège de L'ENTREPRISE ;
    - 1 mallette sur le site 3 L'ENTREPRISE ;
    - 1 mallette au domicile du responsable de la cellule de crise.

B.6.3 Annuaire de crise

Rôle Cellule de crise	Fonction L'ENTREPRISE	N° Portable	N° Tél. fixe	Mail
Responsable de la cellule de crise	Gérant			
Responsable de la communication de crise	Directeur commercial			
Représentant informatique	DSI			
Représentant production	Directeur production de gestion			
Garant du processus de crise	Responsable qualité			

B.7 CHECKLIST DE GESTION DE CRISE ET DE RETOUR À LA NORMALE

La cellule de crise se voit attribuer une liste d'actions à mener dès que la phase d'alerte a conduit à l'activation du plan. Les actions s'enchaînent chronologiquement ce qui permet d'en optimiser le déroulement. Elles sont décrites de manière opérationnelle dans la « checklist de crise » ci-après.

Checklist de crise

Phase	N° tâche	N° Action	Action	Responsable	Fait
Alerte et activation	1.2	a	Pré-qualifier l'événement rapidement avec l'aide des opérationnels métier et SI.	Opérationnel métier et/ou SI	
		b	Si l'évènement est grave, informer le Responsable du PCA (resp. PCA).	Opérationnel métier et/ou SI	
	1.3	a	Selon la gravité de l'événement, déclencher la gestion de crise.	Resp. CDC	
		b	Choisir un centre de gestion de crise.	Resp. CDC	
		c	Informer les membres de la cellule de crise du passage en gestion de crise et les rassembler dans le centre de gestion de crise.	Resp. CDC	
		d	Informer la direction du déclenchement de la gestion de crise.	Resp. CDC	
Résolution de crise	2.1	a	Recevoir le point de situation du responsable PCA.	CDC	
		b	Prendre note de tous les évènements au fur et à mesure de leur arrivée.	CDC	
		c	S'adjoindre les compétences d'experts complémentaires (techniques ou métier).	CDC	
		d	Réaliser une évaluation collégiale de la situation pour qualifier la crise (risques, impacts, périmètre, volumes, etc.).	CDC	
	2.2	a	À partir de l'analyse et de la qualification de la crise, définir les actions nécessaires à sa résolution.	CDC	
		b	Définir les compétences puis les acteurs nécessaires pour mener à bien les actions : équipe de crises métier et/ou SI (EDC) et leurs responsables.	CDC	
		c	Communiquer le plan d'actions aux parties intéressées : acteurs et management.	CDC	
		d	Transmettre le plan d'actions et les consignes aux équipes de crise métier et/ou SI (EDC).	CDC	
	2.5	a	Superviser et coordonner l'avancée de mise en œuvre du plan d'actions.	CDC	
		b	Rendre compte aux instances concernées (management et organes de contrôle) de l'avancée du plan d'actions.	CDC	
		c	Définir les grandes lignes de la communication interne et externe.	CDC	
		d	Enregistrer les dépenses additionnelles engagées à la suite du sinistre (coût de transports, matériels informatiques...).	CDC	

(suite)

Phase	N° tâche	N° Action	Action	Responsable	Fait
Post-crise	3.1	a	Obtenir toutes les informations pertinentes pour statuer sur une sortie de crise (vérification que les risques liés à la crise sont maîtrisés).	CDC	
		b	Décider collégialement de la sortie de crise.	CDC	
		c	Décider de l'information de sortie de crise à diffuser : contenu, destinataires, modalités.	CDC	
	3.2	a	Établir le bilan de crise et de gestion de crise.	Resp. PCA	
		b	Établir le plan d'actions à froid.	Resp. PCA	
	3.3	a	Archiver le plan d'actions à froid et le bilan (pour suivi et analyse ultérieure, respectivement).	Resp. PCA	
		b	Assurer le suivi des actions prévues dans le plan d'actions à froid jusqu'à mise en œuvre complète.	Resp. PCA	
Actions transverses		a	Coordonner les efforts entre les autorités civiles (le cas échéant) et le personnel.	CDC	
		b	Coordonner la prise en charge des membres du personnel éventuellement blessés (en corrélation avec les autorités civiles et la DRH).	CDC	
		c	Se mettre à disposition des autorités civiles (le cas échéant) pour les aider dans leur mission.	CDC	
		d	Assurer la mise en sécurité du personnel par l'application des consignes.	CDC	
		e	Contacter la famille des membres du personnel blessé (en corrélation avec la DRH).	CDC	
		f	S'assurer que les locaux sont clos après départ (électricité et eau coupées, locaux sécurisés, etc.).	CDC	
		g	Coordonner avec la direction financière le lien avec les compagnies d'assurance.	CDC	

B.8 EXEMPLE DE PLAN DE REPLI UTILISATEURS

Ce document décrit les moyens et procédures établis pour assurer le repli des utilisateurs de L'ENTREPRISE en cas d'occurrence d'un évènement exceptionnel (indisponibilité de son site principal).

B.8.1 Objectifs

La mise en œuvre du Plan de repli utilisateurs (PRU) vise à permettre aux utilisateurs clés de continuer à exercer leur activité à distance, en décrivant les modalités pratiques relatives au télétravail et site de repli. Ce document vise à :

- rappeler les stratégies de repli par scénario de sinistre envisagé ;
- décrire les modalités concernant les postes de travail informatiques ;
- décrire les modalités pratiques de relocalisation des utilisateurs (site de repli, domicile personnel).

B.8.2 Responsabilités

La responsabilité du PRU est confiée au responsable XXX. Le responsable PRU :

- possède la vision globale du dispositif et de son organisation ;
- maîtrise l'ensemble du PCA, d'un point de vue organisationnel et technique ;
- assure la liaison avec la direction, les exigences métiers et les exigences techniques ;
- assure la coordination des actions de maintenance, de test, de compléments du PRU si nécessaire.

B.8.3 Hypothèses préalables

Scénarios de sinistres retenus pour le PCA

Scénarios de sinistres envisagés pour élaborer le PCA

N°	Scénario	Stratégie de secours ?
1	Indisponibilité totale ou partielle du site 1	Site de repli utilisateur et télétravail
2	Indisponibilité totale ou partielle du site 2	Repli sur un site distant

Scénario pour le PRU

Attention ! Le repli des utilisateurs ne sera activé qu'en cas de survenance du sinistre 1 « Indisponibilité totale ou partielle du site 1 ».

B.8.4 Préparation du repli des utilisateurs

Schéma de principe

La cellule de crise PCA est chargée de la communication pour alerter et informer :

- les collaborateurs,
- les prestataires internes impactés (DSI),
- les prestataires externes (SRU, Agence de voyages, ZZZ).

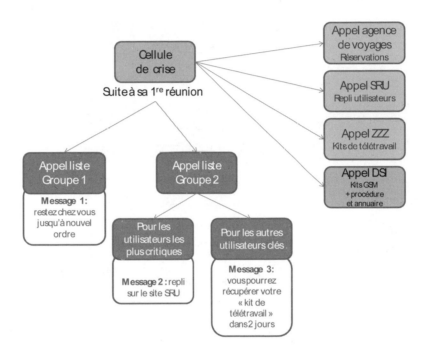

Alerte et activation générale du repli utilisateurs en interne

B.8.5 Processus d'information des collaborateurs

Le processus d'information des collaborateurs L'ENTREPRISE sur les actions et déplacements à engager est le suivant.

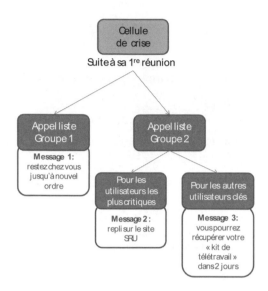

Alerte et activation du repli utilisateurs : collaborateurs

Listes de contact

Liste GROUPE 2 « SRU »				
Nom et prénom	**Fonction**	**Email (pro et perso)**	**Téléphone (pro et perso, mobile)**	**Adresse perso**

Liste GROUPE 2 « télétravail »				
Nom et prénom	**Fonction**	**Email (pro et perso)**	**Téléphone (pro et perso, mobile)**	**Adresse perso**

Trames de messages

Message 1 : alerte de la liste GROUPE 1	Cibles
Contenu de la communication : « *Objet : Déclenchement du repli utilisateurs.* *Bonjour,* *Suite à un incident, la cellule de crise de L'ENTREPRISE s'est réunie et a déclenché le dispositif PCA à [Heure et date]. Le site 1 est actuellement inaccessible.* *Conformément aux dispositions prises dans le PCA, vous ne faites pas partie des utilisateurs clés. Vous êtes donc invité à [rester à votre domicile] / [rentrer à votre domicile] jusqu'à nouvel ordre.* *Nous vous recontacterons ultérieurement pour vous indiquer la marche à suivre.* »	Tous les membres de la liste GROUPE 1.
	Modalités et moyens
	Par mail. Si non joignable par téléphone.

Message 2 : alerte de la liste GROUPE 2 « SRU »	Cibles
Contenu de la communication : « *Objet : Déclenchement du repli utilisateurs.* *Bonjour,* *Suite à un incident, la cellule de crise de L'ENTREPRISE s'est réunie et a déclenché le dispositif PCA à [Heure et date]. Le site 1 est actuellement inaccessible.* *Conformément aux dispositions prises dans le PCA, vous faites partie des utilisateurs clés qui doivent être temporairement relocalisés sur le site de repli utilisateurs (SRU). Vous êtes donc invité à vous rendre à YYY, sur le SRU de L'ENTREPRISE. Vous recevrez sous deux heures un billet électronique ainsi qu'une réservation d'hôtel de la part de notre agence de voyages.* *Les modalités pratiques sont définies dans la procédure jointe à ce mail. Merci d'accuser réception de ce dernier, ainsi que de nous confirmer votre bonne prise en compte du message.* »	Membres de la liste GROUPE 2 qui se déplacent sur le SRU.
	Modalités et moyens
	Par mail. Si non joignable par téléphone. Procédure de repli sur site SRU.

Message 3 : alerte de la liste GROUPE 2 « autres »	Cibles
Contenu de la communication : « *Objet : Déclenchement du Repli utilisateurs.* *Bonjour,* *Suite à un incident, la cellule de crise L'ENTREPRISE s'est réunie et a déclenché le dispositif PCA à [Heure et date]. Le site 1 est actuellement inaccessible.* *Conformément aux dispositions prises dans le PCA, vous faites partie des utilisateurs clés mobilisables en télétravail sous 48 heures à compter de maintenant. Vous êtes donc invités à poursuivre votre activité en télétravail dès récupération du kit de télétravail.* *Vous pourrez venir récupérer votre « kit de télétravail » à [XX] heures [jour]. Les modalités pratiques sont définies dans la procédure jointe à ce mail. Merci d'accuser réception de ce dernier, ainsi que de nous confirmer votre bonne prise en compte du message.* »	Autres membres de la liste GROUPE 2.
	Modalités et moyens
	Par mail. Si non joignable par téléphone. Procédure « Kit de télétravail ».

B.8.6 Processus d'information de la DSI

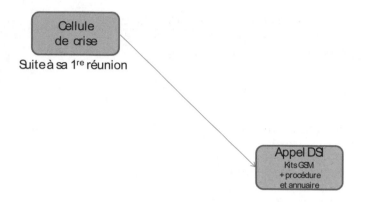

Alerte et activation du repli utilisateurs : DSI

Trame de message d'alerte de la DSI

Message : préparation des kits 3G	Cibles
Contenu de la communication :	Contact DSI.
« *Objet : Activation du PCA L'ENTREPRISE.*	**Modalités et moyens**
Bonjour,	Par mail.
Suite à un incident, L'ENTREPRISE a déclenché son dispositif PCA.	Si non joignable par téléphone.
Conformément aux dispositions prises dans le PCA, nous vous remercions de bien vouloir procéder à la préparation des kits GSM pour les utilisateurs de la liste ci-joint (GROUPE 2 télétravail) et de les mettre à la disposition de la société ZZZ, selon la procédure XXX, dans 2 jours.	Liste des utilisateurs concernés.
Merci d'accuser réception de ce message. »	Procédure.

B.8.7 Processus d'information des prestataires

En parallèle de l'information des collaborateurs et prestataires L'ENTREPRISE, il est nécessaire d'informer :

- le site de repli (SRU) de l'arrivée des collaborateurs concernés ;
- la société ZZZ pour la préparation des kits de télétravail ;
- la DSI pour la préparation des kits GSM ;
- l'agence de voyage XXX pour la commande et l'envoi des billets électroniques SRU et des réservations d'hôtel.

Les trames de message qui suivent servent de base aux communications à effectuer vis-à-vis de ces différents interlocuteurs.

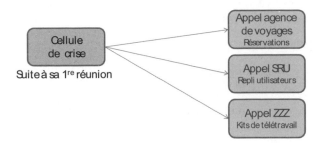

Alerte et activation du repli utilisateurs : prestataires

B.8.8 Alerte du site de repli SRU

Cette communication se fait selon la procédure « activation du contrat SRU », annexée à ce document en page XXX. Le numéro du contrat utilisé est le suivant : contrat n° XXX

Alerte de la société ZZZ

Message : préparation des PC de télé travail pour L'ENTREPRISE	Cibles
Contenu de la communication :	Société ZZZ.
« *Objet : Activation du contrat XXX L'ENTREPRISE.*	**Modalités et moyens**
Bonjour,	
Suite à un incident, L'ENTREPRISE a déclenché son dispositif PCA.	Par mail.
Conformément aux dispositions prises dans le contrat XXX, nous vous remercions de bien vouloir procéder à la préparation des PC-3G et de les mettre à la disposition des utilisateurs (liste « GROUPE 2 télétravail » ci-joint) dans 2 jours.	Si non joignable par téléphone. Liste des utilisateurs concernés.
Merci d'accuser réception de ce message. »	

Alerte de l'agence de voyage

Message : réservation + envoi de billets électroniques	Cibles
Contenu de la communication :	Agence de voyage L'ENTREPRISE.
« *Objet : Activation du PCA L'ENTREPRISE.*	**Modalités et moyens**
Bonjour,	
Suite à un incident, L'ENTREPRISE a déclenché son dispositif PCA.	Par mail.
Conformément aux dispositions prises dans le PCA, un certain nombre de collaborateurs vont se rendre sur le site de repli situé en région parisienne.	Si non joignable par téléphone.
Nous vous remercions de bien vouloir procéder aux réservations suivantes :	Liste des utilisateurs concernés.
Billets de train électronique Lyon Paris aller simple pour le [Date et heure].–> Chaque collaborateur de la liste ci-jointe devra recevoir sa réservation à l'adresse mail indiquée.	Coordonnées hôtels pour réservations.
Billets de train retour ?	
Nuits d'hôtel : [nombre] nuits pour chaque collaborateur de la liste	
Ces informations de réservation devront être envoyées par mail à chaque collaborateur de la liste (GROUPE 2 SRU).	
Merci d'accuser réception de ce message. »	

B.8.9 Procédures de repli

Pour le site de repli (SRU)

Le principe d'organisation pour se rendre sur le site de repli est le suivant. Chaque collaborateur impacté devra :

1. recevoir sa réservation de billet électronique SNCF et l'imprimer (email perso) ;

2. recevoir sa réservation d'hôtel et l'imprimer (email perso) ;

3. préparer ses effets personnels (pour une durée de 90 jours au maximum, avec retour au domicile le week-end) ;

4. se rendre sur le site de repli ;

5. confirmer auprès de XXX qu'il est bien arrivé sur le SRU et a pu prendre son poste de travail ;

6. pendant toute la durée où le collaborateur sera sur le site, il devra respecter les consignes de défraiement ;

7. appliquer les dispositions prévues dans les Procédures fonctionnelles dégradées (PFD) ;

8. appliquer la procédure fournie en annexe pour effectuer le reroutage de la téléphonie sur le site de repli utilisateurs.

Pour les collaborateurs en télétravail

Le principe d'organisation pour les utilisateurs en télétravail est le suivant, chaque collaborateur devra :

- recevoir le mail contenant la procédure de connexion télétravail ;
- aller récupérer son kit de télétravail contenant :
  - un PC équipé d'une carte 3G,
  - un téléphone GSM,
  - la procédure de connexion en format papier,
  - un annuaire téléphonique.
- confirmer auprès de son supérieur hiérarchique (généralement localisé sur le SRU et joignable à son numéro de poste qu'il a bien récupéré son kit et qu'il peut recommencer son activité ;
- exercer son activité selon les modalités définies dans les PFD et conformément à l'avenant de son contrat de travail « télétravail » ;
- appliquer la procédure fournie en annexe pour effectuer le reroutage de la téléphonie sur son GSM de télétravail.

B.8.10 Annexes

Annuaire téléphonique

- **Prestataires impactés**
    - SRU
    - ZZZ
    - Agence de voyage
    - ...

- **Services L'ENTREPRISE**
    - Équipes SI
    - Responsables hiérarchiques métier et informatique
    - ...

- **Liste GROUPE 1**
    - ...

- **Liste GROUPE 2 SRU**
    - ...

- **Liste GROUPE 2 Télétravail**
    - ...

Procédures et renseignements utiles

- **Repli vers le site SRU** – Indiquer ici :
    - les nouvelles procédures de travail en mode dégradé (PFD) ?
    - les consignes concernant le remboursement des frais de déplacement
    - plan d'accès à SRU
    - liste des restaurants à proximité
    - liste des activités à proximité
    - annuaires des autres personnes sur SRU et en télétravail, annuaire CDC
    - procédure de reroutage de la téléphonie SRU

- **Télétravail** – Compléter ici :
    - plan et coordonnées pour le point de collecte ZZZ
    - procédure de connexion à distance
    - procédure de récupération du kit télétravail
    - annuaires des autres personnes sur SRU et en télétravail, annuaire CDC, hotline ZZZ, RH, responsables hiérarchiques, etc.
    - procédure de reroutage de la téléphonie vers les télétravailleurs

B.9 EXEMPLE D'ACCORD DE RECIPROCITÉ POUR LA CONTINUITÉ DE PROCESSUS METIER

Dans le cadre de leurs politiques de gestion des risques, L'ENTREPRISE et [Partenaire] souhaitent formaliser un accord de réciprocité pour secourir mutuellement leur production en cas de sinistres majeurs. L'objectif de ce document est d'apporter un cadre à cet accord, par lequel des modalités, engagements et dispositions sont établis pour permettre aux deux partenaires de servir au mieux leurs clients en cas d'événements redoutés exceptionnels.

- **Pour L'ENTREPRISE**, la préoccupation est de :
  - compléter *via* cet accord son dispositif de plan de continuité d'activité portant sur le périmètre de son activité ;
  - d'assurer la conformité au règlement XXX de ses clients qui impose la mise en œuvre d'un PCA.
- **Pour [Partenaire]**, la préoccupation est de :
  - XXX

B.9.1 Conditions générales

Conditions de déclenchement de l'accord de réciprocité

- **Sinistres considérés pour L'ENTREPRISE et cas d'invocation** – Les sinistres majeurs[1] pour lesquels L'ENTREPRISE peut invoquer l'accord de réciprocité sont les suivants.

1	Indisponibilité totale ou partielle d'un des deux sites de production
2	Indisponibilité totale ou partielle du personnel de L'ENTREPRISE, si les effectifs ne sont plus suffisants pour assurer la production

Le présent accord de réciprocité est conclu pour deux niveaux d'invocation qui concernent L'ENTREPRISE :

- **Niveau 1** : pour des clients L'ENTREPRISE nécessitant une production sur une chaîne de type XXX, pour lesquels L'ENTREPRISE est le seul prestataire identifié.
- **Niveau 2** : en délestage de productions pour les clients de L'ENTREPRISE nécessitant des moyens moindres pour lesquels un autre prestataire de secours est déjà identifié.

---

1. Sinistres majeurs : seuls les sinistres majeurs ayant un impact direct et localisé sur L'ENTREPRISE sont considérés. Les sinistres généralisés (tremblement de terre, explosion nucléaire, etc.) auraient un impact trop important pour que L'ENTREPRISE puisse se prémunir *via* son seul plan de continuité d'activité. Les sinistres qui toucheraient dans le même temps L'ENTREPRISE et XXX ne sont donc pas traités.

- **Sinistres considérés pour [Partenaire] et cas d'invocation** – Les sinistres majeurs pour lesquels [Partenaire] peut invoquer l'accord de réciprocité sont les suivants.

1	Xxx
2	Yyy
3	Zzz

Catalogue des services à rendre en cas de déclenchement

- **Service 1 : réception des flux XXX** – Il s'agit de réceptionner des flux de données au format AFP sur un serveur FTP mis en commun pour traiter des flux d'impression.
- **Service 2 : production** – Il s'agit d'assurer la production des flux pour produire les livraisons clients. Ce service implique les étapes classiques de mise en production et de contrôle qualité liées à la production.

  Pour ce faire, le partenaire qui invoque l'accord de réciprocité doit transmettre toutes les instructions nécessaires à la production, dans des délais compatibles avec les engagements souhaités. En particulier, les échantillons de référence et cahiers de consignes ou procédures devront être transmis dès l'invocation.
- **Service 3 : conditionnement** – Il s'agit de réaliser le conditionnement en préalable au transport.
- **Service 4 : transport** – Ce service consiste à acheminer les produits vers un centre logistique.

Modalités de fourniture des services

- **Caractérisation des services fournis** – Pour préciser l'accord, les éléments dimensionnant suivants sont définis dans les Conditions Particulières du présent accord :

  – capacité de production mise à disposition

  – délais de reprise de la production

  – moyens techniques et matériels mis à disposition

  – horaires de fourniture des services

  – durée de fourniture des services en mode secours

Gestion de la priorité en cas de conflit d'intérêt

La production en cours d'un des partenaires peut l'empêcher de répondre immédiatement et favorablement à l'invocation de l'autre partenaire en cas de sinistre avéré chez ce denier. Pour palier cette situation, deux cas sont envisageables :

- **Cas 1 :** moyennant financement des clients, les partenaires s'accordent pour réserver une capacité de production dédiée à la réponse à l'invocation de cet accord de réciprocité.

- **Cas 2** : si aucun moyen de production n'a été réservé[1], le partenaire sollicité pour le secours doit transmettre dans un délai de 24 heures à compter de l'invocation des éléments de planification de la production demandée, pour répondre au mieux à la demande.

Évolution des configurations techniques chez les partenaires

Chaque partenaire s'engage à informer l'autre dans les meilleurs délais en cas d'évolution des configurations techniques et matériels de son outil de production impactant sa capacité à rendre les services convenus dans le cadre du présent accord.

Indisponibilités des moyens de production

Un planning des indisponibilités annuelles **programmées** des moyens de production est remis par chaque partenaire lors de la réunion annuelle de pilotage de l'accord (voir paragraphe _Pilotage de l'accord de réciprocité_). En cas d'indisponibilité programmée des moyens de production ne figurant pas au planning annuel remis, une information partenaire est faite dans les meilleurs délais.

Chaque partenaire est également tenu d'informer l'autre en cas d'indisponibilité **non programmée** de ses moyens de production impactant temporairement sa capacité à respecter le présent accord, et ce, dès constatation de l'indisponibilité.

B.9.2 Test de l'accord de réciprocité

Droit à tester l'accord de réciprocité

Chaque partenaire bénéficie d'un droit à tester effectivement le bon fonctionnement de l'accord de réciprocité. Ce droit implique la réalisation d'une bascule effective de production sur le site partenaire.

Modalités d'exécution des tests

Une fois par an, selon un planning défini lors de la réunion annuelle de pilotage de l'accord (voir paragraphe _Pilotage de l'accord de réciprocité_), les partenaires s'accordent pour les modalités de test de l'accord.

B.9.3 Pilotage de l'accord de réciprocité

Réunion annuelle de pilotage de l'accord

Une fois par an, les partenaires se rencontrent pour une réunion annuelle de pilotage de l'accord visant à :

- échanger des informations techniques et organisationnelles nécessaires au maintien de l'accord (évolution des configurations techniques, passage en 3×8, déménagement, etc.) ;

---

1. Cas le plus fréquent.

- définir les modalités de test pour l'année ;
- échanger les plannings d'indisponibilités annuelles programmées ;
- statuer sur la continuation du présent accord ;
- effectuer une revue des principaux exercices, tests et invocations effectives du présent accord pour définir un plan d'actions d'amélioration ;
- couvrir tout autre point nécessaire au maintien du présent accord.

En cas d'invocation

Lors de l'invocation de l'accord (sinistre majeur chez l'un des partenaires), seules les personnes nommément désignées dans les conditions particulières du présent accord sont habilitées à intervenir et communiquer auprès du partenaire (voir le paragraphe *Personnes habilitées à piloter l'accord en cas d'invocation*).

B.9.4 Limites des engagements et obligations des partenaires

Force majeure

La responsabilité des partenaires ne saurait être recherchée en cas de force majeure, de fait de tiers ou de faits indépendants de sa volonté. De façon expresse, sont considérés comme des cas de force majeure, outre ceux habituellement retenus par la jurisprudence des tribunaux français : les cas de grève générale, *lock-out*, intempéries, épidémie, blocage des moyens de transport et d'approvisionnement, tremblement de terre, incendie, tempête, inondation, dégâts des eaux, restrictions gouvernementales ou légales, perturbations dans les télécommunications y compris le réseau commuté des opérateurs de télécommunication et tous autres cas indépendants de la volonté des parties, empêchant l'exécution normale du présent accord, et présentant des caractères d'imprévisibilité, d'irrésistibilité et d'extériorité.

Confidentialité

Chaque partenaire s'engage à respecter et faire respecter par ses employés le secret le plus absolu sur les informations, documents et procédures dont elle aurait connaissance à l'occasion des présentes.

B.9.5 Conditions particulières

Date d'effet et durée

Le présent accord est conclu pour une période initiale de deux ans et prend effet en date du XX/YY/ZZ.

Personnes habilitées à piloter l'accord en cas d'invocation

En cas d'invocation du présent accord (sinistre majeur avéré pour l'un des partenaires), les personnes suivantes sont habilitées à piloter le secours et à communiquer avec le partenaire.

L'ENTREPRISE		[Partenaire]	
Fonction	**Nom**	**Fonction**	**Nom**

Caractérisation des services fournis

Services fournis par [Partenaire] à L'ENTREPRISE

SERVICE	O / N	Capacité	Délai de reprise	Moyens affectés	Durée en secours	Étendue horaire	Description
Réception des flux	O						
Production	O						
Conditionnement	O						
Transport	N						

Services fournis par L'ENTREPRISE à [Partenaire]

SERVICE	O / N	Capacité	Délai de reprise	Moyens affectés	Durée en secours	Étendue horaire	Description
Réception des flux							
Production							
Conditionnement							
Transport							

B.10 EXEMPLE DE PLAN LOCAL DE CONTINUITÉ

Si l'exemple suivant est intitulé PCA, il s'agit en fait d'un document hybride entre un plan de gestion de crise, des procédures d'urgence et un plan de relocalisation. Issu du travail effectué dans le cadre de la mission rapportée dans le cas n° 3 (voir paragraphe 6.3, *Cas n° 3 – Mise en place d'un plan de continuité opérationnel*), il s'agit d'un PCO local, la vision par site ayant été privilégiée.

B.10.1 Sommaire

- Introduction
- Organisation et responsabilités de l'équipe de crise du site
- Alerte et activation du plan
- Gestion de crise
- Retour à la normale
- Annexes

Plan local de continuité d'activité			
Site de [à compléter]			
Révision	1.X	1.X	1.X
Date			
Émetteur			
Vérificateur			

B.10.2 Introduction

Objectif

Ce plan de continuité local vise à définir un mode local de réaction face à un sinistre affectant la continuité de l'activité de [entreprise]. Les principaux objectifs de ce plan sont de :

- minimiser l'impact d'un sinistre sur les activités de [entreprise] en proposant une démarche structurée en trois phases :
  - alerte et activation du plan,
  - gestion de crise,
  - retour à la normale.
- définir l'organisation et les responsabilités dans la mise en œuvre de ce plan local, ainsi que fournir aux acteurs ainsi désignés des listes de référence, ou check-lists, d'actions à mener pour assurer la continuité d'activité ;
- identifier les activités, ressources et procédures nécessaires à la continuité de l'activité de [entreprise] pour un site ;
- assurer la coordination des efforts locaux avec les partenaires dans la gestion de crise (cellule de crise, support interne, fournisseurs externes, etc.).

Périmètre

Le périmètre d'application de ce document est le site de [à compléter] de [entreprise]. Cette définition inclut :

- les locaux ;
- les acteurs attachés au site (personnel et prestataires) ;
- le matériel : immobilisations corporelles (matériels de bureau, matériel informatique hardware, etc.) et incorporelles (logiciels en particulier) de [entreprise] sur le site ;
- l'information : les données et documents sous toutes formes (papier, base de données, sauvegardes, archives, CD-Rom, etc.).

B.10.3 Organisation et responsabilités de l'équipe de crise du site

Organisation de crise du site

La mise en œuvre locale du plan de continuité d'activité de [entreprise] repose sur des actions :

- pilotées par une cellule locale de crise,
- réalisées par des équipes locales de crise, conformément aux dispositions définies dans le présent document,
- initiées par l'alerte transmise par le responsable technique de site.

La cellule locale de crise, les équipes locales de crise et le responsable technique de site constituent ainsi l'**organisation locale de crise**.

Chaque membre de l'organisation locale de crise est secondé par un suppléant qui intervient en cas d'absence du titulaire (congés, maladie, etc.) ou d'impossibilité à le joindre.

Un membre de l'organisation locale de crise peut assumer plusieurs rôles à la fois. Certains membres de l'organisation locale de crise peuvent être externes au site (cas de systèmes informatiques délocalisés par exemple). Un membre d'une équipe locale de gestion de crise peut intervenir en début de gestion de crise dans une équipe et être réaffecté à une autre équipe quand les travaux avancent (c'est souvent le cas pour l'équipe intervention qui a surtout un rôle immédiatement après le sinistre).

Synoptique de l'organisation de crise du site

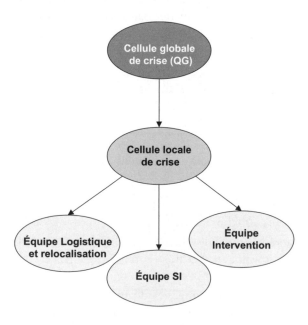

Cellule locale de crise

- La cellule locale de crise est constituée des :
  - responsable de la cellule de crise du site : en général un représentant de l'entité majeure du site ou de l'activité stratégique ;
  - responsable de l'équipe d'intervention ;
  - responsable de l'équipe logistique et relocalisation ;
  - responsable de l'équipe SI ;
  - responsable communication.

  La cellule locale de crise se réunit sur avis du responsable de la cellule locale de crise dans le local prévu à cet effet (tel que défini dans l'annexe 10 : fiche signalétique de site). En situation de crise, ce local devient le lieu de travail de la cellule locale de crise.

Constitution

Nom	Fonction PCA	Adresse personnelle	Téléphone personnel	Téléphone portable	Statut (Titulaire / Suppléant)
	Responsable cellule de crise				Titulaire
					Suppléant
	Responsable équipe d'intervention				Titulaire
					Suppléant
	Responsable équipe logistique et relocalisation				Titulaire
					Suppléant
	Responsable équipe SI				Titulaire
					Suppléant
	Responsable communication				Titulaire
					Suppléant

- **Rôle et responsabilité de la cellule locale de crise** – La cellule locale de crise a les responsabilités suivantes :
  - obtenir les informations préalables du responsable technique de site concernant l'évaluation préalable du sinistre (voir figure 6.3) ;
  - planifier, superviser et suivre l'ensemble des actions décrites dans le PCA local ;
  - convoquer, superviser et coordonner l'ensemble des équipes de crise du site ;
  - s'assurer que les premières consignes de sécurité ou procédures d'urgence ont été appliquées ;
  - assurer la liaison avec le QG de crise de [entreprise] le cas échéant ;

– proposer et faire valider les actions de communication interne et externe ;
– rendre compte de l'avancement et de la mise en œuvre du PCA local au QG de crise.

Équipe d'intervention

Constitution

Nom	Fonction PCA	Adresse personnelle	Téléphone personnel	Téléphone portable	Statut (Titulaire / suppléant)
	Membre				Titulaire
					Suppléant
	Membre				Titulaire
					Suppléant
	Membre				Titulaire
					Suppléant
	Membre				Titulaire
					Suppléant

- **Rôle et responsabilité de l'équipe d'intervention** – L'équipe d'intervention a les responsabilités suivantes :

    – assurer la coordination des efforts entre les autorités civiles et le personnel ;
    – assurer la mise en sécurité du personnel du site si nécessaire ;
    – assurer la récupération et la mise en sécurité des biens matériels et immatériels ;
    – rendre compte de l'avancement et de la mise en œuvre des actions du PCA local qui lui sont attribuées à la cellule locale de crise.

Équipe logistique et relocalisation

Constitution

Nom	Fonction PCA	Adresse personnelle	Téléphone personnel	Téléphone portable	Statut (Titulaire / suppléant)
	Membre				Titulaire
					Suppléant
	Membre				Titulaire
					Suppléant
	Membre				Titulaire
					Suppléant
	Membre				Titulaire
					Suppléant

- **Rôle et responsabilité de l'équipe logistique et relocalisation** – L'équipe a les responsabilités suivantes :
  - évaluer les dégâts causés par le sinistre ;
  - contacter la [direction finances/ assurances] pour coordonner la mise en œuvre des procédures d'assurances ;
  - prendre les dispositions nécessaires pour le transport d'urgence ;
  - prendre en charge les problèmes liés au personnel (transport, hébergement, etc.) en coordination avec la DRH si besoin ;
  - prendre en charge les actions de recâblage et/ou reroutage informatique ou télécoms ;
  - assurer les actions de communication auprès du personnel ;
  - évaluer et déterminer les fournitures et matériels nécessaires en liaison avec l'équipe SI et commander, si besoin, auprès des fournisseurs (en coordination avec le département achats) ;
  - s'assurer de la disponibilité des matériels, fournitures et locaux sur le site de secours ou pour la solution de secours retenue ;
  - coordonner les transferts (personnels et matériels) vers le site de secours ;
  - rendre compte de l'avancement et de la mise en œuvre des actions du PCA local qui lui sont attribuées à la cellule locale de crise.

Équipe SI

Constitution

Nom	Fonction PCA	Adresse personnelle	Téléphone personnel	Téléphone portable	Statut (Titulaire / suppléant)
	Membre				Titulaire
					Suppléant
	Membre				Titulaire
					Suppléant
	Membre				Titulaire
					Suppléant
	Membre				Titulaire
					Suppléant

- **Rôle et responsabilité de l'équipe SI** – L'équipe a les responsabilités suivantes :
    - évaluer et déterminer les fournitures et matériels SI nécessaires en liaison avec l'équipe logistique et relocalisation ;
    - récupérer les dernières sauvegardes du site (internes ou externes) ;
    - remonter le système d'exploitation, les bases de données, les applications sur les machines de secours ;
    - tester les applications ;
    - coordonner la remise en service des systèmes ;
    - rendre compte de l'avancement et de la mise en œuvre des actions du PCA local qui lui sont attribuées à la cellule locale de crise.

B.10.4 Alerte et activation du plan
Définition des sinistres

De multiples sinistres peuvent avoir un impact sur l'activité de [entreprise]. L'activation du plan de continuité d'activité ne sera cependant pas systématique. Les solutions de gestion de la crise seront différentes selon la gravité prévisible ou constatée du sinistre. Plusieurs niveaux de gravité des sinistres ont ainsi été identifiés (voir annexe 7). Les modalités de gestion de la crise sont corrélées à ces niveaux de gravité. Deux facteurs permettent de caractériser un sinistre : l'estimation de sa gravité et la durée prévisionnelle d'interruption de l'activité due au sinistre. La classification des sinistres figure dans les tableaux de l'annexe 7.

Alerte et activation du plan

Dans une situation d'urgence, la priorité absolue de [entreprise] est la préservation de la santé et de l'intégrité de ses collaborateurs et prestataires, et ce, avant le déclenchement d'une alerte ou le lancement des actions contenues dans ce plan de continuité d'activité.

L'alerte est lancée par tout membre du personnel de [entreprise] qui constate un sinistre selon les indications données dans les fiches réflexes.

En fonction du type de sinistre (comme spécifié dans les fiches réflexes), le collaborateur appelle les interlocuteurs désignés. La procédure d'alerte est synthétisée dans la figure suivante.

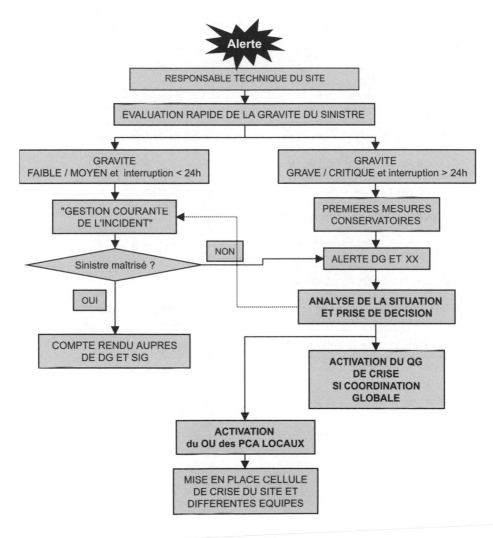

Procédure d'alerte

B.10.5 Gestion de crise

La cellule locale de crise et chaque équipe de crise se voient attribuer une liste d'actions à mener dès que la phase d'alerte a conduit à l'activation du plan.

Les actions s'enchaînent chronologiquement ce qui permet d'en optimiser le déroulement.

Cette liste de référence constitue une check-list qui sera la base du *reporting* entre, d'une part, l'équipe et la cellule locale de crise, et d'autre part, entre la cellule locale de crise et le QG de crise de [entreprise] (le cas échéant).

Cellule locale de crise

EN CRISE

Action	Fait
Activer le centre de gestion de crise local	
Informer les membres de la cellule locale de crise du passage en gestion de crise	
Rassembler la cellule locale de crise du site dans le centre de gestion de crise	
Lancer les actions des équipes de crise du site	
Coordonner la gestion de crise avec le QG de crise le cas échéant	
Superviser et suivre l'ensemble des actions du PCA local	
Autoriser et enregistrer les dépenses additionnelles engagées à la suite du sinistre (coût de transports, matériels de sécurité, etc.)	
Assurer le suivi de la gestion locale de la crise	
En coordination avec la DRH et la direction de la communication, proposer et faire valider les actions de communication interne et externe	
Faire un rapport au management et au QG de crise le cas échéant	

POST-CRISE

Action	Fait
Assurer le retour au processus normal aussi vite que possible	
Rassembler les équipes pour l'analyse post-sinistre et le *reporting*	
Planifier les réparations des équipements endommagés	
Coordonner les efforts entre les autorités civiles (le cas échéant) et le personnel	
Coordonner la prise en charge des membres du personnel éventuellement blessés (en corrélation avec les autorités civiles et la DRH)	
Se mettre à disposition des autorités civiles (le cas échéant) pour les aider dans leur mission	
Assurer la mise en sécurité du personnel par l'application des consignes	
Sécuriser les caisses et autres liquidités sur le site	
Identifier, évaluer et sécuriser le matériel et les fournitures récupérables	
Assurer la sécurité du site sinistré (gardiennage supplémentaire si besoin)	
Rendre compte à la cellule locale de crise	

Équipe d'intervention

Équipe logistique et relocalisation

Action	Fait
Réaliser l'évaluation détaillée du sinistre	
Prendre des photos des dégâts pour les assurances	
Identifier les hôtels et effectuer les réservations en fonction des besoins	
Identifier et réserver les prestataires de transports	
Coordonner les transferts et l'hébergement du personnel clé vers le site de secours	
En coordination avec l'équipe SI et en fonction des matériels récupérables (évalués par l'équipe d'intervention), évaluer le matériel nécessaire (hors hardware et software) pour la solution de secours retenue	
Après accord de la cellule locale de crise, passer commande des matériels de secours auprès des fournisseurs (en coordination avec le département achats)	
Contacter la famille des membres du personnel blessé (en corrélation avec la DRH)	
En coordination avec la cellule locale de crise, assurer les actions de communication interne et externe	
Coordonner avec la direction finances/assurances le lien avec les compagnies d'assurance	
Coordonner l'acheminement des matériels vers le site de secours (y compris les sauvegardes bureautiques)	
Assurer les actions de recâblage et/ou reroutage informatique et télécoms	
S'assurer que les matériels, fournitures et locaux définis dans la solution de secours retenue sont disponibles sur le site de secours	
S'assurer que les locaux sont clos après départ (électricité et eau coupées, locaux sécurisés, etc.)	
Rendre compte à la cellule locale de crise	

Équipe SI

Action	Fait
Récupérer les sauvegardes bureautiques du site (interne ou externe)	
Récupérer les sauvegardes du système (internes ou externes)	
En fonction des matériels récupérables (évalués par l'équipe d'intervention), évaluer le matériel nécessaire (hardware : bureautique et système) pour la solution de secours retenue	
En fonction des matériels récupérables (évalués par l'équipe d'intervention), évaluer le matériel nécessaire (software) pour la solution de secours retenue	
Après accord de la cellule locale de crise, passer commande des matériels de secours auprès des fournisseurs (en coordination avec le département achats)	
Installer et configurer les machines de secours (système d'exploitation, applications, bases de données)	
Valider le recâblage et le reroutage (réseau et télécoms) avec l'équipe logistique et relocalisation	
Réaliser les tests techniques sur les machines de secours	
Remonter les sauvegardes système	
Tester les sauvegardes système	
Remonter les sauvegardes bureautiques du site	
Tester les sauvegardes bureautiques du site	
Tester les applications (tests techniques et tests utilisateurs)	
Coordonner le recâblage et le reroutage (réseau et télécoms) avec l'équipe logistique et relocalisation	
Coordonner les validations « bout-en-bout » de l'ensemble du système (réseau, *hardware*, *software*, etc.)	
Redémarrer les systèmes quand les tests sont satisfaisants	
Rendre compte à la cellule locale de crise	

B.10.6 Retour à la normale

Les modalités de retour à la normale décrites ci-après permettent de gérer au mieux un retour à une situation nominale.

Dans certains cas, ce retour à la normale permet de revenir à une situation identique à celle précédant le sinistre (lorsque les dommages subis sont temporaires, notamment).

Dans une majorité de cas (plus particulièrement, lorsque les dommages subis sont irréversibles et définitifs, lors d'un incendie par exemple), le retour à la normale nécessite des travaux, voire une relocalisation permanente.

Le retour à la normale passe habituellement par trois phases :

- Réparations
- Remplacement des équipements et fournitures
- Tests de l'installation (nouvelle ou réparée)

Le retour à la normale est piloté par la cellule locale de crise. Si un QG de crise a été mis en place pour le déclenchement du plan de continuité, le retour à la normale ne peut s'effectuer sans l'accord exprès de celui-ci.

En plus des trois phases énumérées, le retour à la normale passe obligatoirement par l'information du personnel.

Réparations

Action	Fait
S'assurer que les installations endommagées ont fait l'objet de remise à niveau : nettoyage, remise en service des process fluides (eau, gaz, électricité) et des infrastructures (ascenseurs, cage d'escalier, mobilier, etc.)	
S'assurer que les matériels non remplacés ont été réparés le cas échéant	

Remplacement des équipements et fournitures

Action	Fait
S'assurer que les équipements et fournitures de remplacement ont bien été commandés et réceptionnés	
S'assurer que les équipements et fournitures de remplacement sont installés	

Test de l'installation (nouvelle ou réparée)

Avant d'autoriser la mise en service opérationnel d'une installation ayant subi des dommages suite à un sinistre, les étapes suivantes pourront être obligatoires. Il est du ressort de la cellule locale de crise de statuer sur la pertinence de chaque étape en regard du préjudice subi. Les tests devraient comprendre les étapes indiquées ci-après.

Action		Fait
Thème	**Action**	
Analyse de risques	Analyse des risques résiduels	
	Définition du plan de couverture des risques	
Tests fonctionnels	Tests applicatifs par les informaticiens	
	Recette utilisateurs	
Tests de performance	Tests techniques sur le hardware	
	Tests de pré-production (charge, fuite mémoire, accès simultanés, etc.)	
Tests de sécurité	Sécurité physique	
	Sécurité logique	
	Sécurité des communications	
	Sécurité de l'environnement	

B.10.7 Annexes

- Annexe 0 : Les principaux contacts utiles en interne
- Annexe 1 : Coordonnées du personnel du site
- Annexe 2 : Coordonnées des principaux fournisseurs
- Annexe 3 : Numéros d'urgence (autorités civiles)
- Annexe 4 : Inventaires du site
- Annexe 5 : Sauvegardes de données
- Annexe 6 : Procédures d'opérations (système)
- Annexe 7 : Matrice d'évaluation des dégâts et de classification du sinistre
- Annexe 8 : Solutions de secours suivant la gravité des scénarios de sinistre
- Annexe 9 : Premières consignes de sécurité ou procédures d'urgence
- Annexe 10 : Fiche signalétique de site

Annexe 0 : Principaux contacts utiles

Nom	Fonction (dir./div./service)	Adr. + tél. perso	Tél. sur site	Tél. port.	Mail

Annexe 1 : Coordonnées du personnel du site

Nom	Fonction (dir./div./service)	Adr. + tél. perso	Tél. sur site	Tél. port.	Mail

Annexe 2 : Coordonnées des principaux fournisseurs

Fournisseurs actifs (sous contrat ou ayant fourni des biens ou services dans les deux derniers mois)

Type de fourniture	Commentaires/domaine	Nom	Adresse	Tél. + mail
Matériel informatique	Bureautique			
	Bureautique			
Site de repli ou de secours				
Stockage externalisé	Supports magnétiques			
	Supports papier			
Fluides	Groupe (Fuel)			
Mobilier et fournitures de bureau	Fax			
	Photocopieur			
	Fournitures			
Prestataires de service	Ascenseurs			
	Téléviseurs			
	Réseau interne			
	Bureautique			
	Groupe			
	Onduleurs			
	Gardiennage			

Fournisseurs en backup (pré-référencés ou identifiés comme pouvant se substituer
à l'un des fournisseurs actifs en cas de défaillance)

Type de fourniture	Commentaires/domaine	Nom	Adresse	Tél.+ mail
Matériel informatique				
Site de repli ou de secours				
Stockage externalisé				
Télécoms				
Mobilier et fournitures de bureau				
Prestataires de service				

Annexe 3 : Numéros d'urgence (autorités civiles)

Organisme	Champ d'action	Téléphone
Police	Sécurité sur le territoire national	17
Pompiers	Secours aux personnes en cas d'incendie, de catastrophe naturelle	18
SAMU	Secours médical en cas de maladie, d'accident	15
Centre antipoison		
Hôpitaux de proximité		
Services brûlés		
Chirurgie de la main		
Etc.		

Annexe 4 : Inventaires du site

Bureautique

Type équipement	Modèle	Configuration	Quantité	Commentaire
PC, moniteur, imprimante				

Autre matériel de bureau

Type équipement	Modèle	Configuration	Quantité	Commentaire
vidéo projecteur, scanner, lecteur cartouches, modem, etc.				

Documents et dossiers critiques

Dossier	Note de criticité	Format (électronique ou papier)	Commentaire

Hardware informatique

Type équipement	Modèle	Configuration	Quantité	Commentaire
Serveur, routeur, switch, câble, consoles, etc.				

Software

Type équipement	Applications et version	Quantité	Commentaire

Annexe 5 : Sauvegardes de données

Procédure de sauvegarde de données : version de référence

Référence	Intitulé	Version à jour	Disponible à

Liste des données sauvegardées

Nature	Identification	Média (CD, DLT, etc.)	Nbre copies	Localisation/prest. de stockage

Annexe 6 : Procédures d'opérations (système)

Procédure d'opérations (système) : version de référence

Référence	Intitulé	Version à jour	Disponible à

Liste des applications utilisées

Nom	Objet	Configuration nécessaire	Responsable fonctionnel/ Coordonnées	Localisation

Annexe 7 : Matrice d'évaluation des dégâts et de classification du sinistre

Il s'agit des outils d'aide à l'évaluation des sinistres pour le responsable technique de site dès qu'il reçoit une alerte.

Évaluation rapide du sinistre

Évaluation rapide de sinistre	**Auteur :** **Date :**	
		Fait ?
Nature du sinistre		
Y a-t-il plus d'un site impacté ? (Si oui, lesquels ?)		
Y a-t-il des blessés ? (Si oui, gravité ?)		
À quelle durée estimez-vous l'impact du sinistre sur la continuité d'activité ? (1h/ 1 jour/ 1 semaine / 1 mois)		
La gestion des opérations et la production sont-ils en jeu ?		
L'impact éventuel sur le CA et les pertes financières indirectes serait : < 100 keuros ? (faible) >100 keuros et < 1 Meuros ? (moyen) > 1 Meuros et < 5 Meuros ? (grave) > 5 Meuros ? (critique)		
Quel est le nombre approximatif d'employés dans l'impossibilité d'exercer leur activité ? (1/ 5/ 10/ 30/ 50/ plus ?)		
Y a-t-il un risque de retombées médiatiques défavorables pour l'entreprise à court ou moyen terme ?		
L'impact prévisible sur la satisfaction des clients est-il critique, grave, moyen, faible, nul ?		
L'impact réglementaire prévisible est-il critique, grave, moyen, faible, nul ?		
Remarques		

Annexe 8 : Solutions de secours suivant la durée prévisionnelle d'interruption

Processus [à compléter]

		1 jour	1 semaine	1 mois	Commentaires
RH	Acteurs clés interne				
	Acteurs clés externe				
Infrastructure	Relocalisation				
	PC + accès				
	Téléphones				
	Bureautique				
SI	Applications				
	Autres				

Annexe 9 : Premières consignes de sécurité ou procédures d'urgence

Version de référence

Référence	Intitulé	Version à jour	Disponible à

Annexe 10 : Fiche signalétique de site

SITE [à compléter]				
Renseignements clés				
1. Type Bâtiment	2. Nombre étages	3. Superficie	4. Propriété du site	5. Partition
6. Nombre de personnes sur site	7. Responsable de site / coordonnées	8. Directions présentes sur site	9. Sous-sol	10. Centre local de gestion de crise
Environnement				
11. Sites sensibles à proximité	12. Accès TC	13. Accès routiers	14. Zone d'implantation	15. Autre
Disponibilité du site pour héberger d'autres services en cas d'urgence				
21. Superficie disponible	22. Nombre de bureaux	23. Infrastructure	24. Matériels divers	
Équipements du site				
31. Informatique support	32. Informatique métier	33. Téléphonie	34. Liaisons	35. Autre
Équipements de secours				
41. Informatique support	42. Informatique métier	43. Téléphonie	44. Liaisons	45. Autre
Risques majeurs identifiés pour le site				
51. Origine naturelle				
52. Origine humaine				
53. Origine technique				

Notes :

- 1. Ancien/neuf, IGH, etc.
- 2. Au-dessus du sol
- 3. En m²
- 4. Locaux de l'entreprise, locaux loués, locaux partagés, etc.
- 5. Le site est divisé ou pas en zones différentes
- 6. Distinguer personnel et prestataire
- 7. S'il existe un responsable opérationnel de site et un responsable hiérarchique, faire la distinction
- 8. L'ensemble des directions qui sont représentées sur le site
- 9. Surface, nombre de niveaux de sous-sol, etc.
- 10. Il s'agit du lieu de rassemblement des équipes de crise du site, en cas de sinistre.
- 11. Par exemple : hôpitaux, industries sensibles, sites militaires, usine de traitement des eaux, bâtiments de l'administration publique (ministère, ambassade, mairie, conseil général, etc.), siège social de multinational, caserne de pompiers, commissariat de police, universités, lieux de culte, lieux de culture (opéras, musées, salle d'exposition, etc.), centres de transport (aéroport, gare ferroviaire ou routière, etc.), entrepôts, centre logistique (poste, coursiers, grande distribution), centres commerciaux d'importance, etc.
- 12. Principaux accès par les transports en commun : métro, RER, bus, TER, etc.
- 13. Principaux accès routiers : autoroutes, nationales, etc.
- 14. Zone d'implantation : zone urbaine (plus ou moins dense), zone industrielle, ZAC, etc.
- 15. Tout autre renseignement concernant l'environnement du site
- 21. En m²
- 22. Nombre de salles distinctes
- 23. Accès réseau, lignes téléphoniques, etc.
- 24. PC, Imprimantes, chaises, tables, armoires, etc.
- 31. Comprend les aspects bureautiques et réseau interne : PC, imprimantes, photocopieuses, scanners, accès réseau et Internet
- 32. Comprend les applications liées au SI et les systèmes en place autour
- 33. Comprend les téléphones, PABX, fax, portables, etc.
- 34. Il s'agit des liaisons LS, Transpac, etc.
- 35. Toute autre information pertinente concernant l'équipement du site
- 41. Idem 31 – équipements de secours correspondants
- 42. Idem 32 – équipements de secours correspondants
- 43. Idem 33 – équipements de secours correspondants
- 44. Idem 34 – équipements de secours correspondants
- 45. Idem 35 – équipements de secours correspondants

Les démarches connexes et les méthodes associées

Plusieurs démarches adoptées par les entreprises se recoupent avec la démarche de continuité d'activité. Les méthodes et outils associés auront d'ailleurs souvent une utilité dans l'approche continuité d'activité. Il me semble que les trois démarches qui ont le plus de synergies sont les démarches qualité des SI, sécurité des SI et les approches de type management des risques.

Leurs principales déclinaisons récentes sont succinctement décrites. Ces descriptions n'ont qu'un but introductif et ne sauraient constituer des bases de travail pour leur mise en œuvre.

C.1 LA QUALITÉ (DOMAINE SI)

C.1.1 ISO 9001

Le référentiel ISO 9001 est le plus connu et le plus répandu dans le monde. Il a pour vocation d'édicter les exigences pour la mise en place d'un système de management de la qualité afin d'en faire un outil de pilotage de l'activité visant à assurer la satisfaction des clients.

La dernière version du référentiel fonde le système de management sur une approche processus de l'entreprise, l'écoute du client.

C'est surtout en raison de sa notoriété, de sa lisibilité sur la scène internationale et de la possibilité d'obtenir une certification qu'il est choisi.

S'il ne présente aucune spécificité pour le monde des systèmes d'information, il a néanmoins été retenu comme base du système qualité par de grands groupes (comme la direction des systèmes d'information d'Air France ou l'entreprise Amadeus par exemple).

Lors de la mise en place d'un système de management de la qualité au sein de directions SI, il est courant de s'appuyer sur d'autres modèles compatibles qui servent de tremplins à l'obtention de la certification ISO 9001. C'est le cas des modèles ISO SPICE, CMMi et ITIL en particulier. La COFACE, par exemple, a choisi le modèle ISO SPICE comme planche d'appel vers l'ISO 9001 pour sa DSI.

C.1.2 ISO SPICE

ISO SPICE (norme XP ISO/CEI TR 15504, dite ISO SPICE) est un modèle d'évaluation de la maturité des processus du logiciel. SPICE est l'acronyme de *Software Process Improvement Capability dEtermination*. Si son but premier n'était pas tant la modélisation que l'évaluation, son usage a été souvent détourné pour en faire un modèle dans la définition des processus du cycle du génie logiciel (capitalisant en cela les travaux effectués sur l'ISO 12207). ISO SPICE est clairement orienté études et développement (au contraire d'ITIL par exemple qui est résolument orienté production et services informatiques).

Initiées en 1993, les réflexions qui ont abouti à la publication du référentiel ISO SPICE visaient à spécifier un standard en matière de pratique de développement d'application. Aujourd'hui, le référentiel propose un modèle de management de processus ainsi qu'un ensemble d'exigences et de conseils pour l'évaluation et l'amélioration de ces processus.

Ce modèle propose deux dimensions qui permettent de décrire la maturité de chaque processus :

- une dimension *Processus* qui définit les activités majeures du génie logiciel, regroupées en cinq familles (activités liées au client, activités d'ingénierie, activités de support, activités d'organisation et activités de management) ;
- une dimension *Aptitude* qui propose des modes d'application et de gestion de ces activités en tendant vers des processus de plus en plus efficaces.

Le référentiel normatif de SPICE est lui-même composé de neuf parties dont la principale est l'XP ISO/CEI TR 15504-5 qui présente le modèle lui-même. Les autres parties visent à décrire les modalités d'évaluation, les critères de qualification des évaluateurs, le vocabulaire associé, etc.

Le modèle ISO SPICE propose ainsi 36 processus type, définis par des pratiques de base, et chacun de ces processus type peut être mis en œuvre au sein d'une entreprise à un niveau de maturité qui va du niveau 0 (processus incomplet) au niveau 5 (processus en optimisation). Chaque entreprise qui souhaite s'améliorer pourra « faire son marché » parmi les processus type de l'ISO SPICE et travailler à l'amélioration du niveau de maturité des processus choisis. Il est cependant évident que la vision de SPICE selon un référentiel à deux dimensions (processus, aptitude) n'est pas orthonormée : la mise en œuvre de certains processus comme la gestion de la documentation (dans la dimension *Processus*) constitue un prérequis à l'atteinte d'un certain niveau de maturité (dans la dimension *Aptitude*). Il n'y a pas indépendance complète des deux dimensions.

La vision apportée par ISO SPICE est voisine de la représentation continue du CMMi, qui le lui a emprunté dans sa dernière version.

ISO SPICE a par exemple été utilisé comme modèle pour la définition des processus métier de la filiale de distribution en ligne de la SNCF (voyages-sncf.com) ou, on l'a vu, comme outil support de la direction informatique de COFACE (lors de son passage à la version 2000 de la norme ISO 9001).

C.1.3 Le Capability Maturity Model Integration (CMMi)

Le CMMi est un référentiel de pratiques clés à mettre en œuvre pour gérer, entre autres, le développement du logiciel. Évolution du modèle initial SW-CMM (pour *Software Capability Maturity Model*), il couvre un périmètre plus large (d'où le i de CMMi), notamment l'ingénierie de systèmes et l'acquisition de logiciels. Comme le SW-CMM, le CMMi a été conçu par le Software Engineering Institute (SEI) de l'université Carnegie-Mellon.

Le CMMi permet de classer en cinq niveaux de maturité les pratiques de l'entreprise, le niveau de maturité 1 étant le niveau par défaut que détient toute organisation. Le niveau 3 est le niveau moyen généralement visé (souvent assimilé au niveau des exigences de l'ISO 9001, quoique cette vision soit contestable). Pour atteindre chaque étage, l'entreprise doit mener des actions d'amélioration au niveau de processus clés.

Le modèle CMMi n'induit pas d'organisation particulière. Seules les pratiques doivent satisfaire aux exigences du modèle. Son champ d'action n'est pas non plus la qualité du produit fini. Seuls les processus sont concernés, le postulat étant que l'entreprise a plus de chances de concevoir un logiciel de qualité si les processus pour le fabriquer sont de qualité.

Une des évolutions majeures du modèle CMMI est sa double représentation : continue et à niveaux.

La représentation continue est héritée du modèle ISO-SPICE. Parmi les 25 processus du modèle, l'entreprise peut choisir ceux qu'elle souhaite optimiser pour atteindre un certain niveau de maturité, processus choisi par processus choisi.

A *contrario*, dans la représentation à niveaux, pour atteindre le niveau 2, sept processus sont à mettre en œuvre au niveau des exigences du modèle. L'atteinte du niveau 3 repose sur la maîtrise de 14 processus supplémentaires. Les niveaux 4 et 5 peuvent être atteints par la mise en œuvre de deux processus supplémentaires chacun. Dans le modèle à niveaux, l'entreprise ne choisit pas les processus qu'elle souhaite optimiser mais le niveau de maturité global qu'elle veut atteindre.

Des entreprises comme Thalès, JP Morgan Chase & Co., Bosch ou Alcatel-Lucent utilisent le CMMi.

C.1.4 ITIL

L'*Information Technology Infrastructure Library* (ITIL) est l'aboutissement d'années de réflexion et d'expérience pratique des problèmes posés par la gestion de la production informatique. Le concept clé d'ITIL est la notion que le service informatique est prestataire de services auprès des utilisateurs. L'objectif d'ITIL est de constituer un référentiel de bonnes pratiques pour la fourniture de services informatiques. À ce titre, il n'a pas d'équivalent en terme d'exhaustivité, de structure et d'adoption.

À la fin des années 1980, des groupes de travail de professionnels des services informatiques (responsables opérationnels, consultants et experts) ont été réunis par la *Central Computer & Telecommunications Agency* (CCTA), agence gouvernementale britannique chargée d'améliorer l'efficacité et la qualité des services informatiques centraux des ministères. Les résultats ont été publiés sous forme de guides de bonnes pratiques bientôt regroupés et commercialisés sous le nom de *Information Technology Infrastructure Library* (ITIL).

ITIL s'est depuis rapidement répandu en Europe (en particulier aux Pays-Bas) et aux États-Unis où il connaît un succès croissant. En France, son utilisation est encore en retrait mais la prochaine traduction en français des deux référentiels fondamentaux (*Service Delivery* et *Service Support*) accélérera sans doute un mouvement d'adoption qui prend régulièrement de la vitesse depuis quelques années.

Trois concepts clés sous-tendent la construction et l'esprit d'ITIL. Ces trois concepts ont d'ailleurs été largement repris dans la nouvelle version de l'ISO 9001 :

- *Customer focus* (écoute client) : le client (l'utilisateur) doit être placé au centre des préoccupations de la direction des SI (la DSI n'a pas de raison d'être sans lui).
- *Lifecycle management* (gestion du cycle de vie) : les problématiques de services informatiques ne débutent pas à la mise en production des applications et doivent être prises en compte dès les phases d'études et de développement.
- *Process management* (approche processus) : la qualité de service a plus de chances d'être satisfaisante si on la considère comme résultant d'une bonne gestion des processus de services.

La bibliothèque ITIL se présente sous la forme d'un ensemble de guides de bonnes pratiques (version papier ou CD-Rom commercialisés par l'*Office of Government Commerce*, OGC) traitant les domaines suivants :

- *Business Perspective* : ce livre traite de l'organisation de la fourniture de services informatiques (organisation de la production, relations entre les fonctions, rôles et responsabilités, relations avec les fournisseurs et prestataires externes, amélioration continue).
- *Service Delivery* : ce livre, l'un des deux piliers d'ITIL, est consacré à la gestion de la fourniture des services (gestion des niveaux de service ou *Service Level Management*, gestion des capacités et de la performance, gestion de la disponibilité, gestion de la continuité de service, gestion financière).

- *Service Support* : cet ouvrage, deuxième pilier d'ITIL propose les bonnes pratiques pour la gestion de l'infrastructure technique (gestion des configurations, gestion des incidents et des problèmes, *service desk*, gestion des changements, gestion des mises en production).
- *ICT Infrastructure Management* regroupe les bonnes pratiques nécessaires pour définir les processus, l'organisation et les outils aptes à la fourniture d'une infrastructure technique stable (gestion de l'exploitation, gestion des opérations, maintenance, installation, administration de réseaux, administration des systèmes, etc.).
- *Application Management* s'intéresse aux relations entre études et exploitation (support logiciel, mise en production).
- *Security Management* traite des questions de sécurité, particulièrement celles qui peuvent exister dans une convention de service
- *Planning to Implement Service Management* est le recueil des bonnes pratiques pour la mise en œuvre pratique d'ITIL.
- *Software Asset Management* s'intéresse aux bonnes pratiques pour la gestion du parc logiciel (licences, politique de gestion du parc logiciel, etc.).

C.1.5 Approche processus par l'analyse des risques[1] (APAR)

L'approche processus par l'analyse des risques (APAR) n'est rien d'autre que l'application des concepts de management et d'analyse des risques à l'approche processus préconisée par les méthodes modernes du management de la qualité. Il n'y a pas de paternité revendiquée à ce qui ne constitue, somme toute, que le croisement de deux outils extrêmement répandus aujourd'hui.

La seule nouveauté consiste à définir le processus à partir d'une analyse des risques de non-atteinte de ses objectifs. Une fois les objectifs du processus définis, l'analyse porte sur tous les scénarios pouvant conduire à l'échec du processus. On audite alors le mode de fonctionnement du processus en regard des risques et on définit les mesures complémentaires de réduction des risques pour « sécuriser » son fonctionnement.

Cette méthode d'approche processus par l'analyse des risques n'est pas un outil de cartographie des processus mais permet d'avoir une approche pragmatique lors des redéfinitions de processus.

C.1.6 Le Service Level Management pour les solutions externalisées (Méthode AASMA)

Point d'attention des bonnes pratiques d'ITIL (ITIL, *Service Delivery*, §4), le *Service Level Management* (ou gestion des niveaux de service) prend tout son sens dans la mise en œuvre d'une politique de secours externalisée.

---

1. Acronyme et « méthodologie » de l'auteur.

L'objet de la convention de service (ou *Service Level Agreement*) est de délimiter le contenu et les conditions de délivrance du service (en l'occurrence, la mise à disposition d'une solution de secours externalisée). Il s'agit de formaliser, en des termes faciles à comprendre pour le client et aisés à mesurer pour le fournisseur, des engagements réciproques de service. Le périmètre pourra aller de la simple location d'une salle blanche à la mise à disposition d'une infrastructure dédiée soutenue par un personnel entraîné.

En général, les conventions de service mises en œuvre dans le cas des solutions de secours sont rarement adossées à un suivi d'indicateurs pour la simple raison que le service fourni est plutôt la promesse de la fourniture d'un service dans des conditions critiques pour l'entreprise. Il en va toutefois différemment lorsque la solution de secours est une solution de haute disponibilité où des opérations de synchronisation sont permanentes, où le secours est testé à une fréquence très régulière et où la solution de backup est parfois utilisée comme environnement de production.

La convention de service est généralement rédigée par le prestataire et approuvée par le bénéficiaire. Sont généralement attachées à la convention de service des pénalités pour non-respect des engagements. Celles-ci sont imputables au fournisseur mais, comme la convention de service exige une réciprocité d'engagement, elles peuvent être contestables par ce dernier quand le client ne remplit pas ses propres engagements.

Dans le cas qui nous intéresse (solution de secours externalisée), une convention de service reprend en général les éléments suivants :

- Objet.
- Périmètre couvert par la convention (validité, limites et exclusions, applications ou SI concernés, infrastructure matérielle, localisation géographique, interlocuteurs, responsabilités dans la gestion de la convention, etc.).
- Description des engagements de service tant côté fournisseur (disponibilité, délai de mise en œuvre, garantie de mise à disposition de personnel, fréquence et modalités de test de la solution, etc.) que côté client (respect des procédures d'alerte et d'escalade, fourniture du bon niveau d'information, mise à disposition des données des sauvegardes de recours, fourniture des scénarios et pilotage des tests, etc.).
- Définition des conditions de satisfaction des engagements.
- Description des modalités de contrôle du respect des engagements (audit, tests, visites impromptues, questionnaires, etc.).
- Description des pénalités associées au non-respect des engagements : ce sont souvent des contreparties financières associées aux préjudices subis par le non-respect des engagements du fournisseur. Dans le cas qui nous intéresse, on voit que ces pénalités peuvent être importantes. Elles sont en partie dictées par les études menées lors de la phase de bilan d'impact sur l'activité.
- Modalités de révision du document (fréquence, domaines susceptibles d'être révisés, conditions d'accord, etc.).

La méthode AASMA[1] (Alignement, attentes, spécification, monitoring, amélioration), orientée fournisseur de services, reprend les principales étapes pour la mise en place d'une convention de service ou, plus généralement, d'une démarche de *Service Level Management* :

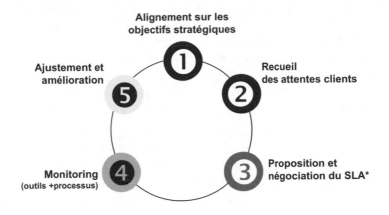

Méthode AASMA

Les cinq étapes de la méthode AASMA correspondent aux réalisations suivantes :

- **A**lignement de la proposition et des engagements de services sur les objectifs stratégiques.
- Recueil des **A**ttentes du client (ou des utilisateurs, si la prestation est interne).
- **S**pécification et négociation du *Service Level Agreement* (ou convention de service).
- **M**onitoring du Service Level Agreement.
- Ajustement et **A**mélioration continue.

C.2 LA SÉCURITÉ DES SI

Traditionnellement, deux écoles coexistent en sécurité des systèmes d'information : l'approche « méthode » et l'approche « bonnes pratiques ».

La première vise à définir les outils permettant à un organisme qui souhaite assurer la sécurité de son SI de construire une solution de sécurité couvrant ses besoins. Elle passe par le recensement des risques et vulnérabilités, la définition des besoins de sécurité, la définition des dispositifs, techniques et humains qui vont donner le niveau de sécurité recherché. L'entreprise est considérée comme un objet auquel on va appliquer une méthode de sécurité. C'est une démarche spécifique à chaque entreprise. On trouve dans cette première école les méthodes EBIOS, MEHARI et @NETS par exemple (il en existe bien d'autres, comme OCTAVE ou l'outil COBRA, mais

---

1. Acronyme et « méthodologie » de l'auteur.

moins répandues en France). Cette approche est exhaustive, très adaptée aux besoins spécifiques mais lourde à mettre en œuvre.

La deuxième postule que les principes et moyens sécurité se ressemblent pour toutes les entreprises et que l'essentiel des moyens de sécurisation se résume à un socle commun : les bonnes pratiques. Dans cette approche, l'entreprise n'est pas l'objet d'une étude spécifique. L'analyse de sécurisation est un diagnostic d'écart (*gap analysis*) entre les bonnes pratiques et les pratiques de l'entreprise. La sécurisation passera par la mise en conformité des pratiques aux « bonnes pratiques ». Cette approche est beaucoup plus pragmatique, plus légère à mettre en œuvre et bien adaptée à une structure et une activité d'entreprises classiques. Les deux principaux référentiels de bonnes pratiques sont d'origine anglo-saxonne : ITIL et l'ISO 17799.

Les deux approches ne s'affrontent pas sans cesse. La complémentarité des deux, lorsqu'elle est bien orchestrée par un spécialiste de la sécurité, est même fortement recommandée : une analyse de risques basée sur une méthode de sécurité, suivie d'une mise à niveau par rapport à un référentiel de bonnes pratiques est un compromis idéal entre le coût de mise en œuvre et l'adaptation aux enjeux et aux spécificités de l'entreprise. Il est de toute façon difficile de faire l'impasse sur une analyse des risques et vulnérabilités, fût-elle simplifiée, même si l'on recourt plus volontiers à une approche de type « bonnes pratiques ».

C.2.1 Quelques méthodes de sécurité

EBIOS

EBIOS (Expression des besoins et l'identification des objectifs de sécurité) est la méthode de la ANSSI, « centre focal de l'État pour la sécurité des systèmes d'information ») pour l'appréciation et le traitement des risques relatifs à la sécurité des systèmes d'information. Elle s'inspire de certains travaux de l'OTAN. Elle permet de rédiger différentes formes de cahier des charges de sécurité des SI (FEROS, profils de protection...) et de contribuer à l'élaboration du référentiel d'un organisme (schéma directeur SSI, politique de sécurité des systèmes d'information, tableaux de bord SSI...). EBIOS s'organise en quatre étapes principales :

- l'étude du contexte
- l'expression des besoins
- l'étude des risques
- l'identification des objectifs de sécurité

EBIOS est une méthode très complète, qui permet d'aborder de façon systématique l'analyse des risques et des vulnérabilités d'un système d'information. Elle est utilisée notamment dans l'administration française. EBIOS propose des outils et guides pratiques qui permettent sa mise en œuvre autonome. Autre avantage, EBIOS est dans le domaine public. Sa mise en œuvre est toutefois complexe et gourmande en ressources : son exhaustivité et son langage technique (beaucoup d'acronymes et de concepts propriétaires) exigent une grande pratique. Pour ces raisons, EBIOS ne me semble pas convenir, tel quel, aux enjeux de la plupart des entreprises françaises.

En revanche, sans aller jusqu'à une mise en œuvre complète d'EBIOS, beaucoup d'entreprises pourront s'inspirer de son « outillage » pour réaliser la phase 1 de la mise en place d'un plan de continuité d'activité (analyse du contexte) : en particulier, les **répertoires des menaces et des vulnérabilités** proposent des typologies fort intéressantes pour stimuler la réflexion d'un groupe de travail qui se penche sur la cartographie des risques et vulnérabilités.

Une autre utilisation pragmatique d'EBIOS me semble l'utilisation de la démarche globale de « Construction de la sécurité d'un système d'information »[1] pour bâtir un système complet de sécurité (politique, architecture technique et mécanismes de sécurité, évaluation, etc.). Quoique dans ce domaine, l'arrivée en norme internationale du référentiel BS-7799 ait quelque peu confiné EBIOS à des utilisations dans le secteur de la Défense ou des applications technologiques très pointues. L'approche « bonnes pratiques » de l'ISO 2700x est souvent plus attrayante pour les entreprises classiques.

MEHARI

MEHARI (MEthode HArmonisée d'analyse des RIsques) est une méthode d'analyse de risques développée par le Clusif à partir de deux méthodes plus anciennes : MELISA (développée par la DGA et la DCN) et MARION (initié par le Clusif et l'APSAD). MEHARI est compatible avec le référentiel de bonnes pratiques ISO 2700x.

MEHARI est une méthodologie modulable dont le déploiement complet permet principalement :

- l'analyse des vulnérabilités de l'entreprise,
- la détermination des enjeux et la classification des actifs,
- l'analyse des situations à risques.

Les applications sont dès lors très nombreuses :

- classification des actifs dans le cadre de la mise en conformité ISO 2700x,
- mise en place d'un tableau de bord de la sécurité,
- réalisation du bilan d'impact sur l'activité pour la mise en œuvre d'un PCA,
- définition du plan de sécurisation d'une entreprise,
- management des risques projet,
- mise en conformité aux exigences Bâle II,
- audit de sécurité, etc.

La modularité de MEHARI et son outil support (le logiciel RISICARE) en font une méthode appréciée. Mais là encore, son utilisation dans des structures de type PME/PMI se révèle souvent peu pragmatique.

---

1. EBIOS, Guide technique, V1.02, p. 13, figure 1.

@Nets

Comme l'arobase qui débute son nom le laisse présager, la méthode @NETS (issue des travaux de la fédération française des sociétés d'assurance) est une méthode d'analyse des risques liés au Net. Elle s'apparente aux méthodes classiques MARION et MEHARI mais se veut :

- résolument moins formelle (et moins lourde) à mettre en œuvre ;
- adaptée à un contexte de réseau ouvert, de type Web.

Classiquement, elle propose une démarche en quatre phases vers la sécurisation des systèmes ouverts, reposant sur la valorisation des objets stratégiques sur système d'information :

- **Phase 1, analyse de la valeur** : au cours de cette phase, on recense et on valorise les objets sensibles du SI en prenant soin de les situer les uns par rapport aux autres (dépendances, ordonnancements, etc.) ;
- **Phase 2, analyse des vulnérabilités** : cette phase se rapproche dans sa philosophie d'un audit classique de sécurité et vise à déterminer les failles de sécurité du SI ;
- **Phase 3, analyse des menaces** : cette phase, relativement indépendante des autres, permet de choisir les scénarios de menaces retenus pour la sécurisation du SI ;
- **Phase 4, orientations de solutions** : une fois les objets critiques connus (phase 1), les principales failles identifiées (phase 2) et les scénarios de menaces choisis (phase 3), on définit le plan de sécurisation correspondant.

Si la démarche, on le voit, est classique, les typologies et outils mis en œuvre s'adaptent bien au contexte Web. Cette méthode est intéressante dans ce contexte et parvient à contourner les lourdeurs des méthodes classiques tout en conservant une compatibilité avec les principales (MEHARI et MARION).

C.2.2 Les principaux référentiels de bonnes pratiques

ISO 27002 et ISO 27001

En 1991 sous l'impulsion d'un groupe d'industriels britanniques (BT, Shell, Marks & Spencer...) soucieux de sécuriser les échanges d'informations commerciales en ligne, un ensemble de mesures pour assurer la sécurité de l'information est défini. Le département des transports et de l'industrie britannique (DTI) parraine la démarche pour aboutir à la publication d'un document qui respecte les normes et standards du British Standards Institute (BSI). La première évolution du référentiel voit le jour en 1995 sous l'appellation BS-7799. Le document est un code de bonnes pratiques pour le management de la sécurité de l'information contenant 100 exigences.

En 1998, des exigences relatives aux problématiques de l'ère Internet sont ajoutées (pour totaliser 127 exigences) et une deuxième partie le BS-7799-2 est rédigée. Elle fixe les exigences de mise en place d'un système de management de la sécurité de l'information (SMSI) nécessaire à inscrire une entreprise dans un schéma de certification (analogue à l'ISO 9001 par exemple).

En 1999, une procédure de normalisation accélérée a abouti à la transcription du BS-7799-1 en standard international, l'ISO 17799. Ce modèle ISO n'intègre pas la deuxième partie du BS-7799 et ne peut donc aboutir à la certification d'entreprise.

Étape suivante, en 2002, une nouvelle version du BS-7799-2 est publiée, pour la rendre pleinement compatible avec les systèmes de management les plus répandus : l'ISO 9001 et l'ISO 14001, afin de faciliter la mise en place d'un système de management intégré par exemple.

En 2005, une nouvelle mouture de l'ISO 17799 voit le jour et une traduction en norme internationale du BS-7799-2 : 2002 est donnée pour donner naissance, d'une part à l'ISO 17799 : 2005 et d'autre part à l'ISO 27001 (ou BS ISO/ISO 27001 dans sa version BSI). L'ISO 17799 : 2005 ajoute 17 exigences et en modifie certaines pour parvenir à un total de 134 exigences. Un chapitre est ajouté (*Information security incident management*) et un autre est complété (*Information systems acquisition, development and maintenance* au lieu de *Systems development and maintenance*). En avril 2007, l'ISO 17799 devient l'ISO 27002. La série ISO 27000 s'inscrit ainsi dans la lignée des séries phares de l'ISO, c'est-à-dire les référentiels ISO 9000 et ISO 14000.

Référentiel phare pour la gestion de la sécurité de l'information, la norme ISO 27002 (et maintenant l'ISO 27001) constitue le référentiel le plus répandu pour les audits d'organisation de la sécurité de l'information ou pour la rédaction d'une politique de sécurité de l'information. Il comprend, outre les chapitres introductifs et les annexes, des exigences relatives à :

- la politique de sécurité
- l'organisation de la sécurité de l'information
- la gestion des actifs
- la sécurité des ressources humaines
- la sécurité physique et la sécurité de l'environnement
- la gestion des opérations et des communications
- la gestion des droits et des habilitations
- l'acquisition, le développement et la maintenance des systèmes
- la gestion des incidents de sécurité de l'information
- la continuité d'activité
- la conformité aux exigences

La norme ISO 27001 décrit, quant à elle, les exigences pour planifier, mettre en œuvre, contrôler et améliorer un Système de management de la sécurité de l'information (SMSI).

ITIL

Nous avons décrit le référentiel ITIL précédemment. Nous nous bornerons ici à indiquer qu'un des volets de ce référentiel concerne la sécurité de l'information : il s'agit du volet *Security Management*.

C.3 LE MANAGEMENT DES RISQUES

C.3.1 La sûreté de fonctionnement

La sûreté de fonctionnement (SdF) a pour objet l'étude des mécanismes qui conduisent aux incidents et aux accidents et la mise en œuvre d'actions et dispositifs visant à atteindre le niveau d'exigences d'un système en terme de fiabilité, maintenabilité, disponibilité et sécurité (critère FMDS).

L'obtention du niveau d'exigences implique la prise en compte globale du système (approche systémique) pour détecter les « maillons faibles », les points de défaillance uniques, les dépendances, etc.

La SdF a pris son essor dans les projets liés à des systèmes critiques (défense, espace, nucléaire, transports, etc.) au sortir de la seconde guerre mondiale.

Finalement, mettre en place un plan de continuité d'activité revient à réaliser une étude de sûreté de fonctionnement appliquée à une organisation (considérée alors comme un système très complexe). Il peut ainsi être utile de transposer quelques outils de la SdF au contexte PCA.

On trouve dans cette discipline des outils et méthodes destinés à analyser et décrire les causes de dysfonctionnement d'un système. On retiendra en particulier les méthodes suivantes qui pourront inspirer des approches lors d'un bilan d'impact sur l'activité :

- AMDEC (analyse des modes de défaillance, leurs effets et leurs criticité), cette méthode vise à étudier :
  - les modes possibles de défaillance d'un système ;
  - les effets de ces défaillances sur les critères FMDS ;
  - les moyens envisageables pour l'amélioration du niveau de sûreté du système.

- Arbres de défaillances, arbres de causes, arbres d'événements : ces méthodes de SdF permettent de représenter la logique des combinaisons de faits ou de conditions qui ont conduit, conduisent ou pourraient conduire à des incidents ou accidents.

C.3.2 Management des risques projet : PR²IHSM[1]

PR²IHSM = Programme de Réduction des Risques par l'Identification, la Hiérarchisation, le Suivi et la Maîtrise

Un autre domaine dans lequel les méthodes et outils du management des risques trouvent une application intéressante est la gestion de projet. La plupart des projets informatiques connaissent des déboires pour atteindre les objectifs du triptyque coûts/qualité/délais. Le *Standish Group* estimait ainsi en 2004 qu'un projet informatique sur cinq est un échec et que trois projets sur cinq n'ont qu'une réussite mitigée. Il n'en reste qu'un sur cinq qui se réalise...

Fort de ce constat, les démarches de management des risques ont été adaptées puis adoptées par de nombreuses maîtrises d'ouvrage soucieuses de l'aboutissement de leurs projets. Quelques référentiels (dont ISO SPICE et son processus MAN.4 de management des risques projet) sont venus donner une forme aux outils artisanaux sous-jacents depuis quelque temps au sein des directions informatiques des grands groupes.

Ceci étant, il ne semble pas opportun de mettre en place un management des risques sur tous les projets informatiques. Mais lorsqu'un projet comporte des enjeux forts pour l'entreprise, c'est un choix à coup sûr gagnant.

Quels sont les enjeux qui justifient un management des risques projet ? À mon sens, principalement :

- Un projet stratégique ou fortement structurant (comme la mise en place d'un ERP).
- Un projet dont les enjeux financiers dépassent un seuil critique pour l'entreprise et/ou la direction SI (plus de 5 ou 10 % du budget informatique par exemple).
- Un projet dont les contraintes coûts/qualité/délais sont ambitieuses (parallélisation importante de l'organisation de projet, délais très courts).
- Un projet particulièrement innovant pour l'entreprise (suivant le contexte, un projet innovant pourra être aussi pointu que la sécurisation du transfert de données par satellite ou n'être que la mise en place d'Internet en 2007 !).
- Un projet pour lequel la transparence des actions doit être forte entre maîtrise d'ouvrage et maîtrise d'œuvre : le management des risques devient un outil de dialogue, d'échange et d'engagement réciproque.
- La combinaison de plusieurs des facteurs précédents.

Dans tous ces cas, la mise en place d'une démarche de management des risques projet met à disposition du chef de projet un puissant outil de management de projet. L'externalisation du management des risques projet est une alternative intéressante dans la mesure où elle garantit :

- L'indépendance des mesures de réduction des risques préconisées.

---

1. Acronyme et « méthodologie » de l'auteur.

- L'externalisation des frictions liées à la mise en œuvre et la réalisation des actions en réduction des risques (le management des risques est trop souvent perçu comme une démarche connexe sans valeur ajoutée).
- La pérennité de la démarche tout au long du projet.

À chaque fois que j'ai pu réaliser pour le compte d'un client ce type de démarche, j'ai tenu à jour des indicateurs permettant de mesurer l'efficacité et le retour sur investissement d'un management des risques projet. Mes observations semblent montrer que :

La baisse de la criticité globale (somme des produits de la probabilité d'occurrence par l'impact potentiel, pour chaque risque identifié) de l'ensemble des risques pesant sur un projet et imputable à la mise en œuvre d'une démarche de management des risques (de type PR^{2}IHSM) évolue dans une fourchette comprise entre 40 et 65 %.

Ce résultat est à rapprocher du coût généré par la mise en œuvre d'un management des risques projet. Un ordre de grandeur de ce coût (en charge de travail, hors budget d'investissement matériel) peut être avancé ainsi :

- Environ 1 à 2 % de la charge du projet pour le pilote de la démarche.
- Sans doute proche de 3 à 4 % de la charge du projet pour les responsables d'actions de réduction des risques. Cette dernière estimation est difficile à donner précisément étant donné :
  - qu'il s'agit de tâches diluées dans les responsabilités opérationnelles des acteurs du projet ;
  - que cette démarche de management des risques formalise de nombreuses actions qui devraient, de facto, faire partie de ces tâches opérationnelles mais sont souvent délaissées.

La méthode PR^{2}IHSM est un programme qui reprend les quatre étapes classiques de management des risques projet.

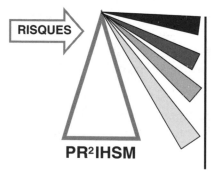

RISQUES

PR²IHSM

- **Identification** : recherche systématique des risques du projet (typologies établies et risques spécifiques)
- **Hiérarchisation** : classification des risques selon l'impact potentiel et la probabilité d'occurrence
- **Suivi** : mise en place d'un plan d'actions de réduction des risques
- **Maîtrise** : gestion « éclairée » et proactive des risques ; mise en place d'un tableau de bord de l'évolution des risques

La méthode PR^{2}IHSM

Les outils principaux associés à PR^{2}IHSM sont :

- La grille d'évaluation des risques (probabilité, impact)
- Les typologies de risques
- La cartographie hiérarchisée des risques
- Le plan de réduction des risques
- Le tableau de bord et les outils de reporting de la démarche

C.3.3 Risk-based testing

La notion de stratégie de test basée sur les risques (*risk-based testing*) reprend les concepts développés pour toutes les stratégies d'investigation basées sur les risques. Tout comme l'auditeur financier ou l'inspecteur de travaux BTP focalisent leurs investigations sur les zones à risques de leur champ d'étude (faute de pouvoir être exhaustifs), le responsable du test d'un système (ou d'une application) peut orienter la stratégie de test sur les zones du système présentant, à son sens, les plus grands risques.

L'intérêt d'une telle approche est évidemment un retour sur investissement de la démarche très intéressant. On considère généralement que la règle des 80/20 s'applique : 80 % des risques sont couverts si l'on focalise les tests sur les 20 % du périmètre étudié qui présentent le plus de risques.

Si l'approche est la même entre le test d'un système (ou d'une application), l'audit financier et l'inspection de chantiers, on aura compris que toute la différence provient de la capacité de l'un ou l'autre des acteurs à délimiter avec discernement et jugement professionnel les zones à risques dans son activité.

Références bibliographiques

BIBLIOGRAPHIE

Continuité d'activité, volet 1 (normes, guides de bonnes pratiques et supports méthodologiques)

BRITISH STANDARDS INSTITUTE (BSI) – BS25999-1:2006 : *Business Continuity Management : Code of Practice*.

BRITISH STANDARDS INSTITUTE (BSI) – BS25999-2:2007 : *Specification for Business Continuity Management*.

BUSINESS CONTINUITY INSTITUTE (SMITH D.) – *Business Continuity Management : Good Practices Guidelines*, guides de bonnes pratiques, 2002, 2005, 2008 et 2010.

DISASTER RECOVERY JOURNAL (DRJ) & DISASTER RECOVERY INSTITUTE INTERNATIONAL.

(DRI INTERNATIONAL) – *Generally Accepted Practices for Business Continuity Practitioners*, guide de bonnes pratiques, version provisoire, août 2005.

US NATIONAL INSTITUTE OF STANDARDS AND TECHNOLOGY (NIST) – NIST Special Publication.

(SP) 800-34, *Contingency Planning Guide for Information Technology Systems*, guide de bonnes pratiques, juin 2002.

CLUSIF – *Plan de continuité d'activité : Stratégie et solutions de secours du SI*, rapport de la commission technique de sécurité logique, septembre 2003.

VIRTUAL CORPORATION – *The Complete Public Domain Business Continuity Capability Model*, V1.3, 20 juin 2005.

STANDARDS AUSTRALIA/STANDARDS NEW ZEALAND – *HB 221 : 2004, Handbook, Busines Continuity Management*, manuel, 2004.

US NATIONAL FIRE PROTECTION AGENCY (NFPA) – *NFPA 1600 : 2004, Standard on Disaster/ Emergency Management and Business Continuity Programs*, norme, 2004.

US GENERAL ACCOUNTING OFFICE (ACCOUNTING AND INFORMATION MANAGEMENT DIVISION) – *Year 2000 computing crisis, Business Continuity and Contingency Planning*, août 1998.

CHANCELLERIE FÉDÉRALE (SUISSE) – *Principes de conduite, pendant, après et avant une crise*, aide-mémoire, 2003.

AUSTRALIAN NATIONAL AUDIT OFFICE (ANAO - COMMONWEALTH OF AUSTRALIA) – *Better Practice Guide on Business Continuity Management*, guide de bonnes pratiques, 2000.

Continuité d'activité, volet 2 (livres, articles, livres blancs, enquêtes, études...)

DELBÈS F. ET PRUNIER P. (CSC) – *Le Plan de continuité d'activité (PCA)*, article, 2003.

CHAU C.-T. (UNIVERSITY OF HOUSTON) – *Preparing for the unexpected*, article, 2004.

LEBLOND T. (ERNST&YOUNG) – *Continuité d'activité : les enjeux réglementaires et financiers*, article, juin 2004.

FORRESTER (RANKINE C.) – *Recovery site strategies*, white paper octobre 2004.

LONDON FIRST (BCI & NACTSO) – *Expecting the unexpected, business continuity in an uncertain world*, white paper, 2003.

INVESTMENT DEALERS ASSOCIATION OF CANADA – *Lignes directrices pour l'élaboration du plan de continuité d'activité*, mai 2004.

BERGER J.-L. & GOLLIARD J.-P. (SOCIETE GENERALE) – *Étude de cas et interview*, juin 2004.

QUANTUM – *How to create a nimble backup architecture for your data center*, white paper, 2003.

HOLD G. (DISASTER RECOVERY JOURNAL) – *Disaster recovery planning process*, article, sans date.

BUSINESS CONTINUITY INSTITUTE – *Business Continuity Research 2005*, étude, 2005.

MARVELL S. (INSIGHT CONSULTING) – *Business continuity management in the 21st century*, article, sans date.

INSIGHT CONSULTING – *An Insight Case Study : WestLB AG*, étude de cas, sans date.

GLOVER I. (INSIGHT CONSULTING) – *Business Continuity Planning : Training is the key*, article, sans date.

BENVENUTO N. & ZAWADA B. (PROTIVITI) – *The relationship between business continuity and Sarbanes-Oxley*, article, sans date.

01INFORMATIQUE – *Les systèmes d'information en pleine transformation*, enquête, 30 juin 2005.

CITSEC – *Citsec Business Continuity Overview*, article et méthodologie, sans date.

CONTINUITY INSIGHTS (ROJAS B.) – *BCP the Mariott way*, article, 2004.

ROBSON RHODES – *Steady State – Technology solutions for maintaining business continuity plans*, étude comparative des logiciels MCA, 2004.

GROSJEAN C. (DECISION INFORMATIQUE) – *Sauvegarde sur bandes : super-lecteurs ou automates ?*, article, 2 février 2005.

RSM ROBSON RHODES – *Steady State : Technology solutions for maintaining business continuity plans*, livre blanc, 2004.

CORNISH M. (FBCI, RMI) – *Business Continuity Software, étude réalisée initialement pour le BCI South East Forum*, mars 2004.

CORNISH M. (FBCI, RMI) – *Business Continuity Software - Questionnaire, grille de critères*, 2004.

CONTINUITY CENTRAL – *Business Continuity Software Survey Results*, enquête, 29 octobre 2004.

INSTITUTE OF DIRECTORS (IOD) – *Business Continuity – Helping directors build a strategy for a secure future*, livre blanc, décembre 2000.

BUSINESS CONTINUITY INSTITUTE – *Information & communications survey report*, 7th July 2005, enquête, 2005.

HILES A. – *Business Continuity : Best Practices*, livre, 2e édition, 2004.

VON ROESSING R. – *Auditing Business Continuity : Global Best Practices*, livre, 2002.

PREEMPT INC. – *How far is far enough ?*, résultats d'enquête, septembre 2005.

TRIPARTITE STANDING COMMITTEE ON FINANCIAL STABILITY – *Financial Sector Business Continuity Annual Report*, rapport, octobre 2005.

HILES A. & GOSLING M. (CONTINUITY CENTRAL) – *Business continuity Statistics : Where myth meets facts*, 2009

ERNST & YOUNG, *2008 Global Information Security Survey*, enquête, 2008

MORIZOT H. (DEVOTEAM CONSULTING) – *Enquête internationale sur la sécurité des Systèmes d'information 2008*.

Continuité d'activité, volet 3 (lois et réglementations)

COMITÉ DE BÂLE SUR LE CONTRÔLE BANCAIRE – *Saines pratiques pour la gestion et la surveillance du risque opérationnel*, Banque des règlements internationaux, février 2003.

COMITÉ DE LA RÉGLEMENTATION BANCAIRE ET FINANCIÈRE – *Règlement n°2004-02*, 2004.

COMITÉ DE LA RÉGLEMENTATION BANCAIRE ET FINANCIÈRE – *Règlement n°97-02*, 1997.

JOURNAL OFFICIEL DE LA RÉPUBLIQUE FRANÇAISE – *Loi n°2003-706 du 1er août 2003 de sécurité financière*, août 2003.

US 107th Congress – *Public Law 107-204 « An act to protect investors by improving the accuracy and reliability of corporate disclosures made pursuant to the securities laws, and for other purposes » : Sarbanes-Oxley Act of 2002*, 30 juillet 2002.

PROTIVITI – *Guide to the Sarbanes-Oxley Act : IT risks and Control : Frequently Asked Questions*, white paper, décembre 2003.

PROTIVITI – *Guide to the Sarbanes-Oxley Act : internal control reporting requirements : Frequently Asked Questions regarding section 404*, white paper, 3e édition, août 2004.

NEW YORK STOCK EXCHANGE (NYSE) – *Rule 446 concerning Business Continuity and Contingency Plans*, 2002.

NATIONAL ASSOCIATION OF SECURITIES DEALERS (NASD) – *Rules 3510 & 3520 concerning Business Continuity and Contingency Plans*, 2002.

CIVIL CONTINGENCIES ACT 2004 (UK) – 2004, *Chapter 36*, 18 novembre 2004.

Management des risques

HANSSENS D. – *Développement de la fonction de Risk Manager dans l'Entreprise*, Mémoire de licence, Facultés universitaires Notre-Dame de la Paix Namur, 2003.

DUPONT ELISE C. (01NET) – *Un gestionnaire des risques au secours du DSI*, article, octobre 2004.

AMRAE ET CCIP – *Pour une meilleure gestion des risques et des assurances au sein des PME*, article, 2003.

MUNIER B. (GRID) – *Le management des risques : Décisions, gouvernance et valeur de la firme*, article, 2003.

CAILLAUD F. ET BARTHÉLÉMY B. (BUREAU VERITAS) – *Gestion des risques : jusqu'où faut-il aller ?*, article, mai 2001.

ANÈRE MSI – *Le management stratégique de vos projets par les risques*, article, janvier 2004.

KOMOTO S. ET SCHAEFER T. (PWC) – *What are the risks associated with the implementation of a project ?*, article, 2004.

LAGADEC P. (ÉCOLE POLYTECHNIQUE) – *Preventing chaos in a crisis*, *McGraw-Hill*, mars 2005.

LAGADEC P. (PRÉVENTIQUE SÉCURITÉ N°79 ET 80) – *Sécurité collective et nouvelles menaces*, article, février-mars 2005.

LAGADEC P. & X. GUILHOU – *La fin du risque zéro*, Eyrolles, 2002.

Management des SI et IT gouvernance

IT GOVERNANCE INSTITUTE (INFORMATION SYSTEMS AUDIT AND CONTROL ASSOCIATION) – *CobiT, Control Objectives for Information and related Technology*, 3e édition, 1996, 1998, 2000.

UK OFFICE OF GOVERNMENT COMMERCE (OCG) – *Information Technology and Infrastructure Librabry (ITIL)*, série d'ouvrages de bonnes pratiques, publications entre 1999 et 2004.

AFNOR – XP ISO/CEI TR 15504 dite ISO SPICE, *évaluation de processus du logiciel*, norme, décembre 1998.

CLUSIF – *Retour sur investissement en sécurité des systèmes d'information : quelques clés pour argumenter*, rapport du groupe de travail ROSI, octobre 2004.

SOFTWARE ENGINEERING INSTITUTE (SEI) – US DEPARTMENT OF DEFENSE & CARNAGIE.

MELLON UNIVERSITY – *Capability Maturity Model Integration (CMMi) V1.1*, mars 2002.

CFO RESEARCH SERVICES & PRICEWATERHOUSECOOPERS – *IT moves from Cost Center to Business Contributor*, rapport, septembre 2004.

CASES LUXEMBOURG – *Préjudices financiers, fiche thématique 017*, sans date.

VICKOFF J.-P. (RAD) – *Organisation des développements – SEI-CMM & ISO SPICE*, article, 2000.

OECD – *OECD Principles of Corporate Governance*, livre blanc, 2004.

Sécurité de l'information

INTERNATIONAL ORGANIZATION FOR STANDARDIZATION (ISO) – *ISO/IEC 17799 : Information Technology – Security Techniques – Code of practice for information security management*, code de bonnes pratiques, 15 juin 2005.

INTERNATIONAL ORGANIZATION FOR STANDARDIZATION (ISO) – *ISO/IEC 27001 : Information Technology – Security Techniques – Information Security Management Systems – Requirements*, norme, 15 octobre 2005.

FÉDÉRATION FRANÇAISE DES SOCIÉTÉS D'ASSURANCE – *@Nets, Méthode d'Analyse des Risques liés au Net*, méthode V3, 2000.

CLUSIF – MÉHARI : *MEthode Harmonisée d'Analyse des Risques V3*, méthode, 2004.

DIRECTION CENTRALE DE LA SÉCURITÉ DES SYSTÈMES D'INFORMA-TION (DCSSI) – *EBIOS, Expression des Besoins et Identification des Objectifs de Sécurité*, méthode, 2005.

CLUSIF – *Management de la sécurité de l'information, une approche normative : BS7799-2*, dossier technique décembre 2004.

LUCENT TECHNOLOGY – *Information security management : understanding ISO 17799*, white paper, avril 2004.

LES ASSISES DE LA SÉCURITÉ (P.-L. REFALO ET AL.) – *Livre blanc : pour un management stratégique des cyber-risques*, livre blanc, octobre 2004.

CNRS – *Sécurité informatique (numéro 34)*, magazine avril 2001.

CIGREF – *Sécurité des systèmes d'information : quelle politique globale de gestion des risques ?*, rapport, septembre 2002.

ERNST&YOUNG (ANTONINI P.) – *La sécurité des systèmes d'information dans les entreprises françaises en 2004*, étude, décembre 2004.

CLUSIF (COUWEZ M.-A.) – *Politiques de sécurité des systèmes d'information et sinistralité en France*, Bilan 2003, étude, 2003.

CLUSIF – *Menaces informatiques et pratiques de sécurité en France*, étude, 2008.

PRICEWATERHOUSECOOPERS (POTTER C. & BEARD A.) – *Information security breaches survey*, rapport 2004.

NET FOCUS (ISRAEL M.) – *La Défense en profondeur*, livre blanc, août 2004.

DCSSI (BUREAU CONSEIL) – *La défense en profondeur appliquée aux systèmes d'information*, mémento, novembre 2003.

PRICEWATERHOUSECOOPERS – *Information security today : a new vision*, white paper 2003.

CLUSIF – *Panorama de la cybercriminalité*, rapport, 2004.

ISMS IUG (HUMPHREYS T.) – *Information Security Management System Standards : Frequently Asked Questions*, livre blanc v5.0, mai 2005.

OECD – *OECD Guidelines for the Security of Information Systems and Networks : Towards a Culture of Security*, livre blanc, juillet 2002.

Systèmes de management

ORGANISATION INTERNATIONALE DE NORMALISATION (ISO) – *ISO 9001 : 2008, Systèmes de management de la qualité*, norme, 2008.

ORGANISATION INTERNATIONALE DE NORMALISATION (ISO) – *ISO 14001 : 2004, Systèmes de management environnemental*, norme, 2004.

INTERNATIONAL ORGANIZATION FOR STANDARDIZATION (ISO) – *ISO/IEC 27002 : Information Technology – Code of practice for information security management*, code de bonnes pratiques, 2005.

(OHSAS), OHSAS 18001 : 2007, *Occupational health and safety management systems - Specification*, norme, 2007.

SOCIAL ACCOUNTABILITY INTERNATIONAL (SAI) – *SA 8000 : 2001, Social Accountability*, norme, 2001.

AFNOR – *FD X 50-176 : Management des processus*, norme, juin 2000.

BRUNELLE E. – *L'élaboration d'un système de management intégré : qualité et environnement*, thèse de Master, Université de Sherbrooke, 2005.

SITOTHÈQUE MCA

Note : le nombre d'étoiles (*, **, *** ou ****) reflète l'intérêt que j'attribue aux sites. Cette évaluation subjective n'engage que moi.

www.clubpca.eu (**) : le site du Club de la Continuité d'Activité ; le contenu n'est pas encore très riche mais il a l'avantage d'être français et sera enrichi par les livrables des groupes de travail

https://www.hcfdc.org/securise/cnca_accueil.php (*) : le site du Conseil national de la Continuité d'Activité ; là encore, le contenu n'est pas encore très riche mais il a toujours l'avantage d'être français ; le site ne semble pas très à jour ;

www.drii.org (****) : le site du Disaster Recovery Institute International (créé en 1988 et, à ce titre, une des plus anciennes institutions sur le sujet) ; site américain généraliste sur le MCA ; beaucoup de ressources en ligne (certification professionnelle, emplois, méthodologies, articles, news, calendrier et événements, etc.) ; l'ergonomie n'est pas des plus modernes mais le contenu est là !

www.continuitycentral.com (****) : site généraliste (britannique) qui propose de nombreux articles et un moteur de recherche performant pour y accéder (par thème, région du monde, secteur d'activité, etc.) ; les articles sont en accès libre et sans enregistrement préalable ; comprend également une section méthode et conseils de mise en œuvre.

www.drj.com (****) : site du Disaster Recovery Journal ; vitrine pour la publication du même nom mais propose un contenu très riche au-delà (outils, articles, nombreux *white papers*, méthodologies, liens vers la plupart des ressources MCA, modèles de documents, etc.) ; attention, une partie non négligeable du contenu est réservée aux abonnés à la revue, mais l'abonnement est gratuit pour l'accès en ligne !

www.thebci.org (***) : site institutionnel du Business Continuity Institute (britannique) ; propose les fameux *Good Practices Guidelines* du MCA et le schéma professionnel de certification (développé conjointement avec le DRI International).

www.contingencyplanning.com (***) : site américain ; beaucoup d'articles archivés en accès libre (après enregistrement) ; outils et méthodologies également accessibles ; propose aussi un panthéon des personnalités américaines du MCA (Rudolph Giuliani par exemple !)

www.globalcontinuity.com (***) : une partie forum de discussion (avec des partages d'informations et d'expériences intéressants), des études et articles mais, à part le forum, le site ne semble plus vivre depuis presque un an.

www.mwcog.org/security/security/continuity (***) : ce site gouvernemental américain propose en ligne une application en mode ASP qui permet de construire en deux à quatre heures un PCA pour une PME/PMI en remplissant une série de questionnaires. En anglais exclusivement.

www.survive.com (***) : le site d'une communauté d'acteurs et de professionnels de la continuité d'activité (créée en 1989). Pour les membres, des modèles de documents, livres blancs, études et autre documentation sont disponibles.

www.continuityinsights.com (**) : le site du magazine américain homonyme créé en 2003 ; publication bimensuelle sur le thème de la continuité d'activité ; le magazine est intéressant, mais le site est surtout une vitrine commerciale ; on peut néanmoins avoir accès à la plupart des articles d'archive gratuitement (étude de cas, enquêtes, articles de fond, etc.).

www.continuityforum.com (**) : un forum britannique de discussion sur le sujet de la continuité d'activité ; intéressant pour les nouvelles, les sondages et enquêtes réalisées, ainsi que pour la base d'échange que le site constitue (1 375 participants pour environ 300 contributions dans les six derniers mois).

Index

53266 - (I) - (1,8) - OSB 90° - CPW - VCT

Achevé d'imprimer sur les presses de
Snel
Z.I. des Hauts-Sarts - Zone 3
Rue Fond des Fourches 21 – B-4041 Vottem (Herstal)
Tél +32(0)4 344 65 60 - Fax +32(0)4 286 99 61
Janvier 2010 – 49932

Dépôt légal : février 2010

Imprimé en Belgique